Katy Payne

Stiller Donner

Die geheime Sprache der Elefanten

Aus dem Englischen
von Ilse Rothfuss

W0189998

SIERRA

Die Deutsche Bibliothek - CIP-Einheitsaufnahme
Ein Titeldatensatz für diese Publikation ist bei
Der Deutschen Bibliothek erhältlich.

REISEN · MENSCHEN · ABENTEUER

Deutsche Erstausgabe, 1. Auflage 2001
© SIERRA bei Frederking & Thaler Verlag, München
in der Verlagsgruppe Random House GmbH
Alle Rechte vorbehalten
© 1998 Katy Payne
erschienen bei Simon & Schuster, New York
Originaltitel: Silent Thunder
Titelfotos: Reinhard Künkel, München
Illustrationen/ Karten: Laura Payne
Lektorat: Ariadne Buchkonzeption, München
Karte: Margret Prietzsch, Gröbenzell
Umschlaggestaltung: Atelier Seidel, Altötting
Satz: DTP im Verlag
Herstellung: Sebastian Strohmaier, München
Druck und Bindung: Clausen & Bosse, Leck
Papier: Das Papier wurde aus chlorfrei gebleichtem Zellstoff hergestellt.
ISBN 3-89405-127-2

www.frederking-und-thaler.de

Katy Payne, 1937 geboren, ist anerkannte und mehrfach ausgezeichnete Biologin auf dem Gebiet der Tier-Kommunikation. Sie beschäftigte sich über Jahre mit Buckelwalen und deren Walgesängen, um dann von den Meeresriesen zu den grauen Riesen der Steppe und des Urwaldes zu wechseln. Die Autorin berichtet über ihre Forschungsarbeit in Fachzeitschriften wie National Geographic, Natural History und American Scientist sowie diversen Zeitungen. Als Gastdozentin arbeitet sie derzeit am Bioacoustic Research Programm der Cornell University. Katy Payne lebt in Ithaca, New York, und hat vier erwachsene Kinder.

TESE
Das bedeutet in der Shona-Sprache
FÜR UNS ALLE

Inhalt

Vorwort

Die dreizehn Jahre, die auf den 1. Mai 1984 folgten, waren eigentlich seltsame Jahre, wenn ich heute daran zurückdenke. Der rote Faden, der sie miteinander verbindet, war der Wunsch einer Gruppe von Wissenschaftlern, herauszufinden, wie Elefanten miteinander kommunizieren, und Nachweise für die sozialen Prozesse zu sammeln, die den Elefantengesellschaften ihre unerschütterliche Einheit verleihen. Diese Anstrengungen haben zu einer Menge neuem Wissen geführt und auch zu vielen Fragen, von denen ebenfalls einige neu sind und manche nicht mit naturwissenschaftlichen Erkenntnissen beantwortet werden können.

Zu viel ist geschehen, als daß ich alles wiedergeben könnte. Es hat sich in zwei Zoos, einem Zirkus, fünf Ländern, drei Wüsten und einem Wald, mehreren Zelten, Büros und Laboratorien sowie einer »Denkhütte« abgespielt. Und es hat mein Leben in eine Lawine aus Notizbüchern, Aufzeichnungen, Fotografien, Disketten, Bändern, Büchern, Artikeln, Berichten, Ordnern und Korrespondenzen verwandelt – alles zum Thema Elefant. Meine Forschungspartner und ich haben Informationen aus dieser Lawine herausgezogen und daraus ein paar wissenschaftliche Berichte für die oberen Regale der Bibliotheken verfaßt. Aber meine persönlichen Notizblöcke wurden dadurch nicht leer – sie blieben nahezu unverändert in dem Zustand, in dem sie am letzten Expeditionstag gewesen waren, als ich sie liebevoll in die schäbigen Überreste meiner Handtücher, meines Schlafsacks und meiner Kleider wickelte und in eine ramponierte Bretterkiste packte, die als Speisekammer und Tisch gedient hatte. Nach einiger Zeit wurde mir bewußt, daß alles Mögliche aus den Notizbüchern ans Tageslicht drängte und sich in den Ecken und Dachsparren meiner Denkhütte einnistete. Es waren die Erinnerungen.

Es sind Erinnerungen an lebende Elefanten, die nicht um der Analyse willen in Teile zerlegt worden waren. Diese Elefanten waren so tief mit ihren großen Familien verbunden, ihre Familien so tief mit ihren Gesellschaften, jede dieser Gesellschaften so voll in ihr Land eingebettet, und jedes Land gänzlich durch die Wanderungen und Kontaktrufe ihrer Spezies definiert. So daß nur das Ganze, ohne Abstriche, die Wirklichkeit wiederzugeben vermag.

Es sind auch Erinnerungen an Träume darunter, die völlig unerwartet kamen und in schockierendem Kontrast zu Ereignissen standen, die sich in der Realität abspielten. Diese Träume haben den Lauf der Dinge beeinflußt. Nicht daß sie Antworten enthielten – im Gegenteil, sie warfen Fragen auf und machten alles noch schwerer. Indem ich meine Geschichte erzähle, führe ich die Träume als Erinnerung daran an, daß es so etwas wie einen unbeteiligten Beobachter nicht geben kann. »Das Wasser schmeckt nach den Rohren«, sagen die Quäker, folglich kann es nicht schaden, wenn man auch ein paar Dinge über die Rohre weiß.

Es hat mehrfache Sinneswandel gebraucht, ehe ich mich dazu durchringen konnte, die Rohre so offen darzulegen. Was am Ende zu meiner Entscheidung führte, war ein Gespräch mit einem Freund in Simbabwe. In dem Forschungsinstitut, in dem wir beide arbeiteten, fungierte er als Lastwagenfahrer, Botaniker, Funker und Assistent für ausländische Forscher. Zu Hause war er der Dorfälteste in einer Ndebele-Gemeinschaft und ein geachteter Mann. Ich fragte ihn: »Wie soll man Leuten von etwas erzählen, das weit außerhalb ihrer eigenen Erfahrungen liegt?" Er antwortete kategorisch: »Du erzählst ihnen einfach, was passiert ist! Du erzählst einfach, was du gesehen hast – nur Gott weiß, was das bedeutet.« Ich sah ein, daß er recht hatte. Und so folgte ich seinem Rat und machte mich daran, dieses Buch zu schreiben.

KAPITEL 1

Ein Pochen in der Luft

»Das ist Rosy, die Leitkuh«, verkündet Jay Haight aus dem Innern des Elefantenkäfigs im Washington Park Zoo in Portland, Oregon. Die Indische Elefantin ragt wuchtig neben ihm auf, als die beiden Seite an Seite auf die dicken, senkrechten Stangen zukommen, die sie von mir trennen. Jays Schulter befindet sich auf der Höhe von Rosys rechtem Ohr, das – wie auch ihre Stirn und ihr Rüssel – einen zarten, hellen Braunton hat, rosa gesäumt und mit grauen Punkten gesprenkelt ist. Die Punktierung ist unten dichter als oben, fast so, als hätte ihr jemand eine Flüssigkeit über den Kopf geschüttet und die kleinen Partikel darin schwebten langsam nach unten. Ihr Körper hebt und senkt sich gewaltig bei jedem Schritt. Jedesmal schieben sich Schultermuskeln nach oben und ballen sich zusammen, gleichzeitig streckt sich das Knie und fängt das Gewicht auf. Das entgegengesetzte Bein bewegt sich unter dem riesigen Bauch vorwärts, und der breite Fuß mit seinen mächtigen Zehennägeln schwingt dicht über dem Zementboden nach vorn, setzt auf und spreizt sich. In fließender Bewegung verlagern sich Füße, Beine und Schultern, Muskelpartien spannen sich wechselweise an, während der Rumpf vorwärts wogt, wuchtig und langsam. Die Augen blicken zu Boden; die gefleckten Ohren fächeln langsam und symmetrisch hin und her; das Gesicht – nun ja, wenn man es so nennen will …

»A-l-l right«, sagt Jay, und die Füße und Schultern, Bauch und Rücken kommen zur Ruhe, sinken fast ein bißchen ein. Ich schaue zu einer riesigen grauen Stirn auf. Im unteren Teil geht die Stirn in den breiten Ansatz des gefleckten Rüssels über. Ein Rüssel, dessen Umfang größer ist als mein Taillenumfang, der länger ist, als ich groß bin, mit grauen Wangen zu beiden Seiten, breiter als mein gesamter Oberkörper. Aus einer runzligen, ledrigen Hauttasche oberhalb ihrer linken Wange blickt Rosy mit einem geduldigen bernsteinfarbenen Auge auf mich herunter. Dieses eine Auge kann ich sehen, das andere nicht. Wenn ich mich auf die Zehenspitzen stelle und mich vorbeuge, um ihre Stirn zu tätscheln, kann ich weder ihr eines noch ihr anderes Auge sehen. Auch ihr Mund ist versteckt: unter dem Rüssel. Das trockene, weiche Leder ihrer Stirn ist warm, wärmer als meine Hand. Ich lasse meine Hand über den Stirnwulst zum Rüsselansatz hinuntergleiten und dann weiter den Rüssel entlang, wobei ich über endlose Reihen warmer Runzeln streife. Die ganze Zeit bewegt sich der Rüssel mit tastender Spitze, greift hierhin und dorthin, schwebt in der Luft, schnüffelt, kommt schließlich vorsichtig durch die Stangen und nähert sich meiner anderen Hand, die ich ihm offen und ruhig entgegenhalte.

»Hallo, Rosy«, sage ich leise, und unter der Hand, die noch immer den Rüssel streichelt, spüre ich einen Schauer.

»A-l-l right«, sagt Jay zu Rosy. Und zu mir gewandt: »Und das hier ist ihr Sohn Rama. Dreizehn Monate alt. Heh, Rama, paß auf!«

Auf Ramas Oberkopf und Rückenkamm sprießen borstige orangefarbene und schwarze Haare. Er schaut mit einem vollen, runden Gesicht zu mir auf, zwei wilde Augen sind gleichzeitig zu sehen. Das Weiße in seinen Augen tritt hervor; er wirkt überrascht, und ich antworte mit einem Lächeln. An seine Mutter gedrückt, streckt Rama seinen kurzen, stummeligen Rüssel neben Rosys langem, geschmeidigen durch die Stangen. Die offenen Rüsselspitzen sind rosa und immer in Bewegung, kühl und feucht, als sie an meiner Hand tasten und schnüffeln.

»Das da ist Hanako. Komm hier rüber, Hanako! Zurück, Rosy, zurück, Rama! Zurück! Hanakos großer Junge hier ist unser erstes Enkelkind. Er ist neunzehn Monate alt. Rüber da, Look-Chai! Und das hier ist Katy.«

»Aha!« Ich halte meine Hand hin, aber die Rüssel erforschen statt dessen behutsam meine Füße, kitzeln mich mit ihrem Atem.

Ein großer, ruhiger Wärter namens Jim Spenser geht zu Jay in den Käfig. Er hat einen Schubkarren und zwei Schaufeln mitgebracht. Die beiden Männer füllen den Schubkarren mit Elefantendung. Die Elefanten freuen sich sichtlich, daß Jim gekommen ist. Ich spüre neben dieser Freude auch ein Nachlassen der Anspannung. Als ich zwischen Rosys Augen ihren Rüssel streichle, spüre ich ein schwaches Zittern in der Luft und höre ein sanftes Kollern. Die Männer stehen zusammen, jeder tätschelt einen anderen Elefanten. Die Rüssel der Elefanten ringeln sich um die Körper der Männer, schnüffeln.

Die Wärter möchten wissen, was mich zu diesem Besuch veranlaßt hat. Ich sage ihnen, daß ich Bioakustikerin an der Cornell University bin und herauszufinden versuche, welche Art von Lauten Elefanten produzieren. Die letzten fünfzehn Jahre habe ich damit verbracht, die Gesänge der Wale zu studieren, die lang und komplex sind und sich ständig verändern. Letzte Woche luden mich ein paar Kollegen, die sich wie ich mit erlerntem Verhalten bei Tieren beschäftigen, nach Kalifornien ein, um unsere Ergebnisse miteinander zu vergleichen. Das hat mich in die Nähe dieses Zoos mit seinen sieben Elefanten gebracht. Ich habe Warren Iliff angerufen, den Zoodirektor, und er meinte: »Ja sicher, kommen Sie nur. Sie können die erste Maiwoche mit unseren Elefanten verbringen, wenn Sie möchten.«

Jim und Jay erzählen mir von Look-Chais Herkunft und den Umständen seiner Geburt. Seine Großmutter, die alte Tuy Hoa

15

aus Vietnam, war der erste Elefant des Zoos gewesen. 1963 brachte sie Hanako zur Welt. Hanako ist im Zoo aufgewachsen und hatte in ihren neunzehn Jahren vier Geburten; aber nur eines ihrer Kälber überlebte – Look-Chai.

Als Hanako zum vierten Mal trächtig war, war Tuy Hoa bereits alt und arthritisch. Der Tierarzt fand es zu riskant, sie bei der Geburt dabeizuhaben, denn schon das lange Stehen war schädlich für sie. Also wurde Hanako in einen angrenzenden Käfig gebracht, so daß Mutter und Tochter sich wenigstens riechen und hören konnten, denn eine Elefantengroßmutter würde sonst selbstverständlich Geburtshilfe leisten. Hanako hatte zwei Tage lang Wehen, ohne zu gebären. Schließlich öffneten Tierarzt und Pfleger, erschöpft und besorgt, die Tür zwischen den Käfigen. Hanako lief zu ihrer Mutter, und beide Elefanten bellten, donnerten laut, trompeteten und schrien, und aus den anderen Elefantenkäfigen kam lautes Grollen, Trompeten und Schreien als Antwort zurück. Dann gebar Hanako und ließ den kleinen Look-Chai auf den Boden neben seine Großmutter plumpsen.

In den nächsten zwei Wochen geschah etwas Ungewöhnliches. Auch in den Brüsten der alten Großmutter bildete sich Milch, obwohl sie seit mehreren Jahren kein Kalb mehr gehabt hatte. Zusammen mit Hanako säugte Tuy Hoa diesen letzten Nachfahren, der noch zu ihren Lebzeiten auf die Welt gekommen war.

»Das hier ist Pet«, sagt Jay. »Zurück, Look-Chai! Pet steht in der Rangfolge ganz unten. Und sie tut alles, um in dieser untergeordneten Position zu bleiben – Sie werden es noch sehen.« Pets einjährige Tochter Sunshine drängt nach vorne und schiebt sich neben sie, und jetzt schweben und gleiten sechs Rüssel vor mir herum, nur wenige Zentimeter von meinen Füßen, Beinen, Händen und meinem Bauch entfernt.

Plötzlich trifft Jay eine Entscheidung: keine Rüssel mehr auf meiner Seite der Stangen. Er brüllt eine Salve von Befehlen und schlägt mit der flachen Seite eines Elefantenhakens auf die suchenden Rüssel, bis diese sich widerstrebend zurückziehen.

»Und lassen Sie nicht zu, daß sie an Ihnen schnüffeln, wenn wir nicht da sind«, sagt Jay zu mir.

Rama macht Anstalten, die Regel zu brechen. »Nein, Rama«, sage ich.

»Aber Sie dürfen sie nicht zurechtweisen«, sagt Jay schnell. »Zurück, Rama! Nur wer fähig ist, seine Befehle auch durchzusetzen, darf sie zur Ordnung rufen. Wir könnten Ihnen Geschichten erzählen …« Was sie dann auch taten. Nur ein Verrückter versucht, die Gedanken eines Elefanten zu lesen. Und wie ich hörte, hat es immer wieder solche Verrückten gegeben. Sie alle sind irgendwann zu weit gegangen und haben ihren Leichtsinn damit bezahlt, daß ein Elefant sich auf sie kniete oder sie gegen eine Betonwand quetschte. Manche sind dabei umgekommen. »Die machen Spaghetti aus Ihnen, wenn sie Sie durch die Stangen ziehen«, warnten mich die Männer. Sie säuberten weiter den Käfig, befahlen den Elefanten, von mir wegzubleiben, und gingen dann zum Mittagessen.

Die Luft im Elefantenhaus war eisig und feucht, und ich war müde. Ich lehnte meinen Kopf gegen eine der Stangen, überlegte, wie ich anfangen sollte, und schloß die Augen. Aber ein plötzliches Wärmegefühl an meiner linken Schulter brachte mich dazu, die Augen wieder aufzumachen. Der Heizstrahler war Rosys Körper – sie bewegte sich so dicht sie konnte an die Stangen und an mich heran, womit sie eine Art Ritual in Gang setzte, das sich jedesmal wiederholte, sobald die Pfleger gegangen waren: eine langsame, gemächliche Wanderung der Elefanten in meine Richtung. Sechs Rüssel schoben sich leicht durch die Stangen und umgaben mich mit sanftem Schnüffeln, während die Elefanten – diesmal zielgerichteter als vorher – herauszufinden versuchten, wer ich war.

So begann meine erste Woche im Matriarchat der grauen Riesinnen. Stillschweigend regelte eine allgegenwärtige Disziplin das Verhalten der Elefanten, denn die drei erwachsenen Tiere, auf verschiedenen Kontinenten geboren und in Gefangenschaft blindlings zusammengewürfelt, hatten eine dynamische Ordnung untereinander geschaffen. Rosy war zwar kleiner als Hanako, aber die Ältere, und sobald keine Wärter zugegen waren, war ihre Autorität unangefochten.

Diese Autorität erstreckte sich auch auf mich und bezog mich ein. Ich dachte darüber nach, während ich dem Schnüffeln lauschte, dem Einatmen meines Geruchs, neben dem Geruch nach Dung und Urin und Elefantenkörpern, nach Heu und Obst und Nüssen auf dem Käfigboden. Woraus bestand diese Autorität, und wie wurde sie unter den Elefanten weitergegeben? Ich spürte eine umfassende, aber entspannte Aufmerksamkeit füreinander. Rosy gestand ihrer Herde offensichtlich das Recht zu, meinen Geruch eingehend zu erforschen. Mir gewährte sie wiederum das Recht, mich sorgfältig beschnüffeln zu lassen. Sie knurrte, wenn ein Kalb zu vorwitzig wurde, und sofort zog sich der kleine Rüssel hastig zurück. Da ich nicht genau wußte, wie ich meinen Teil des Deals einhalten sollte, blieb ich ruhig und hielt meine Hände still, ohne jedoch mein Interesse zu verbergen. Immer wenn eine erwachsene Elefantenkuh sich dicht an die Stangen heranschob, blickte ich in die verschleierte, dunkle Pupille ihres ernsten Auges hinauf. Die Pupille war so groß, daß ich nie das Gefühl hatte, ihrem Blick wirklich begegnen zu können. Ich wußte nicht, ob ich fixiert wurde oder nicht. Ich wünschte mir, auch einen schwebenden, schnüffelnden Rüssel zu haben, um dieselben Dinge über die Elefanten herausfinden zu können, die sie über mich in Erfahrung brachten.

Die stämmigen Babys bewegten sich weiter und tasteten und erkundeten mit ihren beweglichen Rüsseln. Sie schaufelten hier herum, saugten dort etwas ein, schnaubten, schnüffelten und pusteten und nahmen jedes Detail an Böden und Wänden in sich auf. Einem plötzlichen Drang folgend, reckten sich alle Rüssel gleichzeitig in die Luft, und ein, zwei Minuten lang gingen die drei kleinen Elefanten umher und untersuchten neugierig die Gerüche hoch über ihren Köpfen. Wenn sie dabei zusammenstießen, schlangen sie ihre Rüssel ineinander, steckten sich die Spitzen gegenseitig ins Maul oder in die Ohren und schnüffelten. Sie dachten sich ständig neue Methoden aus, um Dinge zu erkunden, wenn auch oft mit zweifelhaftem Erfolg. Ihre flauschigen Köpfe waren mit einem Geflecht aus Heuhalmen bedeckt. Sie putzten sich gegenseitig und steckten, was sie fanden, in ihre Mäuler oder Ohren oder pusteten Abfälle in die Ecken ihres Stalls. Sie galoppierten steifbeinig, Köpfe und Rüssel hochgereckt, die Füße locker und schlaksig, mit gerunzelter Stirn und aufgerissenen Augen. Wenn sie zu übermütig wurden, griffen die Mütter ein und trennten sie. Darin erinnerten sie mich an die Muttertiere der Grönlandwale, die mein Mann Roger und ich vor zehn Jahren von der Steilküste der Valdés-Halbinsel in Argentinien aus beobachtet hatten. Wenn die Wale den Übermut ihrer Kälber bremsten und sie voneinander trennten, dann aus gutem Grund. Die Kleinen mußten ihre Energiereserven noch für die lange Wanderung durch den Südatlantischen Ozean nach South Georgia und zurück aufsparen – so unsere Vermutung.

Im Rückgebäude legten die Pfleger ihre Elefantenhaken zur Seite, während ich meinen Bleistift zückte, und so tauschten wir, die Füße auf dem Schreibtisch, unsere Erfahrungen aus. Sie wollten wissen, wie Wale sind. Ich erzählte ihnen, wie wir Stunde um Stunde mit dem Feldstecher aufs Meer hinausgeblickt hatten, auf der Suche nach dunklen, schemenhaften Formen in der Ferne, den Kuppen der Walrücken, die an einem klaren, ruhigen Tag über der Wasserfläche zu erkennen waren.

Es gab glückliche Stunden, wenn eine Gruppe von Walen so dicht unter unseren Felsen kam, daß wir einzelne Individuen identifizieren konnten. Den Rest des Tages schauten wir dann zu, wie sie über das silberne Meer davonglitten, sich zu parallelen Reihen formierten und untertauchten, um vielleicht eine halbe Meile weiter draußen wieder hochzukommen. Dort gesellten sich andere Tiere zu ihnen, sie formierten sich neu und bewegten sich auf die Mündung des Golfo San José zu, von wo aus man in östlicher Richtung als erstes Land auf Neuseeland trifft.

Die Wärter ihrerseits erzählten mir von schwankenden Elefantenbäuchen und von Elefantenknien in ihren Gesichtern. Von gefährlichen, fürsorglichen und oft unergründlichen Individuen. Die Elefanten, mit denen sie zu tun hatten, waren genauso schrullig und launisch wie eine Gruppe höchst eigenwilliger Menschen. Durch das Leben in der Gefangenschaft in den hallenden Wänden des Elefantenhauses wurde jede Gefühlsregung der Tiere und Pfleger – sei es Herrschsucht oder Vergeltungsdrang, Mitgefühl oder Fürsorglichkeit – um ein Vielfaches verstärkt. Diese exaltierten Persönlichkeiten waren die Figuren in dem Beziehungsgeflecht, das sich innerhalb der dicken Mauern entwickelte.

Außer einer gelegentlichen Pause, in der ich den Waldweg direkt unterhalb des Zoos hinunter- und wieder hinaufjoggte, verbrachte ich den ganzen Tag im Elefantenhaus. Die Elefanten waren gewiß nicht die einzigen interessanten Tiere im Zoo, aber ich hatte nur Augen und Ohren für sie. Am Ende der Woche stieg ich ins Flugzeug und trat die Heimreise an. Meine Ohren und mein Hals juckten von dem vielen Stroh und Heu und Dreck im Zoo. Ich stopfte einen Plastikbeutel in die Gepäckablage über meinem Kopf. Es war meine Stalljacke, die ich, um den Geruch zu konservieren, in eine Tüte eingewickelt hatte. Ich seufzte bei dem Gedanken, daß die liebevollen Geschöpfe, die sich so sehr für meinen Geruch interessiert hatten, zu einer bloßen Erinnerung verblassen würden, sobald ich wieder in mein normales Leben zurückgekehrt sein würde.

In diesem Seufzer lag nicht nur Trauer, sondern auch eine gewisse Enttäuschung. Ich hätte gerne etwas Neues gelernt, aber offenbar war die Zeit nicht reif dafür. Ich schloß die Augen, um die Ereignisse, deren Zeuge ich im Zoo geworden war, vor meinem inneren Auge Revue passieren zu lassen. Ich würde sie noch einmal vergegenwärtigen und ihnen dann Lebwohl sagen.

Hier stand Pet in der hinteren Ecke, das Ende ihres Rüssels wie einen Schrubber über den Boden schiebend, um in der Stunde vor der Fütterung ein paar letzte Stengel und Hälmchen aufzusammeln. Jetzt kamen Hanako und Rama in ihre Richtung geschlendert. Wollten sie sich zu ihr gesellen oder kamen sie nur, um ihr wegzunehmen, was sie gerade mühevoll aufgesammelt hatte? Eher das letztere, entschied ich und beobachtete sorgfältig die Szene. Dabei hatte ich immer Jays Bemerkung im Hinterkopf, daß Pet alles tun würde, um am unteren Ende der Hierarchie zu bleiben. Ich hörte ein schwaches Kollern, die Tiere drehten ab, und Pet behauptete ihre Stellung. Die Luft vibrierte ein bißchen: Ich freute mich für Pet.

Jetzt kam Jim mit Getreide und Heu. Alle Elefanten bewegten sich auf ihn zu, um ihn zu begrüßen, und ich genoß seine sanfte Stimme. Und wieder spürte ich dieses Pochen in der Luft.

Hier stand die kleine Sunshine und streckte ihren Rüssel durch die Stangen zu mir herüber; hinter ihr stand wachsam ihre Mutter, um im Notfall Spaghetti aus mir zu machen, falls ich mich als nicht vertrauenswürdig erweisen sollte. Das Flugzeug dröhnte, was mich an das schwache Pulsieren, Pochen oder Beben erinnerte, das ich in diesem Augenblick gespürt hatte. Es war ein Gefühl wie Donnergrollen, aber da war kein

Donner. Es hatte überhaupt kein lautes Geräusch gegeben, nur das Pochen, und dann nichts mehr.

Jetzt kam eine Erinnerung, die schon über dreißig Jahre alt war, zu der Erfahrung im Elefantenkäfig dazu. Ich war damals dreizehn und stand nicht im Zoo, sondern in der Sage Chapel der Cornell University in Ithaca, New York. Und was ich in jenem Moment vernahm, war nicht Stille, sondern es waren die gewaltigen Orgelklänge, die uns Sänger begleiteten. Meine Mutter stand mir gegenüber bei den Altstimmen. Organist und Dirigent waren im Schein der Lampen in ihre Partituren vertieft. Jenseits der kleinen, gelben Lichtkreise herrschte das spätnachmittägliche Schummerlicht, wie man es in solchen großen Gebäuden kennt. Hoch oben im Raum fiel das letzte Licht noch durch eine Reihe runder, bunter Glasfenster und glühte auf uns herunter.

Die Orgel war ganz in ihrem Element. Im fulminanten Zusammenspiel der verschiedenen Register erklangen die einleitenden Takte des großartigen Chorals, der die erste Hälfte von Bachs Matthäuspassion beschließt. Wir schöpften Atem, um zu singen »O Mensch, bewein' dein' Sünde groß«. Der Organist zog den großen Achtfuß heraus, und die Luft um mich herum fing an zu beben und zu blubbern. Die Baßtöne stiegen in einer Reihe hinunter. Je tiefer sie wurden, desto langsamer wurde das Pulsieren. Die Töne wurden dumpf und waren kaum mehr voneinander zu unterscheiden, aber das Pochen nahm zu. Ich spürte, was ich nicht hören konnte. Mein Gehör näherte sich der Grenze seiner Fähigkeit, Schwingungen als Klänge wahrnehmen zu können.

War es das, was ich gespürt hatte, als ich neben dem Elefantenkäfig saß? Töne, die zu niedrig waren, als daß ich sie hören konnte, und doch so mächtig, daß sie die Luft zum Pulsieren brachten? Kommunizierten die Elefanten über Laute im Infraschallbereich miteinander?

Erdbeben, Vulkanausbrüche, Wind, Donner und Meeresstürme – gigantische Bewegungen von Erde, Luft, Feuer und Wasser – sind die Hauptquellen des Infraschalls (Geräusche unterhalb des menschlichen Hörbereichs), dessen Schwingungen riesige Entfernungen durch Gestein, Wasser und Luft zurücklegen können. Unter den Tieren waren die großen Finn- und Blauwale bisher die einzigen, von denen man wußte, daß sie mächtige Infraschallrufe produzierten. Kein Landtier kommt auch nur annähernd an die Körpermasse dieser großen Meeressäuger heran. Aber jetzt fragte ich mich, ob es möglich sei, daß sich auch Elefanten mit Infraschall verständigten?

Sobald ich zu Hause war, rief ich Carl Hopkins und Bob Capranica an, zwei Bioakustiker am Cornell-Institut, die ich seit langem flüchtig kannte. Sie waren sofort bereit, mir ihre Ausrüstung zu leihen, damit ich Infraschallgeräusche aufnehmen und messen könnte, und ermunterten mich, nochmals zum Zoo zu fahren und herauszufinden, was dort vor sich ging.

Vier Monate später kehrte ich mit der geliehenen Ausrüstung und zwei alten Freunden in den Zoo zurück – mit Bill Langbauer, einem Biologen, der seine Doktorarbeit über in Gefangenschaft lebende Delphine geschrieben hatte, und Elizabeth Marshall Thomas, die wie ich eine unersättliche Beobachterin war. John McIlhenny, ein großzügiger Freund, der sich schon immer für Zoos und Elefanten interessiert hatte, spendierte uns die Flugtickets. Ein anderer Freund, Loki Osborn, organisierte im Lewis and Clark College, an dem er studierte, kostenlose Mahlzeiten für uns. Außerdem beschaffte er uns einen Schlafplatz in einem Wohnheim – in der Wäscherei auf dem Boden. Dort besuchte er uns, wann immer es ihm seine eigene Arbeit erlaubte.

Mit Hilfe der Wärter zeichneten wir alles auf, wovon wir glaubten, daß es interessant sein könnte. Wir ließen das Tonband auf niedrigster Geschwindigkeit laufen, so daß wir die

Bänder beim Abspielen beschleunigen konnten, wodurch sich die Tonhöhe aller aufgezeichneten Geräusche erhöhen und somit auch die niedrigsten Töne in den menschlichen Hörbereich angehoben würden. In der Hoffnung, die Bedeutung bestimmter Rufe herauszufinden, machten wir schriftliche Notizen, dokumentierten die Bewegungen der Elefanten und benutzten einen mechanischen Event Recorder, um die auffälligen Verhaltensänderungen zeitlich einordnen zu können.

Die Elefanten waren inzwischen anders untergebracht als bei meinem ersten Besuch im Mai. Rama und Look-Chai waren verkauft und abgeholt worden, Hanako war in einen anderen Käfig gekommen. Jetzt waren nur noch vier Bewohner im großen Schaugehege – Pet, Sunshine, Rosy und Rosys Tochter Metu. In dieser Gruppierung war Rosy wieder die Älteste und somit die unbestrittene Matriarchin.

Während wir aufzeichneten, entfaltete sich ein bizarres Familiendrama vor unseren Augen. Metu, die vor kurzem ihr Kalb durch einen Unfall verloren hatte, wollte Pets Kalb Sunshine adoptieren. Pet war eine hingebungsvolle Mutter, aber rangniedriger als Metu. Rosy verhielt sich in diesem Konflikt neutral, zeigte aber an dem Kalb Interesse. Zwar hatte nur Pet Milch für Sunshine, aber alle drei hatten einen schützenden Bauch, unter dem das Kleine hätte schlafen können. Sunshine fühlte sich zu allen Erwachsenen hingezogen und wanderte gelassen zwischen ihrer Mutter, ihrer Adoptivtante und ihrer Adoptivgroßmutter hin und her. Doch schon das geringste Anzeichen von Müdigkeit, das Sunshine zu erkennen gab, löste spürbare Spannungen zwischen Pet und Metu aus, da beide um das Vorrecht kämpften, über dem schlafenden Baby zu stehen. Eines Nachts, als sie wieder einmal vergeblich um das Privileg des Wachestehens stritten, arrangierten sie sich schließlich, indem sie Seite an Seite vor Sunshine standen. Ihre Rüssel lagen einträchtig nebeneinander über dem Rücken des schlafenden Babys.

Im kalten, gelbgrünen Neonlicht beobachteten wir die Szene und fühlten uns an eine biblische Geschichte erinnert, in der zwei Frauen behaupten, die Mutter ein und desselben Kindes zu sein. Sie suchen Rat bei König Salomo. Dieser hielt daraufhin sein Schwert über das Kind, um anzudeuten, wie es in zwei gleich große Hälften geteilt werden könnte. Die Rüssel von Pet und Metu riefen diese Assoziation in uns wach. Was veranlaßte Pet zu diesem Verhalten, wenn nicht ihre Muttergefühle? Und was bewegte Metu, wenn nicht die Sehnsucht nach ihrem toten Kalb? Was die beiden umtrieb, waren Gefühle, wie wir alle sie kennen, hier war keinerlei Deutung nötig. Es war eine Wache, ein Konkurrenzkampf, ausgehend von den Beweggründen, die auch bei menschlichen Konkurrenzkämpfen im Spiel sind.

Metu fing an zu schaukeln, wie Tiere im Zoo es häufig tun, rammte jedesmal Pets Schulter oder lehnte sich schwer gegen sie. Das brachte Pet dazu, etwas beiseite zu schlurfen. Mit jedem neuen Stoß rückte sie ein bißchen näher an das Schwanzende des Kalbs. Metus Schaukeln wurde immer heftiger, bis es geradezu grotesk war. Es gab keinen Zweifel, daß sie Pet abdrängen wollte, und in der Tat mußte Pet, Schlurfer um Schlurfer, Zentimeter um Zentimeter, ihre Stellung aufgeben. Schließlich gab sie sich geschlagen und zog sich in den hinteren Bereich des Stalls zurück, wo sie Heu gegen die Wand schleuderte und laut zu husten anfing. Metu nahm sofort die eroberte Position ein. Ein schlafendes Baby lag in der Mitte des Rechtecks, das ihre Füße bildeten. So stand sie da, stundenlang, ohne sich zu rühren, und spielte glücklich und erfüllt Himmelbett.

Morgens wachte Sunshine in bester Verfassung auf und vergnügte sich mit einer Ladung Kopfsalat. Sie schleuderte Salatblätter auf ihren Rücken, schlitterte auf Salatköpfen herum, rutschte darauf aus, fiel auf ihre vorderen Knie, dann auf die hinteren, versteifte die Vorderbeine und zerdrückte mit ihrer Stirn die Salatköpfe auf dem Boden. Einmal rieb sie Salatblätter an ihrem Bein, das von einer Kette wundgescheuert war. Sie warf Salat in den Wassertrog, trank mit großem Geschlabber und verteilte mit ihrem Rüssel literweise Wasser auf dem Boden. So fing der Tag an. Doch als der Abend kam, zog sie es vor, unter Rosys Bauch zu schlafen. Von der dominanten Stellung der Leitkuh geschützt, umging sie den Machtkampf zwischen Metu und ihrer Mutter, und alle konnten besser schlafen.

Eines Tages, während Pets Füße gesäubert wurden, kamen Sunshine und ihre Mutter in einen angrenzenden Käfig. Metu reagierte auf Sunshines Abwesenheit, indem sie laut brüllte, sich mit voller Wucht gegen die Wand warf, sich auf die Hinterbeine stellte und ihren Rüssel hinüberstreckte, um den Raum zu beschnüffeln, der das Objekt ihrer Begierde beherbergte. Auf der anderen Seite der Wand raste Sunshine im Kreis herum, in ihren verdrehten Augen war das Weiße zu sehen, und sie quiekte. Als die große, hydraulische Tür zwischen den beiden Räumen aufging, stürzte Sunshine zu Metu, um sie zu begrüßen, begleitet vom Schreien und Rumpeln aller drei Tiere. Dann stürzte sie zu Pet, ihrer Mutter und saugte an einer der beiden menschenähnlichen Brüste, die prall mit Milch gefüllt zwischen Pets Vorderbeinen hingen. Metu griff mit ihrem Rüssel an ihre eigenen, längst versiegten Brüste, zerrte daran, trat dann schnell neben Pet und griff mit ihrem Rüssel nach deren rechter Brust. Sie zog ihren milchverschmierten Rüssel zurück, führte ihn an ihre Brust und benetzte diese mit der Milch der anderen.

Der Kampf der Elefantinnen um Heu und Raum verlief weniger dramatisch, denn es war von vornherein klar, daß Pets Anteil kleiner sein würde als Metus Anteil und Metus Anteil kleiner als Rosys. Damit gaben sich die Tiere zufrieden. Sunshine dagegen durfte hingehen, wo immer sie wollte, und essen, was immer sie wollte.

Pet hatte, als Folge ihrer niedrigen Stellung, eine besondere Angewohnheit. Sie verbrachte viele Stunden am Tag mit Aufsammeln, das heißt, sie benutzte ihren Rüssel wie ein Gebläse, um alle Heureste, die nach dem Fressen der Elefanten noch herumlagen, in Häufchen zusammenzutragen. Sie ließ ihre Rüsselspitze langsam in einem fünfzig Zentimeter großen Kreis rotieren, immer zur Mitte hin ausgerichtet. Wenn die Krümel auf einem Häufchen lagen, nahm sie sie behutsam mit ihrer Rüsselspitze auf und legte sie auf ihre Zunge. Kein anderer Elefant beherrschte diese Kunst so meisterhaft wie sie, trotzdem blieb sie das dünnste Mitglied der Herde.

Metu hatte ebenfalls eine Freßspezialität. Sie sammelte Heu hinter ihrer Unterlippe, während sie aus der Oberlippe fraß. Dann schob sie das gesammelte Heu hinauf zur Oberlippe und füllte die untere erneut. Kein anderer Elefant machte das.

Metu war also ein Hamsterer und Pet ein Restesammler. Abgesehen vom Anrecht auf Sunshine wurde die ungleiche Besitzverteilung von allen offenbar bereitwillig hingenommen. Wie Jay gesagt hatte, tat Pet alles, um am unteren Ende der gesellschaftlichen Rangleiter zu bleiben, so wie die anderen erwachsenen Elefanten auf ihren Plätzen weiter oben bestanden. Hierarchien werden zwar durch Rivalitätskämpfe etabliert, sind aber letzten Endes das Resultat der Bemühungen aller.

Draußen auf einem großen Sandhof fristete ein männlicher Elefant namens Tunga sein elendes Leben. Er befand sich gerade in einer Art Brunftzeit und war dieser prekären Situation, die die Wissenschaftler Musth nennen, völlig ausgeliefert. Musth ist der Zustand, in dem sich geschlechtsreife Elefantenbullen am erfolgreichsten paaren können. Tungas Körper war jetzt bis obenhin mit Testosteron angefüllt, was ihn aggressiv, rastlos und in seiner mißlichen Situation der Einzelhaft untröstlich machte. Er wanderte in seinem Hof umher, schleuderte Wasser und Dreckklumpen auf die Besucher, wurde von seinen Wärtern angebrüllt, fraß fast nichts und nahm zusehends ab. Seine Hormone ließen ihn nicht zur Ruhe kommen, und die widernatürliche Nähe zu den beiden anderen Bullen ließ wiederum seine Hormone nicht ruhen – zumindest ist das meine Interpretation, denn die Brunftzeit dient unter anderem dazu, sich von anderen Männchen räumlich abzugrenzen. Tunga war seit sechs Monaten in der Musth und hatte in dieser Zeit über fünfhundert Kilogramm verloren. Abgemagert und unglücklich wie er war, bestand er nur noch aus Haut und Knochen.

In dieser gereizten Gemütsverfassung hatte Tunga einem anderen Elefanten, der ebenfalls in der Musth war, die Rüsselspitze abgebissen. Hugo hieß das unglückselige Opfer. Eigentlich war Pachy, der dritte und größte Elefant des Zoos, der Auslöser für den Vorfall gewesen. Ihm gefiel das Eingesperrtsein überhaupt nicht. Er randalierte in seinem Käfig herum, bis uns die Ohren dröhnten und die Zähne klapperten. An dem besagten Tag hatte er bereits die Tür seines Käfigs eingetreten. Um die zertrümmerte Tür reparieren zu können, blieb den Wärtern nichts anderes übrig, als währenddessen zwei der Bullen in nebeneinanderliegende Käfige zu verfrachten. Hugo und Tunga galten als die beiden weniger streitlustigen Tiere, aber kaum war diese Umsiedlung vollzogen, streckte Hugo auch schon seinen Rüssel hinüber, um den Geruch in Tungas Käfig auszukundschaften – und verlor dabei sein Erkundungsorgan.[1]

---

1 Vielleicht blies Hugo Tunga auch in den Rüssel. In der Musth ist der Atem eines Elefanten, genau wie sein Urin und seine Drüsensekrete, voller Pheromone, auf die andere brünftige Elefantenbullen aggressiv reagieren. Das ist eine Entdeckung, die L.E.L. Rasmussen vom Oregon Graduate Institute vor kurzem gemacht hat.

Es gab keine Möglichkeit, das natürliche Verhalten männlicher Elefanten in dieser Umgebung zu beobachten. Wir konnten lediglich von Käfig zu Käfig gehen und die Geräusche, Positionen, Bewegungen und Handlungen der Elefanten darin aufzeichnen. Wenn ein Tumult ausbrach, hörten wir das hohe Tschilpen und Bellen der Kühe und Kälber. Wir hörten – und einige von uns spürten es – tiefes Grollen, und wir konnten feststellen, daß dieses Grollen ansteckend war und sich manchmal von einem Käfig zum anderen fortsetzte. Die meisten Rufe schienen von den Weibchen auszugehen. Aber in den frühen Morgenstunden, wenn die erwachsenen Elefanten sich endlich niederlegten, hörten wir Bullen und Kühe gleichermaßen schnarchen. In langen, langsamen Klangfolgen, die von Elefant zu Elefant variierten. Tungas Schnarchlaute waren kraftvoll und langgezogen wie Orgelklänge. In ihnen lag ein majestätischer Frieden, ganz im Gegensatz zu seinem elenden Wachzustand. Ich war sehr berührt davon und machte eines Nachts eine lange Aufzeichnung als Erinnerung an Tunga und um mir vor Augen zu führen, wie er als freilebender Bulle hätte sein können. In einer Welt, die groß genug war, ihn aufzunehmen.

In manchen Nächten arbeiteten Liz, Loki, Bill und ich rund um die Uhr, wobei wir abwechselnd aufzeichneten, beobachteten und ausruhten. In den Pausen hielten wir uns hinten im Stall hinter einem hoch aufgetürmten Stapel Heuballen auf. An der Wand hingen riesige Schaufeln und Mistgabeln mit mehreren Zinken, gewaltige Ketten, schwarze Gummimäntel und zwei Geschirre, ähnlich wie Pferdegeschirre. In einer der hinteren Ecken stand ein schmutziger Schreibtisch, auf dem unsere verstaubten Habseligkeiten zusammen mit unseren Vorräten – Erdnußbutter, Rosinen, Äpfel und Käse – gestapelt waren, daneben eine verschmierte Kaffeemaschine und ein schmuddeliges Telefon. Darüber befanden sich riesige, dicke Heizungsrohre, an denen ein schmutziger, aufblasbarer blauer Plastikelefant neben riesigen Lampen hing. Diese setzten eine Reihe alter, riesengroßer Spinnennetze, schichtweise übereinanderdrapiert, ins rechte Licht. Es war ein wunderbarer Raum, voller Heugeruch, der uns in der Nase kitzelte, und erfüllt von den sanften Bewegungen schlafender Tiere. Diese Stallatmosphäre erinnerte mich an meine Kindheit, die ich auf einem Bauernhof verlebt hatte, und ich fühlte mich geborgen.

Während wir aufzeichneten, spürten Liz und ich hin und wieder ein Pochen in der Luft, obwohl sonst nichts zu hören war. Wir hielten das zeitliche Auftreten dieser Ereignisse fest. Bill spürte nichts und warnte uns vor allzu großen Erwartungen: Es sei gut möglich, daß wir nur die Rufe, die wir hören konnten, aufzeichneten und mit dem Verhalten in Verbindung zu bringen versuchten. Wir setzten unsere Aufzeichnungen im selben Stil fort und dokumentierten die vermeintlichen Infraschallaute. Aus irgendwelchen, nicht nachvollziehbaren Gründen hörte keiner von uns jemals die Bänder ab, solange wir zusammen arbeiteten. Als wir uns trennten und nach Hause zurückkehrten – Bill nach New York City, Liz nach Peterborough in New Hampshire und ich nach Ithaca, wußten wir nicht, welche Daten ich in meiner Tasche mit mir trug.

Am Abend vor Thanksgiving machte ich die Tasche schließlich auf. Carl Hopkins arbeitete gerade in seinem Labor am Cornell-Institut und war glücklicherweise bereit, mich zu empfangen. Er schloß den Rekorder an ein von ihm konstruiertes Gerät an, das Klangfolgen als Punkte auf einem Bildschirm wiedergeben kann. Ich wählte derweil die Kassette einer Sitzung aus, in der Liz und ich das Pulsieren in der Luft gespürt hatten. Rosy war gerade ans Ende des geräumigen Innenkäfigs gegangen und stand allein vor der dicken Betonwand, die an das Freigehege draußen angrenzte. Liz hatte geflüstert: »Ich spüre es!« und war hinausgerannt, um auf dem großen Sandhof nach Tunga Ausschau zu halten. Sie hatte ihn an der

Außenseite der Wand gefunden, auf die Rosy von innen schaute. Ihre Köpfe waren nur einen Meter voneinander entfernt, und hätte man die Wand wegziehen können, wären sie Kopf an Kopf gestanden.

Die flackernden Lichtpünktchen auf Carls Bildschirm und die Zickzackkurven des Ausdrucks ließen eine komplexe Anordnung sich überschneidender Tierrufe erkennen, komprimiert und fast drei Oktaven zu hoch – ein bißchen wie das Muhen von Kühen. Die lautesten Rufe fielen mit einem Zeitpunkt zusammen, zu dem Liz und ich beide das Pochen gespürt hatten. Zwei Tiere hatten offenbar eine ausgedehnte und lebhafte Unterhaltung geführt, allerdings in Frequenzen unterhalb des menschlichen Hörvermögens. Ich nahm an, daß es sich um Rosy und Tunga handelte, die sich durch die Wand unterhielten.

Ich schaute auf, als das Band zu Ende war, und sah einen seltsam skeptischen Ausdruck auf Carls Gesicht. »Gottverdammter Infraschall«, murmelte er, und ich lachte. Gottverdammter Infraschall, all die Jahre warst du da – ein per Luft genutztes Kommunikationsmittel. Carl hat sich jahrelang damit abgemüht, Scharen von Studenten die Welt der Sinneswahrnehmungen nahezubringen, und ist dabei nie auf Infraschall gestoßen. Langsam breitete sich ein Lächeln auf seinem Gesicht aus, das Lächeln eines zufriedenen Philosophen. »Infraschall«, sinnierte er, die Augen immer noch auf das Spektrogramm geheftet. Dann blickte er liebenswürdig zu mir auf, eine Andeutung väterlicher Besorgtheit im Blick. »Wenn ich du wäre«, sagte er, »würde ich vorläufig mit niemandem darüber sprechen.«

Ich ging nach Hause und fiel ins Bett. Sofort hatte ich einen Traum.

Ich lag im trüben Licht der Morgendämmerung in einer tiefen, feuchten, warmen Grasmulde. Dicht bei mir, oder vielmehr über mir, ragte ein schwankender, stummer Kreis von Elefanten auf. Es waren große und kleine und einige streckten ihren Rüssel nach mir aus, um an mir zu schnüffeln, winzig und hilflos, wie ich dalag. Sie schaukelten gefährlich hin und her und atmeten lange Zeit über mir. Dann machte das größte Weibchen den Mund auf und redete mit einer Stimme, die ich hörte, wie man sie manchmal im Traum hört: ohne Artikulation, Sprache oder Laut. »Wir haben dir das nicht offenbart, damit du es anderen Leuten erzählst.«

Ich lag still, hielt den Atem an und wartete auf mehr. Aber da war nichts, nur das Geräusch des Elefantenatems und die merkwürdigen Augen, die auf mich herunterschauten, auf mich, die ich unter all diesen Rüsseln und Blicken lag. Sie schauten und schauten mit diesem ernsten, unergründlichen Ausdruck, den ich einzig und allein von Elefanten kenne.

Allmählich verblaßte das Bild, und ich erwachte in der anbrechenden Dämmerung des Erntedanksonntags. Um sechs Uhr würde die Quäker-Gemeinde von Ithaca sich in einer stummen Versammlung zusammenfinden, um die Dämmerung zu begrüßen. Ich stand auf und zog warme Kleider an, Stiefel, Handschuhe und einen Mantel, stieg ins Auto und fuhr durch die Dunkelheit über schneebedeckte Straßen zu dem alten Versammlungshaus auf dem Land.

Sieben Freunde waren schon da. Der Holzofen in der Mitte des alten, dunklen, holzgetäfelten Raums bullerte vor sich hin, und seine Wärme vertrieb allmählich die eisige Kälte. Die tanzenden Flammen im Ofen warfen unregelmäßig Lichtblitze durch die Lüftungsklappe heraus. Sie und eine Kerze waren die einzigen Lichtquellen. Ich wußte nicht, wer die unförmigen, in Decken gehüllten Gestalten waren, die auf den Bänken gegenüber dem Ofen um mich herum saßen. Wir ließen uns nieder, jeder in seinem eigenen Deckenberg, seiner eigenen Andacht, seinen Gedanken oder dem Nichts.

In meinem Herz rumorte der Traum. Wie von außen sah ich mich selbst zwischen zwei Gestalten von der Sitzbank aufstehen. Die versammelten Freunde lauschten, wie man es tut, wenn ein Laut aus tiefer Stille emporsteigt. Ich selber hörte meine Stimme nicht, aber im grauen Licht, das jetzt durch das farblose Glas der großen Fenster in den Raum hereinsickerte, sah ich Tränen über die Wangen einer Frau rinnen, die ich nicht kannte. Ich setzte mich. Wir verharrten schweigend bis zum Ende der Stunde. Dann nahmen wir unsere Decken, zerstreuten uns, um den Tag zu feiern, und jeder würde auf seine Weise Dank sagen.

KAPITEL 2

Thanksgiving

Aus den Weizen- und Maisstoppeln zu beiden Seiten der Straße, die am Versammlungshaus vorbeiführte, stiegen Nebelschwaden auf. Kurz nachdem ich mich von den Freunden getrennt hatte, hielt ich an und sog mit ein paar tiefen Atemzügen die saubere, süßlich duftende Landluft ein.

Ich nahm den Geruch von Kuhmist und Schnee wahr, der von einem Feld in der Ferne zu mir herüberdrang. Ich erinnerte mich an früher, denn nur ein paar Meilen jenseits der Hügel, draußen am Taughannock Creek, lag die Farm, auf der ich meine Kindheit verlebt hatte. Der Mist roch wie der Dung der Elefanten, die ich vor kurzem verlassen hatte: Ich schloß meine Augen. »Elefanten, wenn ihr mir das offenbart habt . . .«

»Auf jeden Fall«, sagte ich, »danke ich euch.«

Die Straße führte mehrere Meilen sanft bergab und an einem Steilufer an einem winterlich blauen See entlang. Nach ein paar Meilen erreichte sie Ithaca, eine kleine Stadt, die auf einem Hügel erbaut und durch drei tiefe Täler geteilt ist. In der Stadtmitte blickte ich über den Brückenrand auf einen Fluß hinunter, der ungefähr dreißig Meter in der Tiefe lag. Eine Windböe trug den Geruch der steilen Schieferwände und des schäumenden Wassers zu mir herauf. Auch das weckte heimatliche Gefühle. Und fünf Minuten später ließ ich mich in die Arme meiner Eltern fallen – Thanksgiving war angebrochen.

Mary und Damon – meine Mutter und mein Vater – waren nicht mehr jung genug, um über die Hügel zu wandern, wie wir es früher gemacht hatten. Wir blieben deshalb den ganzen

Tag über in ihrem kleinen Haus. Es war zwar nicht mehr das alte Farmhaus, in dem ich aufgewachsen bin, aber es war ein Haus, das wir liebten. Es hatte den Vorfahren meiner Mutter gehört, die den Namen Fuertes trugen – die Starken. Als Mary ein kleines Mädchen gewesen war, hatte ihr Vater, ein Künstler, es als sein Atelier gebaut. Er hatte seine zarten, lebensechten Vogelaquarelle auf einem Zeichentisch unter demselben Nordfenster gemalt, unter dem wir jetzt saßen, Äpfel schälten und redeten.

Wir sprachen alle in feierlichem Ton, denn ich war nach fünfundzwanzigjähriger Abwesenheit wieder nach Hause zurückgekehrt, um künftig hier zu leben. Von der gescheiterten Ehe, die hinter mir lag, redeten wir nicht. Mit Hilfe meines früheren Ehemanns, meiner Eltern und einer hiesigen Bank hatte ich ein kleines Steinhaus, nicht weit vom Cornell Campus, gekauft. Das sumpfige Waldland, in dem es lag, ein Gletschertal voller Rehwild, Biber, Frösche und Farne, hatte mich damals fasziniert. Ich bekam die Erlaubnis, ein Büro in einer umgebauten Scheune der Cornell University in der Nähe des Ornithologischen Instituts für Tierlautforschungen zu benutzen. Das Labor, die Bibliotheken und gelegentlich ein Seminar würden mir helfen, die klaffenden Lücken in meiner unkonventionellen Ausbildung zu füllen. Ich würde Kollegen und Musik um mich haben. Zwei meiner Kinder würden in meiner Nähe sein – meine Töchter Holly und Laura, die beide an der Cornell University studierten, und vor allem war ich in der Nähe meiner Eltern, denen ich auf diese Weise im Alter eine Stütze sein könnte.

Die Worte, die ich an jenem Abend in mein Tagebuch schrieb, erinnern mich an diesen Tag:

Mary und Damon – wir drei zusammen, mit Granatäpfeln; Scherze über einen kaputten Briefkasten; Gespräche über die

Landwirtschaft, über den großen Verlust, den der Verlust von Farmerfamilien bedeutet … Sturmfenster einsetzen (Damon, der eine Trittleiter brauchte und keine fand: »Ich denke, ich kann den Schubkarren nehmen.«); Gesellschaft, mehr als genug; wir füllten das Haus, und es quoll über.

Wir selber waren in den ersten siebzehn Jahren meines Lebens auch Farmer gewesen. Damon war außerdem Professor für Landwirtschaft an der Cornell University. Aber ich erinnerte mich nur noch daran, daß wir oft Äpfel, Erdbeeren und Pfirsiche aßen, die wir nicht selber angebaut hatten. Von der Farm kannte ich unsere siebenundzwanzig Hektar: halb Ackerland, halb notdürftig eingezäunte Weiden; unser in der Zusammensetzung häufig wechselndes Sammelsurium von Nutztieren; unsere kleinen Schuppen und unser riesiger, baufälliger alter Stall. Zum August gehörte für mich der fast stechende, honigschwere Geruch des Buchweizens, der in unser Eßzimmer drang, wenn die kleinen weißen Blüten auf dem Feld neben dem Haus im Wind flatterten. Auf dem vorderen Feld wuchs der Mais dunkelgrün in die Höhe, bis ich die Kolben kaum noch erreichen konnte. Weiter oben an der Straße hob sich das blasse Blaugrün der Haferfelder gegen das glühende Orangerot des Weizens ab. Es gab auch verwilderte Obstarten – Walnüsse, in weichen Schalen, die unsere Hände dunkelbraun färbten; Birnen von zwei Bäumen, von denen der eine pelzige und der andere glatte Früchte hervorbrachte; winzige wilde Erdbeeren, aus denen Mary köstliche Marmelade machte.

Im Zweiten Weltkrieg verfügten wir über einen einen halben Hektar großen Gemüsegarten, einen Victory Garden – oder vielmehr: der Garten verfügte über uns. Mein Bruder beschwerte sich immer, daß der Sieg mit Kinderarbeit erkauft würde. Im Herbst war die Küche ein einziges Dampfbad, das nach Tomaten und Birnen roch (einschließlich der pelzigen, die

Louis und ich nicht mochten), und im Winter war sie ein Ort, an dem Mary die besten Apfelkuchen der Welt buk. Pastinaken, die nur Damon mochte, die wir aber alle aßen, wurden ebenfalls dort gekocht. An den Tagen vor dem alljährlichen Tompkins-Markt füllte ich die Küche mit Kürbissen, und einmal wurde einer davon mit einem blauen Band prämiert, genauso wie mein Schwein Hoggy.

Damon hatte tausend rotäugige White-Leghorn-Hennen. Sie waren hektisch und häßlich, aber produktiv. Mein Dutzend Rhode Island Reds, das ich separat in einem anderen Stall hielt, legte wenig Eier. Dafür waren sie hübsch und freundlich und hockten sich glucksend hin, um sich die Schultern streicheln zu lassen. Im tiefsten Winter mußte ich ihnen das Wasser eimerweise von der Küche in den Stall tragen. Den Henkel hielt ich mit meinen behandschuhten Händen umklammert und stemmte den Eimer mit aller Kraft über den kniehohen Schnee hoch, während meine Füße die Abdrücke suchten, die Damon auf seinem Weg zum großen Stall hinterlassen hatte.

Wir hatten ein Schweinepärchen und sechzehn Schafe, ein widerborstiges Pony und in einem Jahr zwei Rinder mit gewaltigen Hörnern, die über unsere Zäune sprangen, als existierten diese gar nicht. Immer wieder mußten wir all unseren Tieren außerhalb der umzäunten Grundstücksgrenzen hinterherjagen und sie aufspüren und suchen. Wir lernten so das Land aus dem Blickwinkel der Ausreißer kennen. Ich war noch keine zehn Jahre alt, als ich mein erstes Buch schrieb und ihm den Titel »Meine wahren Tierjagden« gab.

Viele wildlebende Tiere umgaben uns, sowohl im Haus als auch draußen. Vom Nordfenster meines Schlafzimmers aus konnte ich direkt zu einem Loch hoch oben in der großen Eiche schauen. Jedes Frühjahr kroch dann ein neuer Wurf rotbrauner Eichhörnchenbabys aus dem Loch und lernte vor meinen Augen klettern. Am Abendbrottisch gab ich die neuesten

Ereignisse bekannt: »Die Babys klettern rauf, und sie wissen nicht, wie sie wieder runterkommen sollen. Die Mutter ist ganz außer sich.« »Die kommen schon zurecht, Kate«, meinte dann mein Bruder schulternzuckend. »Die klettern über den Speicher rauf.«

Eine Farm ist ein Faß ohne Boden und in vielerlei Hinsicht vergebliche Liebesmüh. Wenn Damon an der einen Stelle etwas ausbesserte oder baute, stürzte an der anderen etwas ein oder fiel auseinander. Er rüstete unseren riesigen, alten Stall mit einer Seilkonstruktion auf, die von einer Ecke zur anderen verlief, um so zu verhindern, daß der Bau in einem der gnadenlosen Winterstürme zusammenstürzte. Die Seile, deren Spannung von einem Flaschenzug reguliert wurde, waren so plaziert, daß sie einen unachtsamen Arbeiter drei Stockwerke vom Heuboden hinunter ins Erdgeschoß hätten katapultieren können. Eines Tages bat Mary meinen Vater, diesen Mißstand zu beheben, was er auch tat. Allerdings baute er nun statt dessen eine Holzschütte vom Heuboden bis hinunter in den großen Hühnerstall. Ich rutschte – nichts Böses ahnend – im Heu herum, als ich plötzlich die Rampe hinunterschoß. Ich werde nie den Staub und die Federn vergessen, die erschrockenen Vögel, die an den Wänden und Nistkästen klebten, und unser vereintes Gekreische, als ich – genauso entsetzt wie sie – plötzlich bei ihnen auftauchte.

Genau in der Zeit, aus der meine frühesten Erinnerungen stammen, hatte das abenteuerliche Leben auf der Farm meinen Vater zu einer Familiensaga inspiriert, die wir die Johnny O'Possum Story nannten. Er dachte sich diese Geschichten Sonntag morgens aus, wenn Louis und ich vor dem Aufstehen zu ihm und Mary ins Bett kommen durften. Mary lag dann zwischen uns, um mitzuhören, worüber unser Vater gebrütet hatte, denn er machte oft nicht viele Worte, und es gab Zeiten, wo ihn nur das Opossum zum Reden brachte.

Johnny war ein träges, störrisches Wesen mit den typischen Eigenarten eines Opossums und den Sorgen und Nöten eines eigenbrötlerischen Bauern. »Johnny O'Possum – vor langer Zeit kam seine Familie aus einer kleinen irischen Stadt über das Meer ...«: So begann die letzte Geschichte, die einzige, aus der ich heute noch wörtlich zitieren kann. Johnny schlief die ganze Zeit. Hin und wieder kam er in seinem Bau tief unter einer Schneewehe halb zu sich, aufgeweckt von einem Problem, das nur langsam konkrete Formen annahm, denn sein Gehirn hielt – wie bei vielen freilebenden Tieren – Winterruhe. Er wußte, daß er eine dringende Arbeit auf dem Hof zu erledigen hatte, und dachte angestrengt nach, um welche es sich handeln könnte, während er mit der Müdigkeit kämpfte und seine Unlust zu überwinden versuchte. So lag er da und grübelte über eine Erfindung nach, die er im Kopf hatte: ein Schneeräumfahrzeug, das er – vielleicht – aus den Ersatzteilen bauen konnte, die sich – vielleicht – noch in einer Ecke des Stalls stapelten, falls der Stall überhaupt noch existierte ...

Im gnadenlos kalten Winter 1947/1948 hatten wir sechzehn Schafe, die Damon aus irgendeinem Grund mitten im Winter verkaufen wollte. Er band ihnen die Beine zusammen, schnallte eines nach dem anderen auf einen Schlitten und transportierte sie so fast eine Meile vom Stall auf die Straße durch tiefen, ungespurten Pulverschnee zum Lastwagen des Käufers. Mary stöhnte über das unsinnige Unternehmen. Unter Einsatz von Schaufeln und Muskelkraft mußte Damon später zusammen mit Louis unsere Auffahrt räumen. Am nächsten Sonntagmorgen gönnte Damon seinem Rücken etwas Ruhe und unterhielt uns alle mit Geschichten. Zuerst erzählte er von Johnny und seinen Tieren, bis Louis und ich uns vor Lachen fast auf dem Boden wälzten. Dann schilderte er für Mary die Beziehung eines Opossums zu Seilen, Leitern, Rutschen und Schubkarren und seinen Hang, Dinge im Schnellverfahren zu erledigen, was immer unweigerlich in einer Katastrophe endete. Das Bett bebte unter uns, und wir lugten durch die Kissen zu Mary hinüber, die ebenfalls kicherte und der die Tränen über die Wangen liefen.

Marys Tage verliefen, im Gegensatz zu Damons, ruhig und gemächlich. Sie spielte mäßig gut Klavier und hegte eine unmäßige Liebe für Bachs Kompositionen. Sie hatte fast immer eine Melodie im Kopf und konnte gleichzeitig singen und pfeifen. Wir hörten sie oft Duette singen, oft zwei Stimmen eines Bachchorals auf einmal. Bevor ich auf die Welt kam, war sie Literaturwissenschaftlerin an der Universität gewesen, und sie kannte sich aus mit Äsop, Homer und Vergil, konnte ganze Teile der Bibel auswendig und hatte Zitate von Dante, Shakespeare, Milton, Keats und Wordsworth im Kopf. Worte gingen ihr ebenso im Kopf herum wie Musik, und sie lehrte uns einiges davon. All diese Dinge waren für sie genauso lebendig wie wir oder die eisblauen Glockenblumen und die rotgelbe Akelei in den Spalten der Taughannock-Schlucht, wohin sie uns und ihre Bücher häufig mitnahm, um lange, vergnügliche Tage dort zu verleben.

Eines Morgens im Winter, einen Monat nachdem ich sieben geworden war, brachte sie ein Baby zur Welt, das sie Mia nannte. Während Mary und Damon im Krankenhaus waren, um Mia zu bekommen, hatten Louis und ich unser eigenes Abenteuer. Denn in jener Nacht brachte unser zahmstes Schaf Zwillinge zur Welt. Damon holte Mary und Mia nach Hause und brachte sie beide ins Johnny-O'Possum-Bett. Ich trug die Zwillingslämmer zu ihnen hinauf, und wir verglichen unsere Babys. Marys Baby war hilflos und rot, während meine beiden krauses, schneeweißes Fell hatten, wache schwarze Augen und aufmerksame rosa Öhrchen. Ihre scharfen, kleinen Hufe warteten nur darauf, herumtollen zu dürfen. Als wir alle die Babys des 13. März 1944 lange genug bewundert hatten, brach-

te ich die Lämmer wieder in den Schafstall hinaus, und meine
Mutter sang dem neuen Baby vor:

> I love a lassie, a bonny bonny lassie,
> she's as sweet as heather on the hill.
> She's my own true lassie, my bonny bonny lassie,
> she's my lassie, my Scotch bluebell.

Louis und ich halfen Mary, Mias Windeln in unserer halbau-
tomatischen Water Witch zu waschen, und wir wrangen sie in
einer elektrischen Schleuder aus, die leicht auch unseren Arm
packen und auswringen konnte, wenn wir nicht aufpaßten. Wir
hängten die Windeln zwischen zwei Birnbäume zum Trocknen
auf. An Wintertagen nahmen wir die Wäsche, sobald sie halb
trocken war, von der Leine und zogen sie in Form. Wenn die
Sonne schien, stoben Eiskristalle durch die Luft, zunächst glitzernd, um sich dann wie von Zauberhand in Luft aufzulösen.
Mary erklärte uns, daß man diese Umwandlung Sublimation
nenne. Dann hängten wir alles wieder auf die Leine und holten es bei Sonnenuntergang herein. Bei trübem Wetter oder
wenn es schneite, legten wir die Wäsche zusammen und trugen dann den Strohkorb, jedes Kind an einem Griff, in die warme Küche, wo die Kleider bis zum Abendessen an der Wä-
scheleine zwischen Herd und Tisch hingen.

An vielen Abenden lasen Mary oder Damon uns laut vor
und pflanzten uns somit Bilder ins Gedächtnis, die uns für den
Rest des Lebens beschäftigen sollten. Mia lasen sie die Geschichten der ersten Einwanderer von Laura Ingalls Wilder vor.
Sie gingen dabei ganz in den langen Wintern und in der Gei-
genmusik auf, die einst die kleinen Höfe in den großen Wäldern und auf den Prärien überall in diesem jungen Land erfüllt
hatte. Für Louis lasen sie »Der Wind in den Weiden«: Dabei
spiegelte die Leidenschaft der Hauptfigur Mr. Toad, ein Kröte-

rich, für motorisierte Gefährte Louis' eigene Besessenheit wider. In meinen Augen handelte das Buch von etwas völlig anderem, nämlich von einem Maulwurf und einer Wasserratte, die zusammen die Mittsommernacht durchwachten und bei Tagesanbruch einem Flötenspieler lauschten. Es war Pan, der heidnische Naturgott, und seine Zuhörer waren Tiere.

Ein Wunschtraum, den ich mein Leben lang hegte, tauchte in einigen Geschichten aus dem »Dschungelbuch« auf. Es waren die Geschichten, die das Schlüsselwort enthielten, das Mogli befähigte, die wilden Tiere im Dschungel zu verstehen und von ihnen verstanden zu werden. Ich las diese Geschichten so viele Male in unterschiedlichem Alter, daß sie mir schließlich beinahe autobiographisch vorkamen. Ich übte das Schlüsselwort, nur um es mich immer wieder aufsagen zu hören. »Wir sind von einem Blut, du und ich.«

Mary hatte ihren Vater verloren, bevor wir geboren wurden. Damon war mit seiner Mutter aus einer zerrütteten Familie auf die Farm geflüchtet, wo sich seine Liebe zur Landwirtschaft entwickelt hatte. Später gelang ihm eine zweite Flucht, von einem Schiff, das im Zweiten Weltkrieg vor der englischen Küste torpediert wurde. Seitdem war seine Sehnsucht nach Frieden immer und überall zu spüren. Sie prägte sein melancholisches Wesen und die Liebe, die er für uns empfand, für seine Familie, die überlebt hatte. Obwohl sie Amerikaner waren und das Privileg einer guten Ausbildung genossen hatten, fühlten sich meine Eltern irgendwie als Überlebende. Keiner von beiden vertraute auf die Barmherzigkeit des Universums. Sie hatten nur einander, uns und unsere Farm und unsere Bücher.

Die ersten sechs Jahre gingen wir Kinder in die staatliche Willow Creek School, die nur aus einer einzigen Klasse bestand und in der Damon zugleich Direktor und Hausmeister war. Im Winter zündete er im Morgengrauen Feuer im bauchigen Ofen an, ehe er seine Fahrt zur Cornell University antrat. Louis und ich gingen etwas später zur Schule, manchmal mit dem sanftmütigen Skeeter Hovenkamp und manchmal mit dem wilden Billy Wolf, zwei Jungen, die die Straße weiter unten auf einer anderen Farm wohnten. Es waren gut zwei Handvoll Schüler verschiedener Jahrgänge, die in den ersten Morgenstunden um den Ofen kauerten. Der Geruch von brennendem Holz und der Schmerz in unseren vor Kälte blauweißen Fingern und Zehen, wenn das Gefühl allmählich zurückkam, gehören zu den Dingen, die ich mit Schule verbinde.

Im Vorfrühling tauchten Louis und ich auf dem Weg zur Schule unsere Finger in die Ahornsirupeimer, die an den Bäumen am Straßenrand hingen. Als Louis in die Trumansburg Junior High kam, hatte ich keinen Weggefährten mehr. Also vertrieb ich mir die Zeit mit einem Experiment: Konnte ich die Bäume am Geschmack unterscheiden, oder nicht? Das Resultat war, daß ich immer öfter zu spät zur Schule kam – an dem Tag, an dem Mary davon erfuhr, waren es zwei Stunden. Am nächsten Morgen weckte sie mich noch vor Sonnenaufgang, zog mich an und schickte mich auf den Weg, so daß ich den Sirup aus allen Eimern probieren konnte und trotzdem rechtzeitig mit den anderen Schülern eintraf.

Als Mia sechs wurde und ich dreizehn, war die hiesige Gemeinde so groß geworden, daß zwanzig Schüler die Schule besuchten. Ein paar der Eltern taten sich zusammen und erweiterten das hundert Jahre alte Schulgebäude um einen zweiten Klassenraum. Mary wurde eine der beiden Lehrerinnen. Die Willow Creek School war es, die am meisten von Marys umfassender Bildung profitierte.

Oder vielleicht war auch ich diejenige, denn bevor sie in der Schule unterrichtete, hatte Mary mich unterrichtet. Ich war ein schmächtiges Kind und in den ersten zehn Jahren viel zu Hause. Vielleicht hatte ich einen Anflug von Polio oder Meningitis – beides ging damals um und war nicht heilbar. Aber niemand wollte zugeben, daß es mehr als eine kleine Unpäßlichkeit sein könnte. Mary las mir aus ihren wunderbaren Büchern vor und brachte mir bei, mich mit ruhigen Spielen zu beschäftigen. An kalten, feuchten Tagen schrieb sie, und ich las und zeichnete oder starrte lange Zeit auf die Zeichnungen meines Großvaters. Sie hingen in einfachen Rahmen an der Wand – ein Stinktier, ein Wiesel, eine Eule, alle so lebensecht, daß man die Tiere buchstäblich im Raum spüren konnte. Bei schönem Wetter machte Mary die Tür auf und schickte mich in Stiefeln hinaus, ohne mir Grenzen zu setzen, wie weit ich gehen durfte oder wann ich zurückkommen sollte.

Ich erinnere mich noch an meine erste Begegnung mit mir selbst, an einem leuchtenden Tag im Spätsommer. Ich stand allein auf dem Feld, über das die Wildnis in Gelb und Grün auf unseren Garten zurollte, und ich sagte laut: »Das ist der glücklichste Tag in meinem Leben, und ich bin elf Jahre alt.« Ich hob meine dünnen Arme zum blauen Himmel und nahm sie ganz bewußt wahr, wie auch meine ausgefransten Manschetten und eine Flut goldener Blumen, die über mir hingen. Dieses Goldgelb vor dem blauen Himmel ließ mein Herz höher schlagen. Später habe ich dieselben Grün-, Gelb- und Blautöne in den Erntebildern von Van Gogh gesehen und dasselbe Jubilieren in den Erntegedichten von Hopkins gehört, aber mein überschwenglicher Jubel galt der Wildnis.

Meine Beziehung zu den freilebenden Geschöpfen, die uns umgaben, war eine andere als zu den Haustieren. Der Gedanke, daß ich ein Naturschützer oder Tierretter sein könnte, kam mir nie in den Sinn. Ich war nur ein Lebewesen, das auf die Schlüsselwörter der anderen lauschte. Einmal überraschte mich die Stimme eines winzigen, schwarzäugigen Salamanders, leuchtend orange, mit kleinen, runden roten Flecken, eingefaßt von feinen schwarzen Kreisen, mit dickem, glattem Bauch – ein Molch. Ich war an unserem Hausbach entlanggewandert, vor mich hin träumend und von einem Wasserfall zum nächsten hüpfend. Es war ein herrlicher Tag, an dem jedes Wasserbecken verzaubert zu sein schien und hinter jeder Biegung ein neues Wunder wartete. Ich drehte einen Stein zwischen den schwarzen Schieferbrocken am Rand des Wasserlaufs um, und da war er. Ich war von dem Drang überwältigt, seinen kühlen, weichen Bauch zu befühlen und die feingliedrigen Finger auf meiner Hand zu bewundern. Aber eine plötzliche Empfindung, fast wie der Schlag eines elektrisch geladenen Zauns, bremste mich. Mir war, als hätte der Molch zart, aber bestimmt: »Nein!« gesagt. Ich ging schnell weiter, ohne zurückzuschauen. Als ich nach Hause kam, zeichnete ich eine Karte des Bachs, mit seinen fünf Wasserfällen, die über vier Meilen zum See hinunterpolterten. Zwischen den zweiten und dritten Wasserfall zeichnete ich einen winzigen orangefarbenen Salamander ein und umgab ihn mit einem unregelmäßigen Kreis, der den Bereich darstellte, von dem ich glaubte, daß der Molch ihn überschauen und bewachen könnte. Heute würde ich es sein Revier nennen.

Im nachhinein erschien es mir, als ob nicht der Molch gesprochen hätte, sondern etwas anderes. Ich hatte dieses Gefühl später noch bei anderen Gelegenheiten: Jedesmal war mir, als sei ich dabei, ein Gesetz der Natur zu übertreten. Ein befreundeter Wissenschaftler sagte mir, Sokrates habe auch von einer ähnlichen, einhaltgebietenden Stimme gesprochen, in der er einen Vorboten seiner großen Lehrsätze sah. »Dieses Zeichen erhielt ich, seit ich ein Kind war. Das Zeichen ist eine Stimme, die ich höre und die mir immer etwas verbietet, das ich gerade tun wollte, mir aber nie befiehlt, etwas Bestimmtes zu tun.« Nun bin ich natürlich nicht Sokrates, aber es scheint, daß ich ein ähnliches Erlebnis gehabt hatte.

Ich war siebzehn, als meine Familie die Farm aufgab. Wir zogen in die Stadt, damit Mary unterrichten und ich an der Cornell University studieren konnte. Der Umzug widerstrebte mir in tiefster Seele. Obwohl ich mit Begeisterung lernte – ich studierte Musik, kann ich mich nur vage an das Haus erinnern, in das wir zogen, und an den Weg vom Haus zur Cornell University, den ich jahrelang zwei- bis viermal am Tag gehen mußte. Denn meine Familie war nicht länger das »wir«, das sie einmal gewesen war. Wir waren jetzt ich und du und er und sie geworden, getrennt durch Arbeit und Studium. Und von Johnny O'Possum hörten wir nie wieder.

Ich hatte mit einem Schlag die Farm und meine Kindheit verloren. Aber für Damon war die Landwirtschaft mehr als eine persönliche Leidenschaft gewesen. Kurz nachdem ich von zu Hause weggegangen war, zog er mit Mary nach Costa Rica und von dort nach Peru, wo er fast zwei Jahrzehnte mit Kleinbauern arbeitete, um deren jahrhundertealtes Wissen zu erlernen und auf diese Weise zu bewahren. Er hatte vorausgesehen, was die Grüne Revolution – auch wenn sie eine ungeheure Steigerung der weltweiten Nahrungsproduktion bedeutete – das Land und die Kulturen, die durch sie verdrängt wurden, kosten würde. Als er an Thanksgiving über den Verlust der Kleinbauern sprach, meinte er wahrscheinlich den Verlust der Menschen, die wissen und spüren und tun, was Bauern wissen und spüren und tun müssen, um zu überleben.

Am Abend erzählte ich meinen Eltern von den Elefanten. Wir schauten uns an, voller Staunen, und meine Begeisterung flammte durch ihr Interesse erneut auf. Aber unsere Herzen und Köpfe waren bereits übervoll, also redeten wir nicht weiter. Wir gingen zusammen hinaus. In der Biegung, der Hausauffahrt blickte ich zurück und sah sie auf der Veranda von Großvaters Atelier stehen, eingerahmt von den gelben Säulen, die das Dach trugen. Sie hielten sich an den Händen, während sie mir nachschauten.

Bill, Liz und ich trafen uns für ein Wochenende in Liz' Haus in Peterborough, New Hampshire. Wir redeten und feierten und häuften Holzscheite in einen großen alten Küchenherd und brüllten vor Lachen. Irgendwie müssen wir auch gearbeitet haben, denn unser Bericht mit dem Titel »Infraschallaute bei Indischen Elefanten« wurde bald in der Zeitschrift Behavioral Ecology and Sociobiology veröffentlicht. Noch bevor dieser Bericht herauskam, war ein achtspaltiger Artikel mit der Überschrift »Die geheime Sprache der Elefanten« in The New York Times erschienen.

Ich klebte die Artikel kurz hintereinander in mein Tagebuch, nur wenige Seiten nach meiner Zusammenfassung des Traums, in dem die Elefantin zu mir sagte: »Wir haben dir das nicht enthüllt, damit du es anderen Leuten erzählst.« Dort bleiben sie, drei Antworten auf dasselbe Ereignis. Die Artikel kündigen eine Entdeckung an, bei der Bill, Liz und ich die Handelnden sind und die Elefanten die Studienobjekte. Der Traum dagegen kündigt eine Erkenntnis an, bei der die Elefanten die Handelnden sind und ich der Empfänger. Die Artikel beziehen sich auf eine Welt, in der Tiere und Menschen getrennt voneinander, nur wenig miteinander bekannt und ohne gemeinsames Geburtsrecht sind. Der Traum hingegen bezieht sich auf eine Welt, in der wir aus demselben Blut sind – wo wir einen Baum an seinem Saft erkennen und ein Opossum als Vater haben und eine Glockenblume als Schwester und wo der Flötenspieler bei Tagesanbruch wartet. In einer solchen Welt verraten die Tiere einander Geheimnisse – und manchmal auch jemandem wie mir. Je aufmerksamer wir mit ihnen umgehen, desto mehr Aufmerksamkeit schenken sie uns.

AFRICA

KENYA

★AMBOSELI

ZIMBABWE

ETOSHA ★SENGWA

NAMIBIA

MY AFRICAN RESEARCH SITES

KAPITEL 3

Leitkühe, Schwestern und Babysitter

Verhaltensforscher hatten in Afrika die Beobachtung gemacht, daß Elefanten über unglaublich weite Entfernungen miteinander kommunizieren. Iain Douglas-Hamilton war in Tansania völlig von der Fähigkeit der Elefanten fasziniert, sich anscheinend ohne das geringste optische oder akustische Signal koordinieren und verständigen zu können. Es müsse sich dabei um übersinnliche Fähigkeiten handeln, hatte er lachend geäußert. In Kenia hatten Cynthia Moss und Joyce Poole darüber gerätselt, wie die getrennt und manchmal weit auseinander lebenden männlichen und weiblichen Elefanten sich in dem kurzen, nicht vorhersagbaren Fortpflanzungszeitraum überhaupt finden können. Joyce staunte immer wieder, »wie fünftausendfünfhundert Kilo schwere Elefantenbullen aggressive Rufe von sich geben, die ich kaum hören kann!« Cynthia hegte die Vermutung, ohne es jedoch getestet zu haben, daß Laute unterhalb des Hörbereichs des Menschen im Spiel waren. In Simbabwe hatte Rowan Martin eine Reihe weiblicher Elefanten aus verschiedenen Familien mit Hilfe von Sendern überwacht. Er hatte sich gefragt, wie diese Tiere, die durch viele Hektar Wald getrennt waren, tagelang und manchmal wochenlang ihre Routen aufeinander abstimmen konnten, ohne ein einziges Mal zusammenzutreffen. Und in Indien, wo Elefanten seit dreitausend Jahren als Lasttiere gehalten werden, trifft man immer wieder auf volkstümliche Darstellungen, die Elefanten mit Wolken und Donner in Zusammenhang bringen. 1972 spekulierte dann der Naturforscher M. Krishnan über die Möglichkeit, daß Elefanten über Schallfrequenzen kommunizieren, die der Mensch nicht als Geräusch wahrnimmt. Für die Leute, die sich mit Elefanten auskannten, kam diese Entdeckung nicht unerwartet. »Ja, natürlich!«, war überall die erste Reaktion.

Außerdem hatte eine andere Forscherin, Judith Berg vom San Diego Zoo, bereits vor uns über Infraschallfrequenzen in den Rufen der Elefanten berichtet. Unsere Entdeckungen ergänzten sich also. Judith Bergs Aufnahmegerät war nicht für Laute außerhalb des menschlichen Hörbereichs geeignet, daher realisierte sie nicht, daß die Niedrigschallenergie ausreicht, um über weite Entfernungen ein funktionierendes Kommunikationssystem zu ermöglichen. Wir waren es, die letztlich diese Verbindung herstellten, theoretisch und praktisch. Aber wir hatten die Rufe Indischer Elefanten aufgezeichnet, während Judith Berg mit afrikanischen gearbeitet hatte. Viel Arbeit lag vor uns und viele Fragen blieben offen.

Die Entfernung, die ein Ton überwinden kann, hängt einerseits von dem Medium ab, durch das er übertragen wird. Andererseits von der anfänglichen Lautstärke und Frequenz, also der Tonhöhe. Hohe Töne reisen in kurzen Wellen, die rasch an Energie verlieren, denn sie werden an Gräsern, Bäumen und anderen Hindernissen abgelenkt und in Wärme umgewandelt. Tiefe Töne reisen in langen Wellen, die davon weniger beeinträchtigt werden. Je tiefer also der Laut, desto geringer der Verlust. Die Stärke eines tiefen Tons hat eine erhebliche Auswirkung auf seine Reichweite. Verdoppelt man die Intensität eines Lauts, dessen ursprüngliche Reichweite zwanzig Meter betragen hat, wird die Reichweite auf vierzig Meter ansteigen; macht man dasselbe bei einem Laut, dessen ursprüngliche Reichweite zwei Kilometer ist, wird die Reichweite auf vier Kilometer ansteigen. Es war also klar, daß wir, wenn wir herausfinden wollten, über welche Entfernungen das Kommunikationssystem der Elefanten funktionierte, die Stärke und Frequenzen der Elefantenrufe draußen im Gelände messen mußten.

Nur zwei Monate nach meiner Entdeckung im Zoo fand ich mich zu diesem Zweck im Amboseli-Park in Kenia wieder, um mit Joyce Poole eine Studie über Elefantenkommunikation in Angriff zu nehmen. Der Grundstein für diese Arbeit war gelegt worden, bevor ich nach Amboseli kam. Cynthia Moss hatte die Amboseli-Elefanten seit fünfzehn Jahren beobachtet und kannte alle sechshundertfünfzig Mitglieder der Population. Joyce hatte gerade eine neunjährige Studie über die männlichen Elefanten in der Population abgeschlossen; Phyllis Lee hatte eine ganze Schar von Kälbern im ersten Lebensjahr beobachtet, und David Western, Keith Lindsay und andere hatten die ökologischen Faktoren des Parks untersucht. Jetzt war ich zu Joyce in das kleine Forschungscamp gezogen: fünf Zelte in einem Palmenwäldchen – das Basislager all dieser Aktivitäten. Wir arbeiteten von Januar bis März 1985 und dann wieder 1986 zusammen.

Amboseli ist in den ersten Monaten des Jahres trocken. Um die Mittagszeit lastet der Himmel – in der Mitte blau und milchig, in der Ferne ins Gelbe spielend – brütend heiß über den verdorrten Wiesen mit ihren golden schimmernden Gräsern. Die Zeit ist günstig, um mehr über die Sozialstruktur einer Elefantenpopulation zu lernen, denn jetzt ziehen ihre Mitglieder meistens in getrennten Gruppen zwischen Waldgebieten und Wasser umher. Die kleinste soziale Einheit ist die Familie, eine Gruppe von etwa einem Dutzend miteinander verwandter Kühe und deren Nachwuchs. Manche Familien schätzen die Nähe bestimmter anderer Familien. Familien, die auf diese Weise miteinander verbunden sind, bilden eine Bond Group. Familien und Bond Groups werden oft durch den Besuch erwachsener Bullen erweitert, aber im allgemeinen leben männ-

liche Elefanten getrennt von den Familien in Junggesellen-
gruppen oder ganz allein. Große Ansammlungen von Bullen
und Kühen bilden sich hin und wieder spontan: Wenn diese
Versammlungen sich auflösen, kehren die Tiere aber wieder
zielstrebig in ihr soziales Umfeld zurück. Mit der Hypothese,
daß alle diese Wanderungen und kurzzeitigen Umgruppie-
rungen mit Hilfe akustischer Kommunikation ausgelöst werden und daß ihnen über weite Entfernungen mächtige Infraschallrufe zugrunde liegen, zogen Joyce und ich aus, um so
viele Elefantenrufe wie möglich aufzuzeichnen und zu messen
und zugleich die jeweiligen Begleitumstände festzuhalten.

An manchen Tagen tauchte am südlichen Horizont der Ki-
limandscharo auf. Er hing dort scheinbar ohne jedweden
Bodenkontakt, nahm aber einen großen Teil des Himmels
ein. Graublaue bewaldete Flecken, durchsetzt mit bräunlichen
Lichtungen, schwebten über der Ebene. Am oberen Ende
schloß sich an die unregelmäßigen Flecken ein großer, breiter
Streifen an, von der Struktur her dichter, aber dafür schwächer
gefärbt, was auf eine baumlose Landschaft schließen ließ. Hoch
über dieser der Tundra verwandten Zone ragte ein breiter
weißer Sattel auf, der sich scharf gegen den blauen Himmel
abzeichnete.

»Fünftausendachthundertundfünfundneunzig Meter, und
das Weiße, das du dort siehst, sind Gletscher und Schnee«, sagte Joyce.

Gletscher und Schnee am Äquator.

In der Ebene flirrte die Hitze. Am Horizont sahen wir graue
Wolkenkratzer, große Schiffe und lange, rechteckige Tanker,
die auf uns zukamen und zu Büffel- oder Elefantenherden oder
Baumgruppen wurden und sich in Luftspiegelungen zurück-
verwandelten, so daß ich mich fragte, ob ich wohl unter Halluzinationen litt. Etwa zwei Dutzend große Tiere drifteten seelenruhig auf uns zu, ihre Rüssel hin und her schlenkernd. Vor

dem riesigen Berg wirkten sie überraschend klein, und sie sahen wie zahme Kühe aus, die zum Melken nach Hause kamen.

»Sie waren im Sumpf«, sagte Joyce, und ich bemerkte, daß Beine und Bäuche bis zur halben Höhe dunkel waren, ebenso das untere Drittel ihrer Rüssel. An Größe und Wuchtigkeit zunehmend, kamen sie uns auf einem Pfad, der zu Joyces kleinem Jeep führte, entgegen. Sie umringten uns und zogen dann vorüber, so wenig beunruhigt, als wären wir irgendein harmloses Gebüsch. Ich schaute aus meinem linken Fenster auf schaukelnde Bäuche und dicke, grauhäutige Knie. Ein riesiges Ohr wedelte rhythmisch über meinem Kopf hin und her: Der Windhauch tat gut. Einige große Leiber zuckelten hinterher, andere voran. Ich hörte ein sehr weiches, tiefes Schnurren und blickte nach oben direkt in ein Auge, das in unseren Jeep herunterschaute.

»Ulla«, flüsterte Joyce.

Ulla hob den Kopf und spähte über den Rand des Jeeps. In ihrer Blickrichtung stand eine breite, alte Elefantin mit riesigen, kohlblattförmigen Ohren und einem greisenhaften Gesichtsausdruck, der daher rührte, daß sie keine Stoßzähne mehr hatte. »Big Tuskless – die Stoßzahnlose«, sagte Joyce. »Die Leitkuh.«

Ulla schaute nach unten. Ihre Vorderfüße kickten Grasklumpen hoch und wühlten Staub auf, der durch mein Fenster hereinschwebte und auf dem runden Windschirm landete, der das Mikrofon schützte. Der Apparat nahm das Scharren der Füße und den dumpfen Aufprall von Erde auf, wenn die Elefantin, nachdem sie einen Klumpen in den Rüssel genommen hatte, diesen wieder auf den Boden schleuderte. Das Bröckeln trockener Erde auf der Salzkruste, das Zermalmen von Gras und Staub zwischen ihren Backenzähnen, das Gurgeln und Furzen ihrer Gedärme, das Schaben ihres trockenen Ohrs an der ebenso trockenen Schulter, viel Gebrummel, leises

Quieken und schwaches Grollen. Ich hatte Kopfhörer auf und lauschte auf diese Geräusche, die alle innerhalb meines Hörbereichs lagen. Falls es Laute außerhalb meiner akustischen Wahrnehmung gab, würde ich dies später herausfinden, wenn ich die Bänder analysierte.

Ein kleines weibliches Kalb zuckelte hinter Ulla her, gefolgt von seiner älteren Schwester, einem Geschöpf mit schlanken Stoßzähnen. »Ute!«, sagte Joyce.

Utes Rüssel berührte, streichelte, beschnüffelte und tätschelte den Rücken des Kalbs, während beide sich im Tempo des Kleinen vorwärts bewegten. Utes Augen weiteten sich, als das Baby, emsig vor sich hin trottend, dabei Augen und Rüssel am Boden, gegen den Jeep lief – rumms! Es grunzte, knurrte, quiekte, hob den Kopf und sprang plötzlich zurück. Es warf den Rüssel hoch, klappte die Ohren aus und tänzelte nach hinten. Erschreckt über das Mißgeschick der Schwester, lief Ute trompetend und bellend zu ihrer Mutter. Sofort hörten wir mächtige, tiefe, einander überlappende Rumpler.

»Beschwichtigung«, sagte Joyce.

»Von mehr als einem Erwachsenen?«

»O ja, von mehreren.«

Ute schubste ihre kleine Schwester zur Mutter hin. Ein anderes Kalb, ein vierjähriges mit zwei Warzen auf dem Rüssel, stieß ein lautes Grollen hinter Ute aus, die sich erneut umdrehte. Wir hörten ein leises Kollern mehrerer Stimmen, und die Familie zog jetzt am Jeep vorüber.

»Ute ist ein hingebungsvolles Kindermädchen«, sagte Joyce.

Wir fuhren jeden Morgen zunächst in ein Gebiet, in dem Joyce oft Elefanten gesehen hatte. An manchen Tagen brachte uns das mitten in ein großes Familiendrama; an anderen erlebten wir nur die Andeutung eines Geschehens. Gegen Mittag war es am Boden heißer als in der Höhe, wodurch Wind aufkam, so daß das Aufzeichnen unmöglich wurde. Dann fuhren wir zurück ins Camp, um uns Wasser über den Körper zu schütten, Mittag zu essen und unter dem Strohdach im Schatten der Palmen auszuruhen. Die meisten Elefantenfamilien fraßen, badeten und ruhten auch um diese Stunde, nachdem sie sich langsam aus dem Akazienwäldchen hinausbewegt, eine Senke oder Ebene überquert hatten und in einen der tiefen Moräste eingesunken waren, wo sie ihre Rüssel wie Duschköpfe benutzten und wir sie nicht länger begleiten konnten. Während wir zurückfuhren, bombardierte ich Joyce mit Fragen über die Elefanten, die wir gesehen hatten, über ihre Familiengruppen und ihre Beziehungen untereinander, ihre Streifgebiete und Geschichte. Joyces Einschätzung darüber, ob und wie sich all diese Dinge im Laufe der Jahre gewandelt hatten, war der Maßstab, mit dem wir neue Beobachtungen messen konnten.

Ich führte sorgfältig Buch über alles, was wir sahen und hörten, über unsere Vermutungen, was es zu bedeuten hatte und inwieweit unsere Hypothesen durch Joyces frühere Erlebnisse bestätigt wurden. Außerdem machte ich mir Notizen, aus denen ich die Stärke jedes einzelnen Rufs und die Entfernung ablesen konnte, die dieser möglicherweise überbrückt hatte. Diese detaillierten Notizen waren mit Gedanken aller Art, mit Fragen, Pfeilen, Sternchen, Ausrufezeichen und Vermutungen, Vermutungen, Vermutungen gespickt. Wir hatten allen Grund, bescheiden zu sein. Es überraschte mich nicht, als Joyce und ich beim Analysieren unserer Bänder am Monatsende feststellten, daß auf jeden Elefantenruf, den wir mit bloßem Ohr wahrgenommen hatten, mindestens drei weitere kamen, die wir einfach nicht gehört hatten.

»...rrrrrrrrRRRRRRRRRRRRRRRRRRRRRRRRRRRRRR
RRRRRRRrrrrrrrrrrrrrrr ...«

Ein langsames, tiefes Kollern auf einem einzigen Ton, in zunehmender Lautstärke, erfüllt drei Sekunden lang die Luft und ebbt wieder ab, bis wir es nicht mehr hören. Das Geräusch kommt von irgendwo vor dem Jeep, wo über einem Baldachin aus hohen Gräsern, eingerahmt vom Blau des Himmels der Kopf und die Schultern einer großen Elefantenkuh sichtbar werden, die schaukelnd und wogend auf einem ausgetretenen Pfad langsam näherkommt. Ihr Rüssel schwingt hin und her, ihren Kopf duckt sie bei jedem Schritt. Durch das Ducken wird das Schwingen und Schaukeln noch extremer. Die Spitze des Rüssels führt ein Eigenleben, öffnet sich und zieht sich zusammen und greift in wechselnde Richtungen, prüft die Gerüche am Boden rechts und links der voranschreitenden Füße, zu beiden Seiten und in der Luft über und hinter sich. Die Augen der Elefantin blicken nach unten. Dort ist ein Haufen eingetrockneter, verrottender, süßlich riechender Elefantendung: Der große Leib zögert, der Rüssel erkundet. Der große Leib bewegt sich vorwärts und pflügt dabei die Gräser zu beiden Seiten des Pfades um. Die Elefantin läßt uns regelrecht links liegen: Der Rüssel schnüffelt links, der Leib verharrt; der Rüssel geht in die Höhe, bildet ein S vor und über dem Kopf, die Spitze rotiert, hält inne; dann schwingt der Rüssel schwer auf den Boden zurück, und ohne ihre Augen zu uns umzudrehen, bewegt sie sich vorwärts.

Es ist heiß im Jeep in der prallen Äquatorsonne. Ich höre zu, wie Joyce die Formen und Äderungen der Ohren registriert, die Länge und Winkel und Dicke und Symmetrie der Stoßzähne, die Länge der Beine, die Breite der Köpfe und die Wölbungen der Bäuche und gelegentlich die unverwechselbaren Muster der Runzeln. Sie wispert die Namen der Tiere, die nach Cynthias System alle mit einem L beginnen. Der Elefant, der etwa dreißig Schritte vor unserem Jeep vorübergeht und gerade das langgezogene Kollern von sich gegeben hat, ist Leticia, die Matriarchin oder Leitkuh der Familie.

»… rrrrrrrRRRRRRRRRRRRRRRRRRRRRRRRRRRRRRRR
RRRRRRRRrrrrrrrrr …«

»Auf geht's«, übersetzt Joyce. Die Gräser hinter der Leitkuh
teilen sich, und zwei jüngere, erwachsene Weibchen mit Gras im
Maul und langsam fächelnden Ohren, jedes mit einem kleinen
Kalb im Schlepptau, tauchen auf. Bald drängen sich fünf oder
sechs halbwüchsige Elefanten um die zuerst gekommenen.

Im Schatten neben dem Leib der rufenden Mutter fächeln
langsam die riesigen, geriffelten Ohren eines winzigen Bullen-
kalbs: auf und zu, auf und zu, wie ein riesiger Schmetterling.
Von Zeit zu Zeit steckt es seinen biegsamen Stummelrüssel zwischen die Vorderbeine der Mutter, um eine ihrer prallen Brüste
zu berühren. Nach einer Weile schiebt sich seine ältere Schwester neben ihn. Er hört auf zu fächeln, dreht den Kopf und hebt
seinen Rüssel zu ihrem Kopf hinüber. Der Rüssel der Schwester
greift aus, um das ihr zugewandte Ohr zu beschnüffeln. Das
Kalb gibt einen leisen Knurrlaut von sich, und jemand antwortet mit einem schwachen Brummeln. Die Schwester beschnüffelt das abgewandte Ohr des kleinen Bruders, dann läßt sie
ihren Rüssel locker auf seinen Hals herunterfallen.

Eine Minute lang ist alles still. Dann taucht aus den Gräsern
ein größerer junger Bulle mit breitem Kopf auf und gesellt sich
zu den beiden Geschwistern. Sein Rüssel schnüffelt im Maul
der Mutter herum, dann in den Mäulern seiner Schwester und
seines Bruders, und in einer einzigen Bewegung strecken die
beiden kleineren Tiere ihm ihre Rüssel ins Maul. Das ist wie
bei den Ameisen, denke ich, die, wenn sie einander über den
Weg laufen, heraufgewürgte Flüssigkeitströpfchen austau-
schen und so Informationen über die Verhältnisse und Ge-
schehnisse in ihrer Kolonie erhalten. Daß die Tiere Verantwortung für ihre eigene Kolonie empfinden, ist ein schöner Gedanke. Ich frage mich, ob das Rüsseltesten bei Elefanten eine
Säugetiervariante dieses Themas sein könnte.

Die drei jungen Elefanten, deren Rücken blaßgrau und glatt wie Buchenrinde schimmern, stehen ruhig Seite an Seite neben ihrer Mutter. Ein weiteres langgezogenes, leises Kollern kündigt zwei erwachsene Weibchen an, die sich jetzt, gefolgt von ihrem Nachwuchs, zu der Familie gesellen. Ohren flappen, und Augen weiten sich, als sie ankommen; die alte Matriarchin dreht sich um und begrüßt sie auf dieselbe aufmerksame Art und Weise, und ein lautes, tiefes Kollern breitet sich in der Herde aus. Wieder recken sich Rüssel in die Höhe, um Münder, Ohren, Schläfendrüsen (zwischen Augen und Ohren) und Genitalien zu testen. Das löst erneutes Gruppenkollern und weiteres Beschnüffeln aus.

Dann wird alles still, geduldig, friedlich; die Elefanten stehen zusammen und warten. Wir hören wieder das Auf-geht's-Kollern. Eine weitere Mutter mit zwei Kälbern erscheint. Wieder eine Runde Kollern, Ohrenflappen, Berühren, Beschnüffeln. Mehrere Kälber saugen; andere fächeln mit den Ohren neben oder hinter ihren Müttern.

Bis das ansteckende Rumpeln ein zwölftes Mal erklingt, haben sich alle versammelten Elefanten einzeln oder zu zweit hinter der alten Leitkuh eingereiht. Sie stehen auf einem schmalen Weg, der durch die Pfoten und Hufe von Raub- und Beutetieren geebnet und mit Elefantendung weich gepolstert ist. Nach der fünfzehnten Rumpler-Serie bewegen sich sechs der frisch hinzugekommenen Elefanten den Pfad entlang. »Lolita«, flüstert Joyce, als eine mittelgroße, erwachsene Elefantin an uns vorüberkommt. Aber die Elefanten, die am dichtesten bei der alten Mutter stehen, rühren sich nicht, und sie selber rührt sich auch nicht.

»Worauf warten sie?«

»Laura. Und Llewelyn vielleicht, aber ich glaube es nicht. Er ist acht Jahre alt.«

Die wartenden Elefanten sind sich offenbar darin einig, daß

die Familie noch nicht komplett ist. Hören sie Laura in weiter Ferne? Ich jedenfalls höre nichts. Es ist heiß und eng im Jeep, und ich verspüre einen Anflug von Ungeduld, worin ich mich offensichtlich von den Elefanten unterscheide. Nicht einer drängelt oder wandert zu seinen ehemaligen Gefährten zurück oder döst ein. Jeder Neuankömmling löst erneutes Gemeinschaftsrumpeln aus. Als Laura auftaucht, wird sie gebührend begrüßt. »Wir gehören zusammen«, so interpretiere ich den Ruf. Wir, die Mitglieder von Leticias Familie: hallo, hallo, hallo, wir gehören zusammen, alles klar.

Alle Kühe und Kälber sind jetzt versammelt. Doch die Familie wartet noch immer.

»Llewelyn«, sagt Joyce. Über die Grasspitzen in der Ferne hinweg sehe ich seinen glatten, grauen Kopf wogen und hin und her schlenkern, während er auf uns zukommt, die breiten Ohren asymmetrisch flappend. Der breite Kopf, die runde, muskulöse Wölbung der Stirn und die langen Beine lassen einen halbwüchsigen Bullen erkennen. Er nähert sich zielstrebig mit langen Schritten. Seine Beine, sein Bauch und die Rückseiten seiner Ohren sind mit frischem, dunklem Schlamm überzogen.

»Big Brother. Er ist gerade dabei, sich abzunabeln.«
Von den untrüglichen Spuren eines erfrischenden Schlammbades gezeichnet, das wohl jeder gerne mit ihm geteilt hätte, schaukelt der große, halbwüchsige Bulle heran. Seine Ankunft wird mit einem letzten Anschwellen der einander überlappenden Rufe begrüßt. Joyce ist überrascht. Auch ich bin überrascht, aber nachdem ich nicht über das Elefantenwissen verfüge wie sie, sehe ich die Situation aus der Sicht einer Menschenmutter. Kein Neid unter Geschwistern? Kein großspuriges Gehabe seitens des Schlammfreunds? Keine Vorwürfe von den wartenden Erwachsenen?

Llewelyn und die wartenden Elefanten beschnüffeln und

berühren sich gegenseitig am Maul, an den Schläfendrüsen, den Ohren und der Unterseite ihrer Bäuche. Dann schlägt die Leitkuh mit beiden Ohren und läßt sie an ihrem Hals nach vorne schleifen – ein Zeichen dafür, daß es losgeht. Sie macht einen Schritt; alle anderen Elefanten setzen sich in Bewegung. Zwanzig Minuten sind vergangen, seit Leticia ihren ersten Aufgeht's-Ruf von sich gegeben hat.

Die Familie zieht einzeln hintereinander und in Zweierreihen vorbei, mit schlenkernden Rüsseln, die dicht über dem Boden nach vorne gereckt sind. Ohne das Marschtempo zu beeinträchtigen, erkunden die Rüssel die jüngste Geschichte des Pfades: Elefanten, deren Augen ganze zwei Meter über dem Boden liegen, können Informationen auf diese Weise ähnlich leicht aufsammeln wie ein Mungo, der mit der Nase wenige Millimeter über dem Boden läuft. Ganz am Ende der Herde – in der Position, die oft von erwachsenen Gastbullen eingenommen wird – geht Llewelyn ein paar Längen hinter der letzten erwachsenen Kuh, ganz im Einklang mit deren Rhythmus. Die Familie bewegt sich stetig weiter, bis alle Elefanten außer Sicht sind.

Welch ein Zusammenhalt! Welche Einmütigkeit! Welch eine Zuneigung untereinander!

Cynthia Moss verbrachte jeden Monat eine Woche in Amboseli, um nach den sechshundertfünfzig Elefanten zu sehen, die sie gezählt hatte. Eines Tages lud sie mich ein, mitzufahren. »Oh, das ist Qasmira«, sagte Cynthia, als wir in die Nähe einer kleinen Familie kamen. »Schau auf ihre linke Seite.«

Hinter der linken Schulter einer der erwachsenen Elefantenkühe war eine Art senkrecht verlaufende, etwa fünfzig Zentimeter lange Tasche zu sehen, direkt unter der Haut. Sie enthielt den Stoßzahn eines anderen Elefanten – wie ein Elfenbeinschwert in einer maßgeschneiderten Scheide. Das abgebrochene Ende des Stoßzahns ragte ein paar Zentimeter aus der Tasche hervor, und der obere Rand war scharfkantig und abgeschrägt. Lang und schlank, wie er war, mußte der Stoßzahn einer erwachsenen Kuh gehört haben.

Eine von Qasmiras Schwestern hatte sich kürzlich ihren - rechten Stoßzahn abgebrochen. Der rauhe, obere Rand des Schwerts in Qasmiras Hauttasche paßte genau zur Bruchstelle von Qatanas Stummel. Neben Qatana ging ein ganz kleines Kalb. »Aha«, sagten wir in der Annahme, daß Qasmira zwischen Qatana und ihr Baby geraten sein könnte. Doch die Schwestern bewegten sich unbefangen, berührten und untersuchten sich wie Familienmitglieder, die sich bestens verstehen.

»Elefanten ziehen sich gegenseitig Pfeile heraus«, kommentierte Cynthia. Ich fragte nicht, was für Pfeile, oder wer sie ihnen ins Fleisch gejagt hatte – Wissenschaftler, die etwas über die Wanderungen der Elefanten herausfinden wollten, oder junge Massai-Krieger, die ihre Männlichkeit unter Beweis stellen mußten?

Eines Morgens trafen wir auf die Leitkuh – Mary. Sie war nur mit wenigen Mitgliedern ihrer Familie zusammen und schälte Rinde vom Ast einer großen Akazie. Marys kleines Bullenkalb stand zwischen ihren Vorder- und Hinterbeinen, mit den Ohren fächelnd und träge den Rüssel schlenkernd.

Ich fühlte mich auch träge, genoß die süßen Gerüche und die leichte, frische Morgenluft, die Stille, die nur von Vogelrufen unterbrochen wurde. Aber plötzlich schreckte mich eine Salve aus Gebrüll, Bellen und lautem Trompeten aus meiner Träumerei. Mary wirbelte herum. Im nächsten Moment kamen alle Elefanten auf uns zugerannt, mit offenen Mündern und schlagenden Ohren. Ich warf einen Blick über die Schulter zurück und sah vier weitere Tiere von hinten auf uns zustreben. »Freda, Fay, Fays Tochter und Wedge«, wisperte Joyce atemlos, »die fehlenden Verwandten.«

Mary und Freda stürzten aufeinander zu, preßten ihre Köpfe gegeneinander, dann wichen sie zurück und griffen sich an. Ihre langen, schlanken Stoßzähne klickten und krachten direkt neben meinem Fenster. Sie packten sich gegenseitig am Rüssel, zogen sich erst in die eine, dann in die andere Richtung, was mich irgendwie an eine Figur beim Square Dance erinnerte, bei der die Partner sich an den Händen halten, auseinandergehen und wieder zusammenkommen. Schließlich pflanzten die Elefantinnen ihre Füße fest auf den Boden und stemmten sich gegeneinander. Den Griff um den fremden Rüssel lockernd, brüllten sie und wirbelten in entgegengesetzter Richtung herum, bis sie den Kreis vollendet hatten und ihre Leiber aneinander stießen. Dann standen sie schaukelnd Seite an Seite. Beide harnten und koteten eilig auf den Boden. Sekrete aus den Schläfendrüsen strömten über ihre Wangen. Die Rüssel dicht am Boden, warfen sie sich wieder herum, hoben die Köpfe und schauten sich in die geweiteten Augen, dann senkten sie die Köpfe, hoben die Rüssel und fingen an zu schnüffeln – Mäuler, Ohren, Schläfendrüsen, Vulven –, während sie immer wieder kollerten. Inzwischen hatte sich die Aufregung auch auf andere Familienmitglieder übertragen, die im Kreis herumliefen und dabei Staub aufwirbelten. Selbst als die größten Weibchen sich beruhigt hatten und anfingen, einander zu beschnüffeln, hallte die Luft vom Bellen, Rumpeln, Schreien und Trompeten der restlichen Elefanten wider ... und vom Prasseln des Urins, der mit voller Wucht in den Staub pladderte. Ich sah, wie Flüssiges aus der Schläfendrüse eines jungen Weibchens quoll und seitlich über ihre Wange strömte, und ich rieb meine eigene Schläfe, die zu jucken anfing, während ich zuschaute. Auf einer kleinen Lichtung in der Nähe trugen zwei junge Bullen ein Scheingefecht aus. Irgendwo versteckt in diesem Wald aus Erwachsenenbeinen gab ein kleines Kalb einen Stillwunsch von sich; ein barsches Knurren signalisierte (wie ich vermutete) Zurückweisung; eine andere Babystimme protestierte – die Mütter waren zu aufgeregt, um stillzustehen und ihre Kleinen zu säugen. Mary wich zurück und lief in ihr Kalb hinein, der Kleine quiekte laut – was sofort von einem vielstimmigen Brummeln und Kollern beantwortet wurde.

»Beschwichtigung«, erklärte Joyce.

Hatten wir zufällig an einem schon lange vor unserer Ankunft ausgemachten Treffpunkt geparkt? Oder haben die Elefanten uns als ihren Versammlungsort ausgewählt? »Manchmal möchte man glauben, daß sie unsere Nähe suchen«, sagte Joyce. Ist eine solch stürmische Begrüßung ein Hinweis auf eine lange und schmerzliche Trennung? Joyce verneinte. Elefanten derselben Familie begrüßten sich immer so, selbst wenn sie nur ein paar Stunden getrennt gewesen waren. Die Bond Groups machen es genauso.

Die Bond Groups machen es genauso: Ein Diagramm aus einem Artikel über das Sozialverhalten der Elefanten flammte vor meinen Augen auf. Es stellte durch konzentrische Kreise die sechs Beziehungsebenen eines erwachsenen Elefantenweibchens dar. Die Elefantin steht als winziges Symbol im innersten Kreis. Der Kreis, der diesen innersten Kreis umgibt, schließt ihre Kälber mit ein. Ihre Familie wiederum ist umgeben von der Bond Group. Von allen Phänomenen einer Elefantengesellschaft faszinierte mich dieser letzte am meisten.

»Sind solche Bond Groups Freundschaften oder erweiterte Familien?«

»Vielleicht beides«, meinte Joyce. »Wir haben zum Beispiel beobachtet, wie eine Familie, die immer größer wurde, sich schließlich aufspaltete. Nach der Trennung begrüßten sich alle Mitglieder, wann immer sie sich begegneten, in derselben Weise, in der eine Familie sich begrüßt, und wenn man auf eine der beiden Familien stieß, konnte man sicher sein, daß die andere nicht weit weg war. Aber wir wissen auch von einem Fall, wo die Gruppen überhaupt nicht verwandt waren.«

Was meinte sie mit nicht verwandt? Verwandtschaft mütterlicherseits ist leicht zu erkennen, da ein Weibchen nie seine Geburtsfamilie verläßt. Aber woher konnte man wissen, welche Amboseli-Elefanten durch die väterliche Linie miteinander verwandt waren? Die Begriffe waren nicht vergleichbar. Mit Familie wurde ein Verwandtschaftsverhältnis mütterlicherseits bezeichnet, mit Bond Group eine Bindung, die auf bestimmten Verhaltensweisen basierte, und mit Clan eine geographische Zuordnung. Plötzlich sah ich überall konzentrische Kreise: um die sich begrüßenden Elefanten, um Joyce und mich selber. Ich sah uns alle in einer durch unsere Beziehungen und Verwandtschaftsverhältnisse definierten Welt, Beziehungen, die ihrerseits durch viele verschiedene Kriterien definiert sind. Ich dachte an die überschwenglichen Begrüßungen, die ich mit Freunden und Familienmitgliedern veranstalte; ich dachte an entfernte Verwandte, die ich kaum kenne, die ich aber umarme, wenn ich sie zum erstenmal sehe. Ein wenig benommen schaute ich Joyce an.

»Mich begrüßen sie manchmal auch«, sagte Joyce.

Dann erinnerte ich mich an ein Erlebnis, das ich mit Bill, Liz und Liz' Sohn, Ramsay Thomas, gehabt hatte, kurz bevor ich nach Afrika gekommen war. Als wir nachgewiesen hatten, daß die Elefanten im Washington Park Zoo sich mit Infraschallauten verständigen, besuchten wir eine andere, in Gefangenschaft lebende Herde. Wir wollten sichergehen, daß unsere Entdeckung nicht etwa die besondere Spezialität einer bestimmten Population an einem bestimmten Ort war. Wir fuhren zu Circus World nach Florida, einem rührigen kleinen Unternehmen, das aus einer brasilianischen Akrobatenfamilie, ein paar dressierten Tigern und Ponys und fünf dressierten Indischen Elefantenkühen bestand, von denen jede ein einjähriges

Kalb hatte. Man konnte sie alle zusammen in einem rot-gelb-blauen Zelt sehen, das in der südlichen Sonne leuchtete und im frischen Dezemberwind flatterte. Hinter den Kulissen, in einer separaten Unterkunft, lebte Vance, der Vater der Kälber, ein gefährlicher Bulle, der nicht in der Vorstellung auftrat.

Dank des außergewöhnlich vertrauten Verhältnisses mit ihren Elefanten konnten uns die Besitzer Roman und Jean Schmidt bestätigen, daß bei den Tieren in bestimmten Situationen am Übergang von der Nase in den Schädel eine Art Flattern zu beobachten ist. Jay Haight vom Portland Zoo hatte uns auf dieses Flattern aufmerksam gemacht und die Vermutung geäußert, daß es mit den Infraschallrufen zu tun haben könnte. Er hatte recht. Und damit war endgültig bewiesen, daß die Infraschallaute, die wir aufgezeichnet hatten, tatsächlich von den Elefanten stammten.

Doch in der Woche, in der wir mit ihnen zusammen waren, gaben die Elefanten kaum etwas von sich. Am letzten Abend äußerte Roman sein Bedauern darüber, daß wir nicht mehr Laute gehört hätten. Er entschloß sich, uns etwas zu zeigen, das er von seinem Vater gelernt hatte, der zu seiner Zeit ein berühmter Elefantendompteur im Barnum & Bailey Circus gewesen war.

Die fünf Elefantenmütter und ihre fünf jungen Kälber standen friedlich in einem sehr kleinen Stall und fraßen Heu. Roman ging zu den Elefanten hinein und sang ihre Namen mit sanfter, hoher Stimme, tätschelte sie und säuselte ihnen zu. »Piccolo! Piccolo! O joijoijoijoijoijoi, jajajajajaja, ohhhhh, hmmmm.« Einer der Elefanten gab ein kurzes Antwortquieken von sich, ein anderer eine lange Reihe von Quiekern (Indische Elefanten machen das, wenn sie aufgeregt sind), und dann begann das Kollern. Zuerst kam es, so dachte ich, von einem einzigen Elefanten, aber bald fielen andere ein, brachten ein tiefes Grollen hervor, das mehrere Minuten andauerte, an Lautstärke ab- und zunahm, je nachdem, ob weitere Stimmen dazukamen oder wegfielen. Über diese tiefe, pulsierende Baßlinie schwang sich eine hohe Stimme allmählich zu ganz neuartigen, langen, modulierten Rufen und Quiekern auf. »Oijoioioioioi«, gurrte Roman. Und eine Elefantenstimme antwortete: »Oijoijoijoijoi.« »Sally«, rief Roman leise. »Sally.« Ein langgedehnter, zittrig aufsteigender, hoher Ton war die Antwort. Roman sagte: »Sally«, und sie machte es noch einmal.

Ich stand mit meinem Mikrofon in der Hand dabei, zeichnete auf und war überwältigt von der Intensität und Andersartigkeit der Laute, aber auch von der Zärtlichkeit und dem gegenseitigen Vertrauen zwischen den Tieren und Roman. Aber plötzlich wurde das Kollern lauter und schroffer. Roman hörte auf zu singen. Die Stimmen der Elefanten erstarben.

»Boff! Das schafft mich«, sagte er, als er aus dem Stall kam. Der Schweiß strömte ihm übers Gesicht, seine Hände zitterten, und er mußte sich hinsetzen. Sein krankes Bein – vor ein paar Jahren hatte ihn ein Elefantenbulle mit den Stoßzähnen attackiert – schmerzte. Er lud uns ein, mit in seinen Wohnwagen zu kommen, wo Jean Tee für uns alle kochte, und wir schauten uns Elefanten- und Zirkusbilder an und beruhigten uns allmählich. Nach ein paar Stunden spielte ich auf das Erlebnis an, das wir gehabt hatten, aber es war klar, daß Roman nicht darüber sprechen wollte. Er sagte, er mache das höchstens einmal im Jahr mit seinen Elefanten, sein Vater hätte es auch nicht öfter gemacht. Es sei zu gefährlich.

Schließlich war er während des Vorgangs mit den Tieren im Käfig gewesen. Sein eigenes Singen hatte all diese Emotionen ausgelöst. Es hatte schon furchteinflößend genug für uns geklungen, die wir draußen vor dem Käfig standen. Ich gab ihm recht, es war sehr gefährlich. Jetzt, in Amboseli, fand ich eine Erklärung für dieses Erlebnis: Roman hatte seine Elefantenfamilie begrüßt und war von ihr begrüßt worden.

Wir brachen jeden Tag in den frühen Morgenstunden auf, solange die Luft noch frisch und rein und die Sicht klar war. Unmittelbar vor Sonnenaufgang war es, als ob nichts, kein einziges Staubpartikelchen und kein Luftzug, sich zwischen uns und unseren Beobachtungsobjekten befände. Aber kaum war die Sonne am Horizont aufgegangen, ließ sie Millionen von Staubkörnchen, Pollen und Insekten aufleuchten; plötzlich erkannten wir unzählige winzige Flecken um uns herum und weiter hinten schien ein Dunstschleier alles zu bedecken. Innerhalb weniger Minuten kam durch die Erwärmung an der Erdoberfläche eine Luftströmung zustande, und durch den Wind wurden alle Laute weicher und dumpfer.

Eines Morgens in aller Frühe – wir machten gerade Rast an der Kreuzung zweier Erdwege – näherten sich zwei Elefantenmütter mit ihren jüngsten Kälbern. Eines davon war ein kleiner Bulle, weniger als eine Woche alt, mit dünnen, schlaksigen Beinen. Die runzlige Haut hing noch schlaff an ihm herunter, sein großer Kopf war oben spärlich mit roten Haaren bedeckt, und die Rückseiten seiner Ohren leuchteten rosa. Die vier bewegten sich langsam durch das grasarme, staubige Gebiet. Alles war friedlich, nur die Vögel verrieten sich lautstark und markierten ihr Revier. »Huh huh – huh huh – huh huh«, rief ein Nashornvogel mit seiner weichen, schmelzenden Stimme, die eine Oktave über der der Tauben und Regenpfeifer lag. Alle Töne waren ganz klar im Kopfhörer zu orten. Ich würde auch weit entfernte Elefanten hören können, sofern sie riefen.

Und tatsächlich: Nach und nach hörte ich sie. Es begann im Pianissimo, ein Baßgrollen wie ein Trommelwirbel, kaum wahrnehmbar unter dem Chor der Vogelstimmen. Als ich in die Ferne blickte, erkannte ich die sich langsam bewegenden Umrisse zweier Elefantengruppen und prophezeite, daß sie sich an der Kreuzung treffen würden. Sie hielten immer wieder an, mischten sich und trennten sich wieder. Ihre Vorderfüße scharrten den Staub auf, legten die Wurzeln der Gräser frei, während ihre Rüssel weiter oben um die Halme rotierten und nach dem besten Angriffspunkt suchten. Sie rissen das Gras büschelweise aus dem Boden, schüttelten und schlugen eine Menge Staub heraus und führten die Klumpen schließlich zum Maul. Ich hörte wiederholt gedämpftes Kollern, von dem ich nichts wahrgenommen hätte, wäre da auch nur der leiseste Windhauch gewesen. Ich hörte schwache Geräusche, vielleicht die Obertöne von stärkeren Lauten, die die Elefanten – im Gegensatz zu mir – hören konnten.

Die zwei Gruppen vermischten sich allmählich miteinander, jetzt waren es zweiundzwanzig Tiere. Dann teilten sie sich unter leisem, weichem Kollern wieder in zwei Gruppen. Die eine bewegte sich geschlossen davon. Plötzlich hörten wir aus der anderen Gruppe mehrstimmiges Rumpeln. Wir hielten sofort nach der Ursache Ausschau, um gerade noch rechtzeitig zu sehen, wie eine große Kuh ein ganz kleines Bullenkalb von sich wegstieß. Quiekend und durch die unvermittelte Wucht des Tritts vorwärtstaumelnd, suchte das Kalb nach einem Weg aus dem Wirrwarr der vielen Elefantenbeine. Als der Kleine etwas orientierungslos ein Stück weiter wieder in den Wald aus Beinen eintauchte, hörten wir lautes Bellen, Schnauben und tiefe Rumpler aus der Richtung einer großen Kuh mit weit aufgerissenen Augen; das Kalb rannte auf sie zu und fing sofort an, zu saugen. Wir schlossen daraus, daß es sich zuvor verirrt hatte und nun von der weiterziehenden Gruppe an seine Mutter zurückgegeben worden war. Die Herden trennten sich jetzt, um an verschiedenen Stellen auf Nahrungssuche zu gehen.

Umherziehende Kälber werden je nach Situation unterschiedlich behandelt, wie ich aus einer Reihe von Dokumentarfilmen erfuhr. Cynthias Film »Echo II« zeigt, was der kleinen Ebony passierte, als sie in eine Familie geriet, die dominanter war als ihre eigene. Sie landete schließlich unter dem

Bauch der Leitkuh Vee, die das kleine Kalb immer wieder in das Rechteck zurückschubste, das ihre vier Beine bildeten. Ebonys Mutter Echo, auch eine Leitkuh, aber eben in einer rangniedrigeren Familie, rief nach ihrer Tochter und kam aufgeregt angelaufen, um die Kleine zurückzuholen. Vees Familie verjagte Echo, während sie Ebony zwischen den vielen Elefantenbeinen versteckt und gefangenhielt. Ebony und Echo schrien und alarmierten andere Mitglieder ihrer Familie, die dann gemeinsam mit Echo Vees Festung stürmten und Ebony retteten.

Als Cynthia die Handlung des Films erzählte, beschrieb sie Vees Absichten als Kidnapping. Ich wunderte mich, daß sie diesen Begriff verwendete – beim Kidnapping unter Menschen geht es schließlich meist um Lösegeld, das der Ärmere vom Reicheren erpressen will. Vee war in diesem Sinn keine Kidnapperin, denn sie hatte ja bereits einen höheren Status als Echo. Ich würde sie eher als eine dominante Matriarchin beschreiben, die ihre Position innerhalb des Clans mit solchen Einschüchterungstaktiken zu stärken versuchte.

Derek und Beverly Joubert filmten eine Leitkuh, die unter ganz anderen Umständen ein fremdes Kalb aufnahm, und sie hatten den Eindruck, daß das Leben des Kalbs durch dieses Eingreifen gerettet wurde. Es war in Savuti, Botswana, einem Gebiet, in dem die Lebensbedingungen sehr hart sind, Elefantenkälber oft von ihren Herden getrennt werden und dann Löwen und Hyänen zum Opfer fallen. Das kleine Kalb, das in einem Schlammloch feststeckte, war verlassen worden, nachdem die große Herde, inklusive seiner Mutter, in höchster Aufregung davongelaufen war. Ein paar Minuten später kam eine andere aufgeregte Elefantengruppe, und das Kalb trompetete und schrie. Ein paar der Neuankömmlinge bemühten sich, es aus dem Schlamm zu ziehen, aber auch sie suchten abrupt das Weite und stießen das Kleine mit einem Tritt wieder zurück.

Wieder schrie das Kalb jämmerlich. Erstaunlicherweise kehrte die zweite Herde zurück, grub das Kalb aus und geleitete es – auf wackeligen Beinchen – unter dem Bauch der Leitkuh aus der Gefahrenzone. Die Jouberts berichteten, daß aus dieser dramatischen Rettung eine dauerhafte Adoption wurde.

Eines Tages sah ich ein ganz kleines Bullenkalb unter seiner Mutter hervorspringen, um im Spiel seinen etwas älteren, aber immer noch saugenden Bruder anzugreifen. Das größere Kalb schubste und drängte sein Geschwisterchen behutsam unter den Bauch der Mutter und an ihre Zitzen zurück. In diesem Zusammenhang stellten sich mir eine ganze Reihe Fragen. Einen Bruder zu hüten, der einem noch dazu die Milch streitig macht, oder für ein Kind aus einer anderen Familie zu sorgen: Warum, unter welchen Umständen und wie oft bringen in Gemeinschaften lebende Tiere füreinander derartige Opfer? Im Sinne der darwinistischen Evolutionstheorie stellte William Hamilton die These auf, daß die Opferbereitschaft proportional zum Verwandtschaftsgrad sein dürfte. Je mehr Gene bei zwei Tieren übereinstimmen, desto größer ist die Wahrscheinlichkeit, daß sie Opfer füreinander bringen.

Ungeachtet der Geschichten, die genau das Gegenteil beschreiben wie die der Jouberts, wurde Hamiltons Voraussage in einer ganzen Reihe von Studien über das Sozialverhalten verschiedener Tierarten bestätigt. Rein verstandesmäßig habe ich es nicht anders erwartet, doch einzelne Beispiele bewegen mich noch immer. Es rührte mich, als ich Qasmira und ihre Schwester friedlich nebeneinander dahintrotten sah, während der einen ein Stoßzahn fehlte, der der anderen im Fleisch steckte. Der Himmel sei mit uns, sagte ich mir. Mag sein, daß solche sozialen Impulse vorprogrammiert sind, aber dennoch bleibt die Umsetzung eine komplexe Angelegenheit.

Kein Lüftchen regte sich an dem Tag, an dem das verirrte weibliche Kalb und der kleine Bruder den richtigen Müttern zurückgegeben wurden – die beiden Ereignisse trugen sich in derselben Herde im Abstand von wenigen Minuten zu. Wir begleiteten diese Elefanten bis in den Nachmittag hinein. Um die Mittagszeit hatten sie sich in einem Akazienwäldchen verstreut, wo sie abwechselnd ruhten und Rinde von den Ästen schälten. Die Rinde war innen glatt und rosa und in Längsrichtung gemasert, so daß sie sich in zweieinhalb bis drei Meter langen Streifen löste. Die Elefanten gingen getrennt ihrer Beschäftigung nach, ruhten oder schälten Rinde ab, immer schön im Schatten, und ein großer Bulle hatte sich ohne viel Aufhebens zu ihnen gesellt. Nur eine Gruppe von neun Tieren bewegte sich geschlossen weiter: Es war die Familie mit dem neugeborenen Bullenkalb. Wir fuhren ein Stück parallel zu ihnen und beobachteten sie durch das Fernglas. Sie hielten inne, wie Elefanten es oft tun, wenn die Vegetation wechselt. Hinter ihnen lag saftiges Grasland, und nun blickten sie auf eine staubige, fast graslose Ebene. Ein oder zwei Meilen jenseits der Ebene lag der Sumpf, der ihr eigentliches Ziel war.

Das Bullenbaby berührte mit seinem Rüssel das Vorderbein seiner Mutter, trat unter ihren Bauch, bog den Rüssel über seinen flaumigen Kopf zurück und trank an ihren Zitzen. Zwei andere Kälber taten dasselbe bei ihren Müttern. Dann sank ein Kalb nach dem anderen auf die Vorderknie. Im Schatten seiner Mutter kniend, blieb das kleinste ein paar Sekunden in einer halbaufrechten Position, ehe es zur Seite kippte, so daß ihm das eine Ohr wie ein riesiges Blatt über Kopf und Schulter lag. Die Augen fielen ihm zu; sein dicker roter Bauch hob und senkte sich im Atemrhythmus. Sein Maul klappte auf und gab einen kreisrunden Eingang zum Schlund frei – ein Mäulchen, eigens konzipiert für eine Milchzitze. Unter einer anderen Mutter lagen sogar drei Kälber auf- und übereinander.

Die Kälber lagen im Schatten, den die Leiber der älteren Weibchen aus mehreren Generationen spendeten. Ihre Mütter,

Tanten, Großtanten und Großmütter standen Seite an Seite in einem Halbkreis, um den Nachwuchs der Herde vor zwei Gefahren zu bewahren: der Sonne und uns. Zwei erwachsene Weibchen hoben den Rüssel, rollten ihn auf ihren aufwärtsgebogenen Stoßzähnen zusammen und schlossen die Augen. Die Rüssel der anderen hingen gleichförmig im Halbkreis zu Boden; je mehr die Muskeln sich entspannten, desto länger wurden die Rüssel, bis sie schließlich den Boden berührten. Einer wurde so lang, daß er eine Schlinge auf dem Boden bildete, wie ein dicker Gummischlauch. Die Elefanten schlossen die Augen, und ihre Leiber schwankten ein wenig. Hin und wieder füllte eines der Tiere seinen Rüssel mit Staub, hob den gefüllten »Tank« weit über die Köpfe der anderen und besprühte die ganze Familie mit einer rötlichen Pulverschicht. Die Elefanten wurden langsam zu Terracottaskulpturen, völlig reglos – abgesehen vom Atmen und dem langsamen Niedersinken des Staubs. Ich wurde auch schläfrig und hörte auf, Notizen zu machen. Eine ganze Weile verging, ohne daß irgend etwas passierte.

Plötzlich rappelte sich das kleinste Kalb auf, ratterte heftig mit den Ohren, so daß eine Staubwolke in die Luft aufstieg, dann lief es zu seinen staubbedeckten Cousins und kletterte in einem Anfall von Spiellust nacheinander über sie. Die anderen Kälber sprangen mit geweiteten Augen auf, trompeteten und bliesen mit Staub. Das Nickerchen war zu Ende.

Ich lachte in mich hinein. Wer behauptet eigentlich, daß die Matriarchin die internen Entscheidungen einer Herde trifft? Diese Herde hatte von Stunde zu Stunde ihren Anführer gewechselt, die meisten Entscheidungen hatte das jüngste Kalb getroffen, und der Rest der Herde mußte sich mit allem, was verlangt wurde, einverstanden erklären. Wie also soll man allgemeingültige Aussagen über die hierarchischen Strukturen in einer Elefantenfamilie machen?

Eines war klar: Die Kommandos richten sich auf allen Ebenen nach den Bedürfnissen des Nachwuchses. Man kann sich gut vorstellen, wodurch diese Prioritäten zustande kamen, denn wenn von den wenigen Kindern einige umkommen, schlägt dieser Verlust für die Art schwer zu Buche. Denn eine Elefantin bringt nur alle vier bis fünf Jahre ein Junges zur Welt. Allein die Tragzeit beträgt zwei Jahre, dann muß das Kalb zwei Jahre gesäugt werden, während der Zeit hat die Mutter keinen Eisprung. Danach kommen die Jahre des Beschützens und Unterweisens. Ein weiblicher Elefant wird erst mit ungefähr elf Jahren fortpflanzungsfähig; ein Bulle muß fast dreimal so alt werden, bis er für die Paarung ernsthaft in Frage kommt. Alles hängt von der Pflege und Fürsorge ab, die den Jungtieren zuteil wird und sie ins Erwachsenenalter hinüberbegleitet – wie bei uns Menschen. Das erklärt auch, nehme ich an, den im Lauf der Evolution entwickelten Gemeinschaftssinn bei den Säugetieren, die eine derartig hohe Lebenserwartung haben.

Je genauer man die Elefanten beobachtet, desto komplexer stellt sich ihr Gemeinschaftsleben dar. Die Tiere unter dem Aspekt der Evolution zu studieren, wird zu einer faszinierenden Herausforderung, kaum weniger spannend, als dieselben Fragen im Hinblick auf den Menschen zu stellen. Ich habe zum Beispiel erwachsene Elefanten beobachtet, die ihre Kälber nicht nur mit ihrem eigenen Leib beschützten, sondern jedes Abenteuer und jede Erfahrung der Kleinen auf Schritt und Tritt begleiteten, und ich habe mich gefragt, was sie damit erreichen wollen. Die erwachsenen Kühe stehen in einer schützenden Phalanx, während ihre Jungen Machtdemonstrationen Tieren gegenüber ausprobieren, die kaum als Rivalen in Betracht kommen – Zebras, Affen oder Weißschwanzgnus und gar unser Auto. Sie verscheuchen und bedrohen diese vermeintlichen Gegner, die Ohren abgespreizt, den Rüssel nach vorne gereckt und laut trompetend. Die Erwachsenen geben Rückendekkung: Freuen sie sich über die Dreistigkeit ihres Nachwuchses? Einmal beobachtete ich eine Elefantenmutter, die mit Rüssel und Füßen auf der Stelle tretend kaum wahrnehmbare Tanzbewegungen vollführte, während sie zuschaute, wie ihr Sohn ein Weißschwanzgnu jagte. So bin ich auch herumgetrippelt, wenn ich die Darbietungen meiner Kinder mitverfolgen konnte (und eines meiner Kinder – ich kann es mir einfach nicht verkneifen, das hier anzubringen – ist Zirkusakrobat). Verbessert dieses Trippeln etwa die Darbietung, und steigert die Begeisterung des Publikums gar die Reproduktionsfähigkeit des Darbietenden?

Es wird jedenfalls getrippelt und Gemeinschaftssinn zur Schau gestellt, was die Mitglieder der Elefantenfamilie sicherlich zusammenschweißt. Nur selten hört man von einem Raubtier, das ein Elefantenkalb angreift, und ich nehme an, diese Tatsache spiegelt das Wissen der Raubtiere wider, daß sie, falls sie angreifen würden, teuer dafür bezahlen müßten.

Peter Ngande, Koch und Manager des Amboseli-Elefantencamps, hat einmal dabei zugesehen, wie diese Drohung Wirklichkeit wurde, als ein einsamer Löwe auf eine Herde Elefanten traf. Peter arbeitete in einem anderen Teil von Kenia bei einem paläontologischen Ausgrabungsprojekt mit. Plötzlich bemerkte er einen Löwen, der auf dem Boden kauerte und mit gehetzten Blicken um sich schaute, als ob er sich vor etwas fürchtete. Eine Herde Elefanten näherte sich. Das Gelände war so beschaffen, daß der Löwe in der Falle saß und den Elefanten nicht ausweichen konnte. Der Löwe wartete bis zum letzten Augenblick, dann sprang er vorwärts, grub seine Klauen in die Schulter der mächtigen Leitkuh und krallte sich an ihr fest. Mit einer einzigen Bewegung schlang die Elefantin ihren Rüssel um den Körper des Löwen, bekam ihn am Schwanz zu fassen, riß den Angreifer herunter und knallte ihn, den Schwanz als Henkel benutzend, so lange auf den Boden, bis er tot war.

Danach rissen die Elefanten Äste von benachbarten Büschen und bedeckten den Löwen damit – eine Art Begräbnis, ehe sie weiterzogen.

Bei einem späteren Elefantenprojekt beobachteten meine Forscherkollegen und ich eines Tages eine Elefantenherde an einer künstlichen Wasserstelle. Ein ganz kleines Kalb war in das tiefere Ende der abschüssigen Tränke gefallen und stieß nun einen wilden, bellenden Schrei aus. Sofort eilten eine Tante und zwei Geschwister dem Kalb zu Hilfe. Sie hatten gerade ihr Maul mit Wasser gefüllt, dieses aber noch nicht hinuntergeschluckt; beim Rennen schoß ihnen das Wasser aus dem Maul wie aus einem Hydranten. Sie gingen neben dem erschrockenen Kalb, das mit erhobenem Kopf, Rüssel und Schultern aufrecht stand, in die Knie, griffen es mit ihren Rüsseln unter dem Bauch und versuchten, es herauszuheben. Gleichzeitig verstärkten sie mit ihrem Schreien, Bellen und Kollern das Gebrüll des kleinen Kalbs. Sofort kam noch mehr Hilfe heran. Von einem Turm aus, den wir in der Nähe des Beckens errichtet hatten, beobachteten wir den ganzen Morgen die Tiere in der Umgebung. So hatten wir die dreizehn erwachsenen weiblichen Elefanten bemerkt, die jetzt herbeigerannt kamen, um mit ihren Rüsseln das Kleine zum flachen Ende des Beckens zu ziehen. Derartig umhätschelt kletterte das Kleine schließlich unversehrt heraus, begleitet von aufmunterndem Beschwichtigungsgrollen.

An diesem Ort – wir beobachteten hier jeden Tag dasselbe Terrain und oft dieselben Tiere – wurde mir auch bewußt, wie stark bei freilebenden Elefanten die Führungsqualität von der Persönlichkeit der jeweiligen Leitkuh abhängig ist. Unser Standort wurde häufig von einer dreiundzwanzigköpfigen Familie mit einer doppelten Führungsspitze aufgesucht. Offenbar waren die beiden größten Individuen – Nervous Tuskless und Eleanor – vom Charakter her so verschieden wie Asterix und

Obelix. Eleanor war unverkrampft und gelassen: Sie verbrachte genauso viel Zeit mit Trinken, Baden, Einstauben und Ruhen wie die jüngeren Elefanten, und da sie sich in ihrer Umgebung sicher fühlte, führte sie die Herde in gemächlichem Tempo vom vorderen oder hinteren Ende oder der Mitte aus an. Nervous Tuskless – die hektische Stoßzahnlose – dagegen war immer voll dunkler Vorahnungen. Sie stand hoch aufgerichtet am Rand der Gruppe, verbrachte so wenig Zeit wie möglich mit Trinken und verharrte ansonsten in steifer, wachsamer Haltung, hielt Ausschau, erstarrte und gab Alarmsignale, immer von dem Wunsch getrieben, die Familie wegzuführen.

Wir beobachteten Eleanor, Nervous Tuskless und ihre Herde an der künstlichen Wasserstelle, an der wir unsere ganze Zeit verbrachten. Es war das einzige Wasservorkommen in einem riesigen Trockengebiet. Leider brachte unser Projekt den penetranten Geruch, den Lärm und die Geschäftigkeit der Menschen an diesen Ort, der zuvor nahezu ohne Menschen gewesen war, und ich vermute, daß Nervous Tuskless deshalb so ängstlich war. Aus ihrem Verhalten – und das ist der einzige Anhaltspunkt, den ich für meine Vermutung habe – schließe ich, daß sie vielleicht einen Zusammenstoß mit Menschen überlebt hatte, bei dem ihre Familie vernichtet worden war (die Elefanten in diesem Gebiet waren wiederholt gejagt worden), und daß sie sich danach Eleanors Gruppe angeschlossen hatte. Irgend etwas – vielleicht ihr Alter oder der Grad der Verwandtschaft – hatte dazu geführt, daß sie einen Teil der Verantwortung für die Gruppe beanspruchte.

Regelmäßige Streitigkeiten zwischen Nervous Tuskless und Eleanor ließen vermuten, daß die Einschätzung von Situationen bei Elefanten, nicht anders als bei Menschen, sehr unterschiedlich sein kann. Es war interessant, die Familie in bezug auf ihre beiden Autoritätspersönlichkeiten zu beobachten.

Möglicherweise als Reaktion auf Nervous Tuskless' Gemütsverfassung war diese Herde schreckhafter als die meisten anderen. Das Trinken oder Ruhen wurde oft von Kontaktrufen an weit entfernte Elefanten unterbrochen, es gab häufig Lauschphasen und plötzliche Aufbrüche, obwohl wir nichts Verdächtiges entdecken konnten. Eleanor blieb trotz dieser Unterbrechungen relativ gelassen; sie reagierte eigentlich immer auf die Besorgtheitsattacken ihrer Co-Matriarchin, hörte dann zu trinken auf und lauschte, allerdings meist nur kurze Zeit. Zwar untergruben Nervous Tuskless' Ängste das Selbstbewußtsein der Herde so weit, daß die Tiere ihr Freß- und Trinkverhalten änderten, aber ansonsten schien es ihnen nicht zu schaden. Mag sein, daß die Hellhörigkeit dieser alten Elefantin die Herde eines Tages retten wird. Aber einstweilen, so stellte ich mir vor, raubte sie den anderen ein gewisses Maß an Wohlbefinden, das sie hätten genießen können, wenn Eleanor die einzige Leitkuh gewesen wäre.

Bevor ich mit dieser Gruppe Bekanntschaft schloß, fragte ich mich, ob es einer fehlgeleiteten Matriarchin möglich sei, ihre Familie ins Verderben zu stürzen, denn offenbar folgten alle Familien einmütig den Entscheidungen ihrer Leitkühe. Jetzt sehe ich die Situation komplexer. Bis zu einem gewissen Grad haben alle Mitglieder der Herde teil an der Führungsrolle. Ich stellte dies eines Tages fest, als eine führungslose Elefantenfamilie unter unseren Turm kam. Nach dem Trinken verweilten sie fast eine Stunde, ohne sich einigen zu können, wohin es als Nächstes gehen sollte. Zwei oder drei Untergruppen bildeten sich und brachen in verschiedene Richtungen auf. Sobald eine dieser Gruppen entdeckte, daß ihr nicht die ganze Herde folgte, hielt sie inne, zögerte und kehrte ins Zentrum zurück, um bald darauf in neuer Zusammensetzung in eine andere Richtung aufzubrechen, aus der sie dann nach kurzer Zeit wieder zurückkehrte, und so fort. Wir hatten eine Reihe von Mikrofonen aufgestellt, die einen Auf-geht's-Ruf eingefangen hätten, aber es kam keiner, und ich konnte auch nicht das typische Verhalten beobachten, das die übliche Reaktion auf einen solchen Ruf ist. Die Herde wirkte orientierungslos. Am Ende kam sie zu einer Entscheidung, die das Ergebnis unartikulierter Kommunikation zu sein schien. Mit einer jüngeren erwachsenen Kuh an der Spitze bewegte sich die ganze Gruppe jetzt doch geschlossen einen zuvor bereits aufgegebenen Pfad entlang. Solange ich sie sehen konnte – meine Sichtweite betrug etwa einen Kilometer, blieben alle zusammen, und sie kehrten nicht zur Wasserstelle zurück.

Ich vermutete, daß diese Familie ihre Leitkuh verloren hatte. Während der Führungslosigkeit hatten mehrere potentielle Matriarchinnen sich eine Gefolgschaft gesichert, aber alle diese Führerinnen und deren Gefolge hatten offenbar das Gefühl, daß die Gruppe sich nicht aufspalten sollte. Sobald die gesamte Gruppe sich geschlossen weiterbewegte, war das Zaudern vorbei.

Ich hatte keinerlei Ahnung, wieviel Absicht hinter diesem Verhalten steckte, aber es hatte offensichtlich seine Parallelen zu bewußtem menschlichem Verhalten. Einer meiner Freunde zu Hause ist Sekretär der dortigen Quäker-Versammlung. Quäker tun alles, um hierarchische Machtstrukturen zu vermeiden. Mein Freund war bei einem Treffen, an dem die Sekretäre zahlreicher Quäker-Vereinigungen teilnahmen – gewissermaßen also die Führer der Führerlosen. Sie wollten einen Fragenkatalog entwickeln, der es ermöglichen würde, »bei Verfahren zu einer Einigung zu kommen, selbst wenn einige von uns mit dem Beschluß nicht einverstanden sind«. Die Sekretäre begannen also: »Sind sich die Freunde bei dem Versuch, zu einer Einmütigkeit des Geistes zu kommen, der Tatsache bewußt, daß Einmütigkeit etwas anderes bedeutet als Einstimmigkeit oder Konsensus?« Das vorsichtige, einfühlsame Bemühen, das sich in diesen Worten widerspiegelt, erinnert mich an die Elefanten, auch wenn die Übereinkunft, zu einem Einverständnis kommen zu wollen, den Elefanten nicht bewußt ist. Die orientierungslosen Elefanten beharrten offenbar eher auf dem Verfahren, als sich darum zu kümmern, wo es konkret hingehen sollte. Mit mehreren Impulsen zum Thema Tagesgestaltung konfrontiert, bestand der kleinste Nenner einzig darin, zusammenzubleiben.

Und doch haute es mich geradewegs um, als ich zum erstenmal begriff, wie stark die Bindung der Elefanten untereinander ist. Als wir eines Abends nach einem langen Elefantenzähltag in Amboseli ins Camp zurückfuhren, rief Cynthia aus dem Fenster ihres Landrovers Joyce zu: »Sarah ist nicht bei ihrer Familie. Ich möchte nur wissen, wo ihr Kadaver ist.«

»Du glaubst doch nicht ...«, unterbrach ich sie.

»Oh, doch. Eine Matriarchin ist immer bei ihrer Familie«, antwortete Cynthia.

Wir fanden Sarahs Kadaver am nächsten Tag. Wer war dieses Tier, so fragte ich mich, das bis zum letzten Tag seines Lebens nie allein gewesen war? Auf welcher Ebene hatte ich bisher den ganzen Organismus betrachtet? Auf der Ebene des Individuums, der Familie oder der Bond Group? Ich kam zu keiner befriedigenden Antwort; es gibt so viele Verknüpfungen auf jeder Ebene und innerhalb und zwischen den diversen Ebenen.

Wenn am frühen Nachmittag ein Wind aufkam, trennten Joyce und ich uns widerstrebend von unserem Abenteuer und kehrten ins Camp zurück. Dort gab es viel zu tun. Ich mußte Bänder beschriften und vorbereiten und meine Schreibarbeit erledigen. Joyce hatte zahllose Aufgaben und Beschäftigungen im Camp und bei anderen Leuten. Manchmal begleitete ich sie, wenn sie ihre Massai-Freunde oder europäische Wissenschaftler im Park besuchte. Aber im allgemeinen trennten wir uns für den Nachmittag, und Joyce fuhr weg und ließ mich mit der dringenden Ermahnung zurück, nicht zu weit zu Fuß zu gehen, denn es gab Löwen in der Gegend.

Es war eine Einschränkung, die ich vielleicht frustrierend gefunden hätte, wenn ich bei guter Gesundheit gewesen wäre, aber ich fühlte mich an den meisten Nachmittagen in Amboseli nicht wohl. Ich lag ein wenig benommen und fast halluzinierend herum, erschlagen von der Hitze, den Malaria-Mitteln, die ich einnahm, und schließlich (im zweiten Jahr) von einer akuten Malaria, die ich mir trotz all meiner Vorsichtsmaßnahmen eingefangen hatte. Mit der Zeit kam zu meinen Symptomen noch ein sirrendes Klingeln in beiden Ohren hinzu und eine wabernde, glühende Sonne vor meinen geschlossenen Augen. Wer sich eine Vorstellung von diesen Phänomen machen möchte, dem empfehle ich die Eröffnungsszene aus dem Film »Lawrence von Arabien«. Später erfuhr ich, daß diese Symptome durch eine Überdosis von Malaria-Prophylaxe-Mitteln verursacht wurden. Meine Probleme verschlimmerten sich nachts. Ich lag dann im Delirium und hatte quälende Träume. Zum Glück klangen diese Beschwerden bis zum Morgen immer ab. An manchen Nachmittagen ging es mir auch ganz gut. Wenn ich dann im Camp allein war, nutzte ich die Gelegenheit nachzulesen, wie andere Leute die Dinge interpretiert hatten, denen ich hier zum erstenmal begegnete.

Einmal schlug ich den Begriff Matriarchin in einem Buch namens »Elephant« von Keith Eltringham, einem Professor der Cambridge University, nach, der an einem Elefanten-Management-Programm in Uganda teilgenommen hatte. Er hatte festgestellt, daß die Bindungen der Elefanten untereinander besonders deutlich werden, wenn die Tiere verängstigt oder verletzt sind oder sterben, und er belegte seine Beobachtungen durch Zahlen. Im Kapitel über das Sozialleben der Elefanten ist folgende Zusammenfassung zu lesen:

Manchmal ist eine Kuh, die Matriarchin oder Leitkuh, sehr viel älter als der Rest der Herde. Sie ist vermutlich die Mutter oder Großmutter aller anderen und die unumstrittene Anführerin. Bei Gefahr wird sie die Gruppe verteidigen, und die anderen werden auf ihre Führung vertrauen. Wenn sie wegläuft, werden sie ihr folgen; wenn sie sich dagegen umdreht und angreift, werden sie mit ihr gemeinsam angreifen. Das wurde mir bei Betäubungsaktionen oft sehr gewaltsam vor Augen geführt. Wenn man ein junges Weibchen in der Gruppe mit dem Betäubungspfeil außer Gefecht setzt, ist es extrem schwierig, die Leitkuh fortzuscheuchen. Sie wird Wache über dem bewußtlosen Tier stehen, unter lautem Trompeten, während sie versucht, es auf die Füße zu hieven. Die anderen folgen ihrem Beispiel, so daß man mit einer ständig im Kreis umherirrenden Masse wütender Tiere konfrontiert ist. Es wird versucht, dieses Debakel zu vermeiden, indem man abwartet, bis eine Elefantin sich ein Stück von den anderen entfernt hat. Erst dann betäubt man sie in der Hoffnung, daß die Matriarchin nichts davon merkt. Eine Alternative besteht darin, die Matriarchin selber zu betäuben. Der Unterschied in der Reaktion der Elefanten ist erschütternd. In diesem Fall scheinen sie keine Ahnung zu haben, was sie tun sollen. Wenn man sie fortscheucht, machen sie selten Anstalten, sich zu wehren, sondern stehen verloren in einer Gruppe herum und beobachten die Vorgänge. Wenn die Matriarchin zu Boden geht, ist die erste Reaktion der Familie, zu ihr hinzustürzen, eine Tatsache, die bei den Culling-Aktionen ausgenützt wird, bei denen im allgemeinen ganze Familien vernichtet werden . . .
Es ist nicht klar, wie die Führerschaft in Familiengruppen ausgeübt wird, die keine unangefochtene Matriarchin haben, oder in solchen mit mehr als einer Matriarchin . . . Es

hat sich – beim sogenannten Cropping – gezeigt, daß die Matriarchin von einer Gruppe, die aus zwei oder mehr Familieneinheiten bestand, im Stich gelassen wurde, wenn sie zu Boden ging, und daß ihre Gefolgschaft mit einer neuen Leitkuh wegrannte.

Cropping bedeutet, daß Elefanten wie eine Ernte (engl. crop) behandelt und in großer Zahl getötet werden. Solche Cropping-Aktionen werden manchmal auch Harvesting genannt (ein anderes Wort für ernten). Heutzutage zieht man den Begriff Culling vor, bei dem die Betonung auf der Reduzierung der Größe einer Population liegt und nicht mehr, so wie früher, auf dem Horten wertvollen Elfenbeins. Unter dem neuen Namen wird diese Praktik in mehreren afrikanischen Ländern fortgesetzt.

Es war schrecklich, das Kapitel aus Eltringhams Buch zu lesen, nicht nur wegen der traumatischen Erlebnisse, die Menschen den Elefanten zugefügt haben, sondern auch wegen der Haltung, die der Autor dazu einnahm. Wie furchtbar erschien mir der Gedanke, daß er dagestanden und sich Notizen zum Benehmen der Elefanten im Todeskampf gemacht hat, um Aussagen über ihr Sozialverhalten treffen zu können. Was für eine unheilvolle Distanz wird mit der Forderung nach Sachlichkeit, die die Wissenschaft den Wissenschaftlern abverlangt, unterstützt? Ich sollte mich nicht für die Wissenschaft hergeben, sagte ich mir, während ich mich in den Schlaf kämpfte.

Der Schlaf kam, als es noch hell war. Vielleicht gingen die Leute im Camp um mich herum ihren Beschäftigungen nach: Ich bekam nichts mit. Aber mitten in der Nacht wachte ich auf. Der Mond war voll und überflutete die Wiese und hinterließ dunkle Schatten unter den Palmen, die am Rand der Grasfläche standen. Ein Meer von Lauten drang durch diese Palmen, ein weiches, leises Schnurren. Allmählich brandeten auf beiden

Seiten der Lichtung die Geräusche durch die Bäume auf und ab. Dicht bei meinem Zelt stieg eine dritte Welle auf. Überall um mich herum waren Elefanten, rufend und antwortend.

KAPITEL 4

Rivalen und Beschützer

Das Gegenstück zur Elefantenfamilie ist der allein und unabhängig lebende Bulle. Golden glüht die Nachmittagssonne auf seiner Brust, als er einen großen Busch samt Wurzeln ausreißt und mit ausladender Bewegung herumschwenkt, so daß der rotbraune Staub in hohem Bogen über seinen Kopf fliegt. Er leuchtet wie ein Heiligenschein gegen das Blau des Himmels, wodurch der Bulle gleich doppelt so groß wirkt. Es handelt sich bei diesem Tier um M10; einen Gruppennamen gibt es nicht.

M10? Bezeichnen die Amboseli-Forscher männliche Elefanten mit Zahlen und weibliche mit Namen? Ja, aus historischen Gründen. Und dennoch deutet die unterschiedliche Namensgebung auf eine unterschiedliche Wertschätzung hin – im wissenschaftlichen Sinn vielleicht, dem Tier und seinem Geschlecht gegenüber. Als Cynthia das Projekt ins Leben rief, gab sie den Weibchen Vornamen. Bald gesellte sich Harvey Croze zu ihr, um das Verhalten der männlichen Elefanten zu studieren. Er gab seinen Tieren Zahlen. Das erschien ihm objektiver. Für ihre Doktorarbeit in Cambridge verwendete Joyce Harveys Nomenklatur, aber als sie wieder im Camp war, gaben sie und Cynthia auch den Bullen Namen. Die wenigen, die übriggeblieben sind, lassen sich nicht klassifizieren: Dionysus (vom Berg Olymp), Thor (aus Norwegen), Iain (aus Schottland), Bad Bull (aus der Hölle), Pablo (aus Spanien), Oloitipitip und Saibulu (aus Kenia) und Beachball (von Coney Island). Ich stellte fest, daß mir Zahlen lieber waren als dieses Sammelsurium von Namen. Aber die Namen der Weibchen, aus denen sich immer die Familienzugehörigkeit ablesen ließ, gefielen mir. Das Amboseli-Team war sich des Namenwirrwarrs bewußt; aber es ist schwer, einen Namen zu ändern, wenn er sich schon bei allen eingebürgert hat.

M10 schwenkt einen entwurzelten Busch durch die Luft, daß der Staub aufwirbelt, und er wirkt dabei größer, als er ist. Er ist im Vollbesitz seiner Kräfte, das heißt, er hat vierzig oder mehr Lebensjahre hinter sich, und seine Dominanz nimmt stetig zu, bald wird er den Höhepunkt seines Lebens erreicht haben. Sein Status verschafft ihm mehr und mehr Zugriff auf die schmackhaftesten Gräser und Rinden und manchmal auch Vorrang am Wasserloch. Er wandert langsam zwischen seinen bevorzugten Freß- und Trinkplätzen umher, schließt sich einer Familie oder einer zeitweiligen Bullenversammlung an und verläßt sie wieder, je nach Lust und Laune. Wobei er seine gewaltigen Kräfte zur Schau stellt, aber niemanden verletzt – er macht sogar einen großen Schritt, um eine Schildkröte unbehelligt ihres Weges ziehen zu lassen. Sein Verhalten deutet darauf hin, daß er das Leben gerade in vollen Zügen genießt. Am Nachmittag stachelt ihn die Gegenwart eines anderen Bullen dazu auf, noch größere Büsche auszureißen und einen Baum umzustoßen. Aber wenn die beiden sich am Abend begegnen, heben sie nur ihre Rüssel, um sich gegenseitig in die offenen Mäuler zu greifen, und wenn ihre Untersuchung dort beendet ist, schlingen sie einander die Rüssel um die Stirn und beschnüffeln Schläfendrüsen und Ohren. Oder sie tauchen, bis zu den Knien im Wasser stehend, die Rüssel unter und lassen nur deren Spitzen unter dem Bauch des jeweils anderen aus dem Wasser aufsteigen. Und nachdem sie den Rüssel mit einem langsamen, leise blubbernden Atemstoß freigeblasen haben, testen sie mit ihm den Genitalgeruch des potentiellen Rivalen.

Es ist dieselbe Erkundung, die auch die weiblichen Elefanten vornehmen, aber die Reaktion der Bullen ist von klein auf eine andere als bei ihren Schwestern. Junge Weibchen sind begeisterte Kindermädchen, während junge Bullen gerne hinter etwas herjagen. Sie genießen – Kinn hoch, Füße gespreizt – die wilde Jagd und den Anblick anderer Tiere auf der Flucht, und es steigert ihre Angriffslust, zu zweit oder in kleinen Banden zu jagen. Einmal habe ich eine Verfolgungsjagd gesehen, deren Gegenstand ein Schmetterling war. Mit geweiteten Augen kam eine Meute junger Elefantenbullen, die zusammen sicher zwanzig bis vierzig Tonnen wogen, donnernd zum Stehen, während aus ihrer Mitte, weiß und schwerelos wie eine Feder, der winzige Schmetterling aufstieg. Dann machten sie auf dem Absatz kehrt und ergriffen die Flucht.

Wenn ein Bulle erwachsen ist, hat er ungefähr achtzehn Jahre Raufen, Jagen und Fressen an den besten Futterplätzen hinter sich, und er hat die einschneidenden Veränderungen überstanden, die die Pubertät mit sich bringt. In der Pubertät ist er an einem Tag bei seiner Geburtsfamilie, wo er, wenn die Familie von einem Trinkplatz zum nächsten zieht, wie Llewelyn ungefähr zehn Elefantenlängen hinter einer Gruppe Weibchen herzuckelt. Am nächsten Tag wandert er wieder alleine umher, bleibt aber in Rufweite seiner Familie. Einen halben Tag schließt er sich vielleicht einer lockeren Gruppe erwachsener Bullen an, die sich möglicherweise zum beiläufigen Rüsseltesten mit ihm herablassen, ihn aber nicht durch lautes Trompeten begrüßen. Sie grasen und trinken neben ihm. Aber es kümmert sie nicht, wenn er sich gegen Ende des Tages trollt, um zu seiner Familie zurückzukehren, die ihn in der ersten Zeit seiner Wanderungen vielleicht noch mit Rufen begrüßt. Am dritten Tag ist er dann wieder bei der Familie. Am vierten trottet er hinter einer anderen Familie her und fordert andere Jungbullen zu Stoß- und Ringkämpfen heraus. Dann ist er wieder bei seiner Geburtsfamilie, schubst vielleicht ein anderes Tier am Wasserloch, und die erwachsenen Weibchen stürzen sich unter lautstarken Ermahnungen auf ihn und jagen ihn hundert Meter weg. Er entfernt sich daraufhin noch weiter, oder er kommt zurück. Er wird versuchen, andere Bullen, die ihn schon kennen, zu dominieren. Manchmal zeigen sich diese nachsichtig, manchmal auch nicht. Er geht als unabhängiger Bulle fort, nur um festzustellen, daß er in jeder Bullengruppe, der er sich anschließt, mit der Rolle des Kleinsten und Rangniedrigsten vorliebnehmen muß. Drei bis vier Jahre lang ist er hin- und hergerissen zwischen diesen unterschiedlichen sozialen Umfeldern und den verschiedenen Wahrnehmungen seiner selbst. Und die ganze Zeit lernt er neue Regeln.

Halbwüchsige Bullen werden manchmal von älteren Bullen direkt mit Fürsorge behandelt. Eines Tages haben Joyce und ich ein Scheingefecht zwischen einem erwachsenen Bullen namens Ed und dem jungen Conrad beobachtet, der höchstens zwei Drittel der Größe seines Gegners hatte. Die Kräfte waren ungleich und der Kampf deshalb behutsam. Sie fochten mit den Stoßzähnen, verhakten sich ineinander und fingen an zu schieben. Beim Stemmen schlang Conrad seinen Rüssel um die verkanteten Stoßzähne und hielt so die Köpfe beider Tiere zusammen. Dann zerrte jeder in seine Richtung, aber nichts passierte. Conrad sackte zappelnd zusammen, er sah verwirrt aus und wickelte seinen Rüssel los. Die Bullen wichen ein Stück zurück, dann stürmten sie aufeinander los, mit krachenden Stoßzähnen – Ed behielt seinen Rüssel unten, während Conrad den seinen hoch über dem Kopf einrollte, weg von Eds Stoßzähnen, als ihre Köpfe zusammenknallten. Wieder verhakten sie sich. Conrad senkte seinen Rüssel auf Eds Stirn hinunter, während beide zu drücken anfingen, vom Schub ihrer Beine vorwärts getrieben, mit hervortretenden Schultern und Hüftmuskeln. Ed drängte Contrad zurück; Conrad riß sich los, hob seinen Schwanz und ergriff die Flucht; Ed jagte hinterher.

Während Conrad rannte, war ein ungewohntes Geräusch zu hören – popp, popp, popp – bei jedem Schritt. »Der arme kleine Conrad«, sagte Joyce, »er hat es nicht geschafft, seinen Penis einzuziehen, bevor Ed ihm nachgejagt ist.« Deshalb trat er jetzt beim Laufen verzweifelt um sich. Schließlich hörten beide Bullen zu rennen auf und ruhten sich aus, während Conrad seinen Penis wieder einzog, was einige Zeit dauerte, da er gut hundertfünfzig Zentimeter lang war. Die Bullen gingen in eine erneute Runde, aber Conrad hielt sich diesmal fluchtbereit. Ed schonte ihn jedoch, der Kampf war schnell vorbei, und sie trennten sich. Das erinnerte mich an eine Übungsstunde zwischen Lehrer und Schüler oder an die Kämpfchen, die meine halbwüchsigen Söhne initiierten, wenn ein Erwachsener zu Gast war, den sie als Freund und Beschützer bewunderten.

Einmal erlebte ich in Etosha ein anderes interessantes Beispiel dafür, wie ein älterer Bulle nachsichtig mit einem jüngeren umgeht – jedenfalls interpretierte ich es so. Es war im Oktober, der dort wegen der Hitze nur Mördermonat genannt wird, und es war ein unerträglich heißer Tag. Zwei Elefantenbullen, einer sehr groß und der andere sehr klein, standen um die Mittagszeit ungefähr einen Kilometer von der Wasserstelle entfernt zusammen. Der ältere Bulle hatte die Augen geschlossen und schaukelte, als der jüngere auf einmal ganz dicht zu ihm trat und seine linke Vorderschulter berührte. Der ältere Bulle hob sein riesiges linkes Ohr, und der jüngere stellte sich darunter. Das Ohr wurde so zu einem Sonnenschirm, dessen Rand langsam um den Kopf des jüngeren Bullen herum abknickte. In dieser innigen Haltung standen die beiden lange Zeit zusammen, ohne sich zu rühren. Als der ältere Bulle eindöste, erschlaffte sein Ohr und drohte in den Spalt zwischen den beiden Tierleibern zu rutschen. Es riß ihn aus dem Schlaf. Er öffnete die Augen und brachte sein Ohr wieder in die alte Position zurück. Ich fragte mich, ob er, während er seinem jungen Gefährten Kühlung verschaffte, selber auf diese Weise nicht noch mehr erhitzt würde. Oder ob beide Elefanten abgekühlt würden, da die Unterseite des Ohrs, an der die Venen hervortreten, jetzt im Schatten lag.

Eines Tages, während derselben Expedition, stießen drei meiner Mitarbeiter auf eine Gruppe, die ausschließlich aus Bullen bestand; einer davon lag am Boden, offensichtlich verletzt oder krank. Die anderen Tiere versuchten mit allen erdenklichen Manövern, ihm auf die Füße zu helfen, und ihre besorgten Bemühungen dauerten die halbe Stunde, die meine Freunde bei der Gruppe verbrachten.

Ich erwähne diese Geschichten, weil sie ein so anderes Licht auf den männlichen Teil der Elefantenpopulationen werfen. Die Bindungen zwischen Elefantenbullen untereinander gelten als flüchtig. Doch ich bin der Meinung, daß das letzte Wort zu diesem Thema noch nicht gesprochen ist. In den Bullengebieten werden Jahr für Jahr dieselben Bullen gefunden. Zwischen einzelnen gibt es sehr starke Bande – außerdem sind Bindungen, nur weil sie kurzlebig sind, nicht notwendigerweise unwichtig. Über Elefantenbullen als gesellige Tiere gibt es noch viel zu erforschen.

Richtig ist jedoch, daß nach der Pubertät die sozialen Aktivitäten eines Bullen weitaus mehr aus Verfolgungsjagden und Raufereien bestehen, als es bei den Weibchen zu beobachten ist. Männliche Elefanten benutzen wesentlich häufiger Bäume und Büsche als Accessoires oder Werkzeug. Forscher aus Simbabwe berichten, daß ein einziger Bulle unter Umständen bis zu tausendfünfhundert Bäume in einem Jahr entwurzelt. Oft ist es natürlich Prahlerei. Jede Anwesenheit eines ernstzunehmenden Rivalen ruft Wutanfälle hervor, bei denen Bäume ausgerissen und herumgeschleudert werden und Erde aufgewühlt wird. Der Ast hier könnte dein wie eine Nudel in die Länge gezogener Rüssel sein; der Staub hier dein Körper, den ich über meinem Kopf herumwirble; die störrische Wurzel hier deine Stoßzähne, in meine verhakt. Äußerlich ist alles nur Spiel und Theater, vorgetäuschte Gleichgültigkeit, Pseudorivalität; aber darunter brodelt es. Der Wunsch nach Individualität und Abgrenzung wächst und somit auch die echte Rivalität.

»Ich mag dich, klar, aber du stehst mir im Weg«, hörte ich einen meiner halbwüchsigen Söhne nach einer Rauferei und vor der versöhnenden Umarmung sagen. Als ich die Elefanten in einer vergleichbaren Phase ihres Lebens beobachtete, fragte ich mich, ob sie bei Gelegenheit auch etwas Derartiges voneinander zu hören bekämen – bevor der eine seinen Rüssel auf Kopf oder Hals des anderen legt und ihn dort erschlaffen läßt. Eine Mischung aus freundschaftlicher Zuneigung und immensem Streß – wie eine Umarmung, sagte ich mir.

Im Gegensatz zu den meisten anderen Säugetieren hinkt die soziale Reife bei Elefanten ganze zehn Jahre hinter der sexuellen Reife her. Mit sozialer Reife ist hier gemeint, daß die Tiere als Paarungspartner akzeptiert werden. Ein Bulle kann bereits mit zwanzig ein Kalb zeugen, aber andere Elefanten in seiner Population werden nicht begeistert sein, wenn er das tut – die fortpflanzungsbereiten Weibchen werden ihn abweisen, und die dominanten Bullen werden ihn verjagen. Er wird es dennoch versuchen und jede Gelegenheit nutzen, um eine Kuh trotz Protest zu besteigen, falls gerade kein stärkerer Bulle in der Nähe ist, der das verhindern könnte. Erst wenn ein Bulle um die dreißig ist, verleiht ihm der Hormonschub während der sogenannten Musth den sozialen Status, der ihn zum Spitzenerzeuger qualifiziert.

Elefanten sind ganz entfernt mit Antilopen verwandt, und die Musth ist wahrscheinlich eine Art Brunft. Sie läßt den Testosterongehalt im Körper des Bullen steigen, was das Tier in Gegenwart anderer Bullen aggressiv macht. Ein Musth-Bulle verbringt einen großen Teil seiner Zeit allein, falls er nicht gerade eine Paarungspartnerin bewacht. Eine solche Bewachung ist unverkennbar, jeder merkt es und weicht von ihm ab. Achtung verschafft er sich außerdem, indem er den Kopf dreißig Zentimeter höher trägt als sonst. Seine Beine werden länger, sein Nacken versteift sich, alles an ihm scheint in die Höhe zu wachsen. Einen Musth-Bullen erkennt man aus der Entfernung allein schon an seiner imposanten Silhouette.

Auch der Geruch verrät seinen Zustand. Ähnlich den Ameisen legt er beim Laufen eine Spur stark aromatischen Urins und markiert so seinen Weg; je schneller er geht, desto schneller tröpfelt der Urin. Wenn weibliche Elefanten auf den Urin eines Musth-Bullen stoßen, verkünden sie es aller Welt durch lautstarke Erregung und euphorisches Verhalten.

Die Musth macht sich auch in den Lautäußerungen des Bullen bemerkbar. Er produziert tiefe, langsame, gutturale Vibrationen, die von den Amboseli-Forschern als Musth-Donnern bezeichnet werden. Er schreitet allein über eine Ebene oder durch eine Senke, hält häufig inne, um Musth-Donner von sich zu geben, erstarrt und lauscht mit abgespreizten Ohren auf Antwort. Wenn er in der Musth ist, lauscht er mehr als sonst und antwortet auf die Rufe eines Rivalen oder eines Östrus-Weibchens mit Rufen oder Wechsel seiner Laufrichtung. Er ist von einem solchen Geruch umgeben, daß andere Elefanten seine Anwesenheit sofort bemerken und um seinen Zustand wissen, und genauso wissen sie, wonach er Ausschau hält. Wenn die Nacht hereinbricht, tönen seine Rufe weiter als am Tag, denn die Temperaturumkehr über dem Boden erzeugt eine Luftschicht, die den Schall jetzt weiter trägt als tagsüber.

Die Musth tritt bei jedem der Amboseli-Bullen zu einem anderen Zeitpunkt auf, kehrt aber – kalendarisch betrachtet – bei allen Tieren jedes Jahr im gleichen Monat zurück. Joyce berichtet, daß bis zu fünfzehn Bullen gleichzeitig in der Musth sein können. In den Tagen der Musth verändert sich die ganze

Haltung des Bullen. Der Urin tröpfelt, und das musthspezifische Temporin (ein Pheromon, das den anderen Elefanten seinen Zustand signalisiert) sickert langsam und stetig aus den Schläfendrüsen über beide Wangen hinunter und hinterläßt dort dunkle Streifen, die am Kinn zusammenlaufen. Die Drüsen schwellen an, was für das Tier sicherlich ziemlich lästig ist.[2] Wahrscheinlich verstärken die geschwollenen Drüsen nicht nur die Reizbarkeit des Bullen, sondern sind auch die Ursache für eine weitere Auffälligkeit. Die Angewohnheit, selbst beim Gehen den Rüssel aufgerollt auf die Stoßzähne zu legen, dort ruhen zu lassen oder ihn abwechselnd über einen der Stoßzähne zu hängen, um den Druck auf dieser Seite des geschwollenen Gesichts zu lindern. Alles was ein Bulle als Vierjähriger spielerisch gemacht hat, ist nun ernst: Was einmal Scheingefechte waren, sind jetzt erbitterte Kämpfe, und aus vertrauten Spiel- und Kampfgefährten sind Rivalen geworden. Andere Bullen, die nicht in der Musth sind, sogar Bullen, die viel größer sind als er, hören sein Musth-Donnern und machen einen großen Bogen um ihn. Für andere Musth-Bullen jedoch ist sein Donnern geradezu eine Herausforderung und verrät wahrscheinlich auch seine Identität.

Der andere Bulle verhält sich entsprechend. Wenn ein Bulle seine erste Musth erlebt, ist er noch klein im Vergleich zu anderen Musth-Bullen. Er verschwendet seine Energien beim Flüchten, und sein Zustand hält nicht lange an. Nach ein paar Tagen sieht man ihn wieder mit flachen Wangen; kein Triefen, Tröpfeln und kein typisches Musth-Donnern mehr. Er ist wieder ein friedfertiger Bursche, der friedlich im Kreis seiner friedfertigen Kameraden frißt und trinkt. Aber von da an kommt er jedes Jahr mindestens einmal in die Musth, und das verändert

---

2 Es gibt in Asien Elefantenführer, die diese Beobachtung bestätigen, aber Joyce ist anderer Meinung.

seine Beziehung zu allen Elefanten in seinem Umkreis. Die Musth-Perioden werden allmählich immer länger, bis sie ein Viertel des Jahres oder länger andauern. Gleichzeitig wird der Bulle von den Weibchen zunehmend bevorzugt und von anderen Bullen gefürchtet, mit dem Ergebnis, so spekulieren wir, daß er eine wachsende Anzahl Elefanten in seiner Population zeugt. Im Lauf der Zeit pendeln sich seine Musth-Perioden auf den Zeitpunkt des Jahres ein, in dem die meisten Kühe in seiner Umgebung empfängnisbereit sind. Zum Ende seines Lebens kehren sich manche dieser Vorgänge vielleicht wieder um, doch bis heute hat kein Bulle in Amboseli lange genug gelebt, um diese Umkehr zu erfahren.

Beim Studium anderer Populationen hat sich gezeigt, daß die Art, wie die Amboseli-Bullen ihre Musth-Perioden staffeln, möglicherweise ungewöhnlich ist. Wahrscheinlich hat es mit der außergewöhnlichen Tatsache zu tun, daß es in Amboseli immer genug Wasser gibt. Bullen und Kühe in allen Stadien und Verfassungen sind in der Population gleichzeitig vorhanden: eine grandiose Choreographie. Man kann bleiben, so lange man will – man wird nie all die sich ständig verändernden Beziehungen verstehen. Fast jeden Tag erlebte ich, wie Joyce wegen eines neuen, unerwarteten Ereignisses ins Staunen geriet. Eines Tages sahen wir ein kleines Kalb, das an der Zitze eines Musth-Bullen nuckelte, und Joyce quiekte vor Entzücken und sagte: »Babys können sich einfach alles erlauben!«

M10, ein riesiger Elefantenbulle mit wunderbar symmetrischen Stoßzähnen und einem prahlerisch schaukelnden Gang, bewegt sich langsam mitten durch eine weitverstreut stehende Elefantenfamilie. Er schwingt seinen Rüssel auf eine seltsam steife Art und hebt ihn hoch, um ihn auf einen seiner beiden breiten, leicht abgespreizten Stoßzähne zu legen. Sein Urin, der eine enorm hohe Konzentration von Testosteron aufweist, tröpfelt stetig aus seinem Penis, färbt die Vorderseite seiner Hinterbeine dunkel und markiert seinen Weg. Die Geruchskombination aus Musth-Urin und Schläfendrüsensekret ist süßlich, zitronig und penetrant. Mit anderen Worten: Er stinkt.[3]

Er streckt seinen Rüssel aus, um eine Urinpfütze zu testen, die eine der Kühe aus der Bond Group um ihn herum hinterlassen hat. Nach ihm vollführen mehrere andere große Bullen dieselbe Gebärde. Alle schnüffeln sie, kräuseln den Rüssel, blinzeln mit den Augen und heben den Rüssel zum Gaumen, von wo sie den inhalierten Geruch weiblichen Urins in ihr vomero-nasales Organ weiterbefördern, das es ihnen ermöglicht, die Fortpflanzungsbereitschaft der betreffenden Kuh abzuschätzen. Alle Bullen tun es ihm gleich, einer nach dem anderen. Immer wieder heben sie ihre Rüssel. Eine der Kühe ist offensichtlich fortpflanzungsbereit.

M10 weiß, welche es ist. Und wir auch. Er erkennt es wahrscheinlich an ihrem Urin. Wir schließen es aus dem Verhalten der fünfzehn Jahre alten Flavia und der merkwürdigen Tatsache, daß sie von ihrer Familie getrennt, aber dafür von Bullen umringt ist. M10, viel größer als Flavia, nähert sich ihr. Sie geht schnell, den Kopf hoch aufgerichtet und die Augen geweitet und biegt links und rechts um Büsche und Elefanten herum, offensichtlich in der Absicht, ihren Verehrer abzuschütteln. M10 folgt ihr, und plötzlich, als er eine Chance wittert, stürmt er auf sie zu. Flavia stößt einen rauhen, markerschütternden Schrei aus und ergreift die Flucht. Ihr Schrei zieht eine Schar

3 Dr. Betsy Rasmussen hat den Urin, die Schläfendrüsensekrete und den Atem von in Gefangenschaft lebenden Indischen Bullen analysiert. Wenn ein Elefant in der Musth ist, enthalten die drei Substanzen eine Reihe von flüchtigen Verbindungen, die zur chemischen Stoffgruppe der Ketone gehören. Diese Ketone verschwinden fast völlig, wenn die Musth vorbei ist.

von Weibchen und vier erwachsene Bullen an. Flavia kommt zielsicher und in vollem Lauf auf unser Fahrzeug zu. Wir können nicht ausweichen. Die nachfolgenden Elefanten bedrohen uns, heben die Köpfe, spreizen ihre Ohren und donnern laut, und Joyce sagt: »Sie geben uns die Schuld. Ja, wirklich, so ist es.« Ich spüre, wie die Wut in mir hochkocht. Meine vier Kinder, damals eigentlich schon größer, als sie sich benahmen, brüllten immer »Bei Mama!«, wenn sie sich, von den anderen gejagt, an mich klammerten. Dies bedeutete, daß man bei mir in Sicherheit war und nicht umgerannt werden durfte, mit dem Ergebnis, daß ich manchmal diejenige war, die auf dem Boden landete. Flavia benutzt unseren Jeep als Schutzschild, aber das ist kein Spaß – sie umkreist den Jeep, während M10 ihr auf den Fersen ist. Immer wenn M10 näherkommt, schreit sie und die ganze Herde rottet sich drohend um uns zusammen.

Die Aufregung überträgt sich auf alle. Nicht weit von Flavia fordern sich zwei Musth-Bullen, die kleiner sind als M10, gegenseitig heraus. Einer von ihnen, Saibulu, schüttelt den Kopf, wobei die großen Ohren nach links und rechts flappen. Er rennt auf den anderen Bullen zu, der sich herumwirft, seinen Schwanz hebt und lautlos die Flucht ergreift. Wir sind nur hundert Meter entfernt und können seine Schritte trotzdem nicht hören.

Ein großer, alter Bulle, dessen Stoßzähne beide abgebrochen und dadurch auf die halbe Länge reduziert sind, bewegt sich schnell auf Saibulu zu. Der Neuankömmling ist Thor. Thor ragt drohend über Saibulu auf, wirft sich herum, knallt ruckartig und scharf mit den Ohren, so wie man ein nasses Handtuch schnalzen läßt, geht seitwärts auf Saibulu zu, und das genügt schon. Durch diese Gebärde verliert Saibulu seinen Status: Saibulu dreht sich um, senkt den Kopf und macht sich rasch davon, diesmal ohne eine Urinspur zu hinterlassen. Thor folgt ihm, um die Begegnung zu Ende zu bringen.

Meine Sympathie liegt bei Saibulu, aber das Drama des dominanten Helden geht vor unseren Augen weiter. Die beiden haben vorgetäuschte und tatsächliche Macht inzwischen verinnerlicht und üben sich nun in strategischen Manövern, wie bei einem Schachspiel. Der Spieler M10 steht eine Körperlänge von Flavia entfernt und bewacht sie. Acht weitere Spieler, alles Bullen, umgeben ihn. Sechs davon sind kleine Bullen, die um das Paar einen Kreis bilden. Außerhalb dieses Kreises stehen zwei Bullen, die stärker sind als die sechs kleinen, aber doch nicht so mächtig wie M10. Alle neun Spieler stehen reglos und konzentriert da, als würden sie an einem ungeheuer wichtigen Wettkampf teilnehmen. Wir bleiben und beobachten die erstarrte Szene mehrere Stunden lang. Ich sitze wie angewurzelt an meinem Platz und warte darauf, daß die alten Machtverhältnisse von neuen Konstellationen abgelöst werden, aber es tut sich nichts. Hätte Joyce die Regeln nicht gekannt, dann hätte ich mir auf dieses Schauspiel keinen Reim machen können und die Bullen wahrscheinlich für leblos gehalten, so still stehen sie da. Allmählich kommt Wind auf. Wir schauen uns an, und Joyce startet den Jeep und fährt davon. Die Figuren sind auf dem Brett in Stellung gegangen. Wer weiß, wie lange es dauert, bevor einer von ihnen einen falschen Zug macht?

Als wir M10 und Flavia am nächsten Morgen in aller Frühe wiederfinden, sind sie von mindestens zweihundert Elefanten umgeben, die über eine Ebene am Rand einer graslosen Senke verstreut sind und grasen. Joyce, die die Lage schnell erfaßt hat, erklärt kurz und knapp: »Sie haben sich geeinigt.« M10 hält sich dicht hinter Flavia, die beim Gehen kokett einmal über die rechte, dann über die linke Schulter zu M10 zurückschaut, als ob sie die Entfernung abschätzen wollte, die noch zwischen ihnen liegt. M10, der ihr unermüdlich folgt, scheint dies ebenfalls zu tun. Ein vorsichtiger, anmutiger Tanz, bei dem jeder

der beiden Tänzer nur Augen für den anderen hat, ist an die Stelle des statischen Spiels von gestern getreten.

Neun kleine Bullen umkreisen das Paar und behalten es scharf im Auge. Hinter ihnen und durch ihre Körper vor M10 geschützt, hält sich Thor, der Recke mit den abgebrochenen Stoßzähnen, der zwar Saibulu verjagt hat, aber rangniedriger ist als M10. Der Status und die Position der Bullen ist relativ gesehen immer noch genauso wie in der Formation des gestrigen Abends, aber es sind jetzt einige neue Individuen hinzugekommen. Flavia und ihr Gemahl sind die Sonne, die anderen Elefanten die Planeten, die durch die »Gravitationskräfte« Begierde, Eifersucht und Angst auf Abstand gehalten werden. M10's einziger ernstzunehmender Rivale, Thor, hat sich in Sicherheit gebracht, indem er sich jenseits der jungen Bullen hält. Letztere warten auf einen günstigen Moment (wenn M10 beispielsweise einschläft), um ihm seinen Schatz in einem gemeinsamen Angriff abzujagen; aber es ist höchst unwahrscheinlich, daß auch nur einer von ihnen unter diesen Umständen zum Zug kommen wird. Zu beiden Seiten sind sie von ranghöheren Bullen flankiert, die das Geschehen eifersüchtig beobachten. Außerdem wäre Flavia wenig begeistert, wenn ihr einer der jungen Bullen auf den Leib rücken würde. Aber sie sind jung, sie sind Bullen, und sie nutzen ihre Chancen.

Im weiteren Umkreis unseres kleinen Planetensystems gehen viele andere Elefanten mehr oder weniger unbeirrt ihren gewohnten Beschäftigungen nach. Über zwölf Mitglieder von Flavias Familie bewegen sich auf den Sumpf zu. Nach einer Weile folgen wir ihrem Beispiel, denn wir sind sicher, daß Flavia und die Bullen ebenfalls dorthin kommen werden. Und tatsächlich, da sind sie schon. M10 fächelt und flappt mit den Ohren, während er langsam näher kommt. Dann bleibt er stehen, reißt den Mund auf und produziert in seiner Kehle ein trockenes, oszillierendes Musth-Donnern. Er flappt mit den

Ohren und wartet. Nach fünfzehn Minuten rattert er wieder. Er geht ein Stück, beide Ohren in einer eleganten, asymmetrischen, aber dennoch kreisenden Bewegung schwenkend. So kommt das eine Ohr nach vorne, wenn das andere hinten ist, wie die Flügel eines Ventilators, wodurch der Geruch seiner Schläfendrüsensekrete zu den Elefanten im Sumpf hinübergetragen wird. Er ruft wieder, und ich stelle fest, daß seine Stirn vibriert. Er bleibt stehen und ruft ein viertes Mal, wieder mit den Ohren flappend. Er donnert ein fünftes Mal und schlägt mit den Ohren. Er faltet drohend seine Ohren, geht zum Wasser und klatscht seinen Rüssel darauf, bläst ihn einmal durch und donnert wieder. Wir hören ein trockenes, pulsierendes Rattern: die für den Menschen wahrnehmbaren Obertöne eines mächtigen Rufs, dessen Frequenzen überwiegend im Bereich unterhalb unseres Hörvermögens liegen.

Die Familien, die mit Baden und Trinken beschäftigt waren, verlassen den Sumpf; zu meiner Überraschung brechen sie in einen Chor von ansteckenden, einander überschneidenden Rufen aus. »Begrüßung unter Bond Groups«, verkündet Joyce. Ausnahmsweise bin ich ihrer Interpretation gegenüber skeptisch, denn das hier kommt mir nicht wie eine Begrüßung vor. Mehrere Elefanten wenden sich gegen unseren Jeep. Geben sie uns wieder die Schuld? Plötzlich packt Joyce, die den dominanten Bullen nicht aus den Augen gelassen hat, meinen Arm. »Er hat sie verloren! M10 folgt dem falschen Weibchen! Alle wissen, daß er sie verloren hat!« Die Rumpler schwellen an, und vereinzelt hören wir ein Trompeten. M10 schnorchelt mit erhobenem Rüssel über seinem Kopf nach dem Duft der verlorengegangenen Partnerin.

Joyces Stimme ist angespannt und laut. »Das ist gefährlich, weil sie nicht wissen, was sie tun sollen.«

Plötzlich kommen etwa zwanzig Kühe und Kälber auf den Jeep zu, ihr Donnern wird immer schriller. Ein kleines, erwachsenes Weibchen taucht vor einem Kalb auf und versperrt ihm den Weg. Das Kalb brüllt vor Schreck und Verwirrung, so daß wir auf das Weibchen aufmerksam werden, das sich so seltsam verhält – und ach, es ist Flavia! Wieder ist unser Fahrzeug ihr Schutzschild. Sie benutzt uns, um ihre unerwünschten Freier abzuwimmeln. M10 nähert sich jetzt von hinten, kann aber nicht verhindern, daß mehrere junge Bullen ihre Rüssel unter Flavias Bauch strecken, um an ihrer Vulva zu schnüffeln.

Flavia kreuzt vor unserem Jeep. M10 folgt ihr auf dem Fuß und tröpfelt reichlich Urin. Joyce stößt einen Seufzer der Erleichterung aus: »Er hat sie gefunden.« Sein riesiger Rüssel, locker über den rechten Stoßzahn drapiert, schwingt im Vorübergehen über unseren Köpfen. Flavia umkreist, gefolgt von M10, unser Fahrzeug, und ein erwachsener Bulle, der nicht in der Musth ist, ist wiederum M10 auf den Fersen. Ein Donnern ertönt. Innerhalb weniger Sekunden überläßt dieser Bulle einem größeren, der auch nicht in der Musth ist, das Feld. Beide sind in dieser Phase der Werbung unwichtig. Der Jeep ist ebenfalls unwichtig, und nachdem M10 seine Flavia wiedergefunden hat, gibt es nichts mehr, woran wir schuld sein könnten. Joyce hat keine Angst mehr.

M10 wedelt mit den Ohren und stößt einen letzten Musth-Ruf aus, dann steigt er auf die Hinterfüße, umfaßt Flavias Hüften mit seinen Vorderbeinen und besteigt sie, den Rüssel der Länge nach über ihren Rücken und bis zum Kopf drapiert. Unter ihr krümmt sich sein Penis – voll erigiert und hundertachtzig Zentimeter lang – zu einem auf der Seite liegenden S und tastet nach dem Eingang. Flavia hält still, genau fünfundvierzig Sekunden lang. Dann gleitet M10 zurück und verzieht sich.

Flavia steht völlig allein da und stimmt ihren Gesang an, eine aufsteigende Folge von tiefen, lauten, gebundenen Tönen, die endlos wiederholt wird. Jedes zittrige Donnern steigt aus der Stille auf und nimmt an Lautstärke zu, während es seinen höchsten Punkt erreicht, um dann wieder abzusinken und im Nichts zu verebben. Beim dritten Ruf fallen andere aufgeregte Stimmen ein und überschneiden sich mit Flavias Stimme. Alle donnern auf einmal durcheinander, weder zeitgleich noch synchron. Nur Flavias Rhythmus wiederholt sich, und ihre Stimme – langsamer, tiefer und stärker moduliert als die anderen – ist immer wieder zu erkennen. Plötzlich bricht sie aus der Sequenz aus und fängt an zu trompeten, eine Reihe von ungeordneten, strahlenden, hohen, atemlosen, aufgeregten Lauten. Die Elefanten ringsum brechen in Antworttrompeten aus. Flavia flappt mit den Ohren, und mehrere Weibchen harnen kraftvoll, wie auf Kommando. Flavias Östrus-Rufe beginnen von neuem, werden aber von Mal zu Mal flacher und weicher. Flavias Gefährtinnen kauern um die Stelle, an der die Paarung stattgefunden hat, strecken ihre Rüssel aus, die sich dabei zum Teil überkreuzen, und beschnüffeln den Samen, der auf den Boden getropft ist. Das Singen hört auf, das Donnern verebbt an einer Stelle, steigt an einer anderen wieder auf, bricht ab, bald sind es nur noch Lautfragmente, bis auch diese schließlich verstummen.

»Die FB-Familie verhält sich, als wäre Flavia ein Familienmitglied«, sagt Joyce. »Jedenfalls sind die FBs als einzige in Aufregung geraten.«

»Als ob?«

»Ja. Flavia ist eine Elefantin ohne Familie. Sogar ihr Baby ist gestorben.«

Was also kann die evolutionäre Erklärung für diese Zeremonie sein? Mein Verstand tastet umher und versucht zu verdauen, was ich gerade erlebt und gehört habe. Wir waren von mehr als 100 Elefanten aus sieben Familien umgeben – Joyce nennt sie alle beim Namen, aber nur eine Familie gibt Donnerlaute von sich und untersucht aufgeregt den Ort des Geschehens. Wir wissen nicht, ob ihre Beziehung zu Flavia auf genetischer Verwandtschaft, Freundschaft oder Adoption basiert.

Als wir am frühen Nachmittag ins Camp zurückfahren, kommt Joyce auf den Moment zu sprechen, als M10 seine Flavia verloren hatte. »Ich war einmal dabei, als ein Bulle sein Weibchen zwei oder drei Stunden lang verloren hatte. Das Weibchen wurde von vielen kleinen Bullen bestiegen, und es geriet in Panik. Der untergeordnete Bulle war so konfus, daß er sich nicht die Mühe machte, seine Position als hochrangiger Bewacher zu markieren; vielmehr jagte er das Weibchen nur. Es läuft weg und wird von allen gejagt. Entweder gibt es viele Besteigungen oder viele Verfolgungsjagden.« Ich versetze mich in das Östrus-Weibchen hinein. Wird es erst einmal bewacht, kann es essen und trinken und ruhen, ohne verfolgt zu werden.

Aber die Östrus-Phase ist kurz und die Bewachungsphase noch kürzer. Als wir am folgenden Abend ins Camp zurückkommen, berichtet Cynthia, daß sie am späten Nachmittag gesehen hat, wie Flavia von einem kleineren Bullen bestiegen wurde. »Aber M10 war nicht weit weg. Er kam wütend herübergestampft und hat den Kopf geschüttelt.«

»Jetzt werden alle jungen Bullen sie besteigen«, sagt Joyce voraus. »Sie ist nicht mehr voll im Östrus. Und M10 wird sie nicht länger bewachen, sondern nach anderen Östrus-Weibchen Ausschau halten.« Am folgenden Morgen bestätigt sich ihre Prophezeiung. Wir haben Mühe, Flavia zu finden, weil sie wieder in ihrer Adoptivfamilie untergetaucht ist. M10 ist nicht weit weg, aber Flavias Anziehungskraft ist erloschen. Joyce und ich sind offenbar die einzigen Anwesenden hier, die sich an die Ereignisse der vergangenen Tage erinnern. M10 bewegt sich langsam von Flavia und uns weg, hierhin und dahin schreitend, seinen Rüssel im buschigen Grasland dicht über dem Boden haltend, als ob er etwas suchte.

Die drei Monate, die M10 in der Musth ist, stellen sicherlich den größten Teil der Zeit dar, die er mit weiblichen Elefanten verbringt. Wenn die Musth abklingt, nimmt er die friedliche Koexistenz mit anderen Nicht-Musth-Bullen in den Bullengebieten wieder auf und wandert gelassen auf eigene Faust umher, um zu fressen und zu grasen. Die Degradierung vom dominantesten zum nur noch achthöchsten Bullen der Population wird ihn kalt lassen. Er wird weiterhin fruchtbar sein, und falls er das unwahrscheinliche Glück haben sollte, ein Östrus-Weibchen ohne Begleitung eines Musth-Bullen zu finden, wird er versuchen, mit ihm zu kopulieren. Aber das Machtgehabe, eine Folge des Testosteronüberschusses, wird sich verflüchtigen, wenn der Testosteronspiegel sinkt.

Während der eine Bulle aus der Musth kommt und auf der Hierarchieleiter absteigt, übernimmt ein anderer seine Position. Joyce hat bemerkt, daß M22, der zweithöchste Bulle der gesamten Population, ein riesiges Tier mit gewaltigen, symmetrischen, abgespreizten Stoßzähnen, in letzter Zeit öfter allein steht und allein frißt – nicht in der Nähe anderer Männchen – und seinen Kopf verdächtig hoch trägt; es würde sie nicht wundern, wenn . . .

Und so fängt alles von vorne an.

Aber noch ist es nicht soweit. Bei ausgewachsenen Bullen wie M10 und M22 nimmt die Musth langsam und stetig zu und auch wieder ab. Im Augenblick treffen wir M10 weiterhin beim Donnern, Lauschen oder Suchen an. Wir beobachten, wie er sich der einen oder anderen Familie anschließt, sie testet und wieder verläßt, wobei sein Urintröpfeln je nach Umständen mehr oder weniger ausgeprägt ist; und innerhalb einer Woche umwirbt er ein neues Östrus-Weibchen, Zita.

Diesmal ist die Situation komplexer. Nicht nur M10, sondern auch Thor, der nur wenig unter ihm steht, hat Zita aufgespürt. Ein harter Rivale von M10, M7, ist ebenfalls eingetroffen, mit

14 jüngeren Bullen im Schlepptau. M7 hat nur einen Stoßzahn. Er muß den anderen schon vor Jahrzehnten verloren haben, denn sein Rüssel ist gewaltig dick: Ich denke mir, daß so viel zusätzliche Muskelkraft den Verlust einer Stoßwaffe mehr als ausgleicht. Wie bei jener Konstellation, die sich zweimal um M10 und Flavia gebildet hatte, formiert sich jetzt ein neuer Kreis von jungen Bullen um M10 und Zita, der als Puffer zwischen dem Pärchen und M7 dient. Zita weist jedoch die Annäherungsversuche von M10 zurück. Weiß sie etwas, das ich nicht weiß? M10 gibt weiterhin Musth-Donner von sich. Und was weiß er? Ist M7 derjenige, der die Beziehung sprengt, oder sendet M22 olfaktorisch und akustisch auf einem Level, den ich nicht wahrnehmen kann? Zita, die gar nicht daran denkt, sich auf den langsamen Paarungstanz einzulassen, tut ihr Bestes, um einen jungen Bullen zwischen sich und M10 zu halten. Da einige ältere Bullen um sie herum sind, riskiert das junge Männchen, das von Zita auf diese Weise benutzt wird, keinen Versuch, sie zu besteigen.

Jetzt kommt ein neuer Bulle an, aber es ist nicht der, den ich erwartet hatte. Es ist Saibulu! Der junge Bulle, den Thor vor zwei Tagen in seine Schranken verwiesen hatte. Joyce lacht leise und flüstert, daß sie ihn gestern noch ohne Musth-Symptome gesehen hat, aber jetzt tröpfelt er, und Temporin rinnt ihm über die Wangen, er hält den Kopf hoch und gibt Musth-Rufe von sich.

Plötzlich erstarrt Joyce, denn aus einer anderen Richtung taucht noch ein Bulle in Saibulus Größe auf, allerdings wesentlich älter als er. Es ist Pablo. Die weiblichen Elefanten kollern aufgeregt, als die Bullen aufeinandertreffen. Unsere Köpfe schießen hin und her, denn inzwischen spielt sich alles auf einmal um uns herum ab.

Aber der Hauptschauplatz der Handlung liegt hinter uns. Krrraach! Saibulu hat sich mit seinem ganzen Gewicht gegen einen riesigen, toten Baum geworfen. Der Baum zersplittert am unteren Ende und neigt sich vornüber wie eine Angel, während er unten am Stumpf immer weiter splittert und langsam zu Boden geht. Die Spitzen der unteren Äste landen auf dem Boden und werden geknickt; die Äste selber lösen sich vom Stamm. Die Angel neigt sich weiter, die Erde wird herausgehebelt, und eine Lage Äste und Zweige nach der anderen prallt auf den Boden. Unterdessen erzittern die Zweige weiter oben und bewegen sich wie vom Sturm gepeitscht wild und ziellos umher. Aber hier geschieht es so abrupt – und die toten Zweige sind so trocken, daß auch sie direkt am Stamm abbrechen, durch die Luft fliegen und auf den Boden fallen, wo sie neben den gebrochenen Ästen zersplittern.

Der ganze Vorgang dauert länger, als ich es für möglich gehalten hätte, und es ist erschütternd, nicht nur für den Baum, sondern ebenso für das Gemüt des menschlichen Beobachters. Nachdem das Schauspiel zur Hälfte vorbei ist, bin ich den Tränen nahe. Aber Pablo bleibt unbeeindruckt. Er wirft sich herum und greift an. Seine Stoßzähne krachen gegen die von Saibulu, er stößt brutal nach, und Saibulu dreht sich um, flieht und verschwindet in einer großen Staubwolke.

Ohne auch nur eine Sekunde innezuhalten, marschiert Pablo jetzt auf Thor zu und verhakt sich mit ihm. Thor behauptet seine Stellung und signalisiert damit den Beginn eines Kampfs, der ein ganz anderes Ausmaß annehmen wird als der letzte. Lautlos, langsam legen die Bullen ihre Ohren nach vorne zu einem V zusammen und stemmen sich gegeneinander. Ihre Wangen triefen vor Temporin, und der Urin strömt an ihren Hinterbeinen herunter – Urin, mit Testosteron und Pheromonen vermischt. Die Luft ist von Gestank erfüllt.

Viele andere Elefanten werden angelockt und stehen dicht um den Jeep und um die kämpfenden Bullen herum. Einige weichen zurück, andere bewegen sich vorwärts, und die Luft hallt wider von ihrem Donnern, Bellen und Trompeten. In den Augen der anderen machen Pablo und Thor jetzt etwas sehr Interessantes. Sie ziehen sich zurück, halten sich selbst und zugleich die Menge auf Distanz und bewegen sich parallel zueinander fort, nur durch ungefähr eine Elefantenlänge getrennt. Und die Menge macht etwas ebenso Interessantes. Sie folgt den beiden nicht. Aber Joyce startet den Jeep. Wir werden ihnen folgen – in respektvoller Entfernung, denn keine von uns hat Lust, in einem Fahrzeug zu sitzen, das als Baum- oder Buschersatz herhalten muß.

Seitwärts gehend und einander in die Augen starrend, spiegeln Pablo und Thor die Bewegungen des jeweils anderen wider, der eine links, der andere rechts von einer Erdstraße, die sie genau in der Mitte zwischen sich halten. Ihre unnatürliche Körperhaltung läßt mich erschaudern. Es ist klar, daß dieses Verhalten die Vorbereitung zu einem Duell ist.

Ich bin froh, daß ich aus der Menge heraus bin. Ich hasse Massenansammlungen, genau wie ich Gemeinheit hasse, und der Geist dieser Masse hat mich plötzlich an etwas erinnert, das ich vergessen wollte. An den Tag nämlich, als mein Bruder, 16 Jahre alt, meinen Vater, damals 40, herausforderte und die beiden in unserem Eßzimmer handgreiflich wurden. Meine Erinnerung an dieses Ereignis bleibt ungeschmälert, obwohl es schon lange zurückliegt und damals rasch ein glimpfliches Ende fand. Im Handumdrehen hatte mein Vater seine Überlegenheit wiederhergestellt. Für mich, meine Schwester, meine Mutter und eine Freundin, die nach der Schule mit zu mir nach Hause gekommen war – also für alle Frauen im Haus – war diese körperliche Auseinandersetzung ein Ereignis, das wir nie vergessen oder verstehen werden.

Wie viele der Elefantenweibchen sind eng mit den Bullen verwandt, die sich gegenseitig die ganze Woche herausgefordert und bekämpft haben? Wie können die Weibchen angesichts der Verantwortung, die sie für die Gemeinschaft tragen, der Schlacht den Rücken kehren? Die ganzen Stimmen, die an mein Ohr dringen, erinnern mich an Frauenpalaver. Ich denke mir, daß sie um des lieben Friedens willen agieren, wobei jede der Frauen um jene Gruppe besorgt ist, die sie – nach einer alten oder neuen Definition – als ihre Familie betrachtet. Aber sie sind auch neugierig, wer der Sieger sein wird!

Eine Welle der Erleichterung steigt in mir auf, als wir uns von ihnen wegbewegen. Wir fahren parallel zu Pablo und Thor und schließen Wetten ab. Die beiden scheinen so ziemlich gleich stark zu sein. Thor ist durch seinen abgebrochenen Stoßzahn im Nachteil, aber er ist älter und erfahrener als Pablo. Er steht außerhalb der Musth deutlich höher in der Hierarchie. Allerdings ist er schon seit mehreren Monaten in der Musth, während Pablo noch vor Energie strotzt, so wie es in den ersten Musth-Wochen der Fall ist.

Plötzlich überschreitet Pablo die Erdstraße, die sie als Mittellinie benutzt hatten. Mit eingefalteten Ohren und strömenden Drüsen knallen die beiden Bullen ihre Stoßzähne gegeneinander, verhaken sich und fangen an zu schieben.

Der Wettkampf verläuft seltsam geordnet, mehr oder weniger unterteilt in viertelstündige Attacken mit zehnminütigen Pausen dazwischen, und dauert alles in allem dreimal eine Dreiviertel Stunde. In den Pausen grasen und fressen die Kämpfer, als ob die Gesellschaft des anderen sie nicht im Geringsten stören würde, so wie bei den College-Kämpfen, bei denen sich die Männer nach allen Regeln der Kunst verprügeln und dann hinterher zusammensitzen und Orangen essen. Wir selber ruhen in den Pausen auch aus, dankbar für diese Regelung, bis plötzlich ein Busch, der durch die Luft fliegt und den Schleuderer mit Staub überschüttet, unsere Aufmerksamkeit auf das Match zurücklenkt. Ich mache eine schwache Aufnahme, leider aus zu großer Entfernung, auf der während des ganzen Kampfes nur zwölf Musth-Donner zu hören sind.

Die vierte Stunde ist schon ziemlich weit fortgeschritten, als Thor sich in einer Pause von Pablo wegstiehlt und einen Busch zwischen sich und seinen Gegner bringt, als wäre er auf der Suche nach Futter. Dann entfernt er sich ein bißchen weiter, und jetzt liegen plötzlich zwei Büsche zwischen ihm und dem Rivalen. Hinter sich spähend, entfernt er sich immer mehr, wirft sich herum, kehrt dem Ort des Geschehens den Rücken und flieht in einer Staubwolke über einen Kilometer weit zurück zu der Elefantengruppe, die er und Pablo zu Beginn des Duells hinter sich gelassen hatten.

Pablo peilt die Lage, läuft federnd zu einem nahe gelegenen Wasserloch hinunter und nimmt ein langes, gründliches, genüßliches Schlammbad. Er wälzt sich nicht, sondern benutzt seinen Rüssel, um sich langsam überall einzusprühen, bis er ganz dunkel und glitschig ist. Dann streckt er seinen Rüssel aus und hält ihn am Boden, und so geht er stetig in Thors Spur entlang. Seine Augen sind halb geschlossen; er erinnert mich an einen Blinden mit Gehstock. Der Geruch von Thors Spur scheint in die Menge zurückzuführen. »Komisch«, sagt Joyce, »nomalerweise geht der Verlierer nicht zu der Gruppe zurück, sondern macht sich schleunigst aus dem Staub.« Wir fahren parallel zu Pablo und fragen uns, wann er genug haben wird.

Als er sich unter die Menge mischt, gehen seine Augen plötzlich weit auf – er hat einen elektrisierenden Geruch wahrgenommen. Er wirbelt herum und geht ohne Vorwarnung auf einen anderen Bullen los. »M7!« ruft Joyce. »Wofür hält sich dieser Pablo eigentlich?«

Wieder einmal trifft ihre Vorhersage ein. Innerhalb einer Minute ergreift Pablo die Flucht, ihm dicht auf den Fersen ein riesiger Bulle mit nur einem Stoßzahn. Pablos Schwanz zeigt in die Luft, und M7 hat den Rüssel ausgefahren. Sie donnern davon und verschwinden hinter einem kleinen Hügel.

Ein markerschütterndes, chaotisches Gebrüll – Schreien, Bellen und Trompeten – bricht jetzt von allen Seiten über uns herein. Die Menge stiebt auseinander. Kleine und große Elefanten stampfen an uns vorüber, die steifen Beine nach auswärts schwingend, die Bäuche auf Höhe unserer Augen, laut schreiend. Ich kurble mein Fenster hoch, decke unsere Ausrüstung ab und polstere meinen Kopf. Ich bin auf alles gefaßt.

Ich weiß nicht, wie viele Minuten vergehen, ehe mir klar wird, daß ich mich geirrt habe. Ich sitze immer noch in Joyces Fahrzeug, Joyce auf dem Fahrersitz, ich neben ihr, und wir sind von Stille umgeben.

Ich knalle meine Faust gegen das Fenster, um den Staub abzuschütteln. Ein blauer Kreis erscheint oben in der Mitte des Himmels, über einem dicken, langsam niedersinkenden Vorhang aus braunem Staub. Langsam dehnt das Blau sich wieder aus, der Vorhang sinkt tiefer und enthüllt die Wipfel der verschont gebliebenen Bäume. Nach und nach wird die zertrampelte Erde im Vordergrund sichtbar. Das Schlachtfeld ist leer.

Obwohl die Fenster des Jeeps geschlossen sind, hat sich der Wagen mit einer dicken Staubschicht gefüllt. Joyce dreht sich um und schaut mich an: Sie ist – bis auf Augen und Zähne – über und über mit Staub bedeckt. Sie lächelt, aber offensichtlich nicht über das, was wir gerade erlebt haben. In Gedanken ist sie wieder bei der Familiensaga, die sie in den letzten neun Jahren mitverfolgt hat. Der kleine Junge stößt den Baum um, fordert damit den großen Jungen heraus, der den kleinen Jungen verprügelt und seinerseits einen anderen, gleich großen Jungen herausfordert und verprügelt und dann einen größeren Jungen herausfordert und so weiter, bis es mit einer Paarung, blutig oder einer wilden Flucht endet. »Ich liebe Saibulu«, sagt Joyce. »Er ist ein Schurke, aber ich liebe ihn.«

KAPITEL 5

Gefahren

Die Leute zu Hause fragen mich oft nach den Gefahren. Ich bediene sie dann zunächst mit Geschichten über die spektakulären Momente – die wilde Flucht zum Beispiel. Dann sage ich, daß ich mich die meiste Zeit ziemlich sicher gefühlt habe, weil die Elefanten an unsere Gegenwart und wir an ihre gewohnt waren. Gewöhnung – Vertrautheit – macht es möglich, viele verschiedene Dimensionen des Sozialverhaltens zu erforschen, von denen man sonst nie etwas erfahren würde. Das Gefährliche ist nur, daß man die entspannte Stimmung vielleicht irgendwann als selbstverständlich ansieht. Gewöhnung entwickelt sich allmählich und basiert wie jede andere Beziehung darauf, daß man sich gegenseitig vertrauen kann. Früher oder später wird einer der Beteiligten den anderen aber nicht ernst nehmen und damit die Regeln mißachten.

Ich bin der Meinung, daß Joyce und ich die ungeschriebenen Grenzen dieses duldenden Verhältnisses gegen Ende unserer gemeinsamen Arbeit einfach überschritten haben. »Ich habe dich da reingezogen«, sagte Joyce hinterher; ja, und ich habe nachgegeben. Ich war bereit, mit ihr zusammen die von ihr aufgestellte Hypothese zu testen, wonach sich die Ranghöhe eines Bullen an der Tonhöhe seines Musth-Grollens ablesen läßt. Wir fuhren gefährlich nahe an jeden einzelnen Musth-Bullen heran und brachten die Tiere wiederholt dazu, in unser Mikrofon zu knurren, indem wir uns während der Aufzeichnung von ihnen bedrohen ließen. Es gab keine andere Möglichkeit, als die Bullen zu reizen, dann würden wir vielleicht eine gute Aufzeichnung hinkriegen, ehe meine Forschungserlaubnis auslief.

Ein paar Tage nachdem wir dieses Abenteuer begonnen hatten, näherten wir uns einem großen Bullen namens M51. Mit überströmtem Gesicht und bepinkelten Beinen, eindeutigen Hinweisen auf seinen brünftigen Zustand, stolzierte er auf unseren Jeep zu, der so unverschämt dicht an sein Wasserloch herangefahren war. Er schob seinen rechten Stoßzahn ein Stück zum Seitenfenster herein, direkt über Joyce' Schoß, die am Steuer saß, und gab einen prächtigen Musth-Rumpler von sich – mitten in ihr Gesicht. Dann zog er sich zurück und trat vor das Fahrzeug hin, klopfte dreimal mit dem Stoßzahn auf die Kühlerhaube, drehte sich um und ging zurück, um in seinem Wasserloch zu planschen.

»Für mich ist jetzt Schluß«, sagte ich, nachdem das Blut in Joyce' Gesicht zurückgekehrt war. »Wenn du noch mehr Rufe auf diese Art und Weise aufzeichnen willst, mußt du dir einen anderen Partner suchen.« Sie stimmte mir zu, und wir gingen diesem Aspekt unserer Forschungsarbeit nicht weiter auf den Grund.

Am Abend erzählten wir den anderen im Camp, was uns passiert war. Ich mußte an ein Erlebnis denken, das ich 1971 an der Nordostküste der Halbinsel Valdés in Argentinien hatte. Ich nahm damals an einer Pilotexpedition teil, die von meinem Ehemann, Roger Payne, angeführt wurde. Ziel war es, einen geeigneten Standort für eine Langzeitstudie über das Verhalten von Walen zu suchen. Roger, unser Freund Ollie Brazier und ich waren auf Schwierigkeiten gestoßen: Man konnte nirgends Boote mieten. Also brachte uns ein argentinischer Taucher an eine Stelle, wo die Wale von den Meeresströmungen dicht an den Strand getragen wurden, und er lieh uns für einen Tag sein zweieinhalb Meter langes Boot. Wie sich herausstellen sollte, kamen nur Ollie und ich in den Genuß des folgenden Abenteuers, während Roger irgendwo hinter uns mit einem Lastwagen kämpfte: Er steckte an einem Strand fest, der aus Steinen bestand, die dermaßen rund und glatt waren, daß er einfach nicht vorwärts kam. Als Roger über das Walkie-talkie erfuhr, daß ein Wal sich mit der Strömung auf uns zubewegte, meinte er, wir sollten losziehen und das Boot ohne ihn zu Wasser lassen. Bis er endlich eintraf, waren wir wieder am Strand, noch unter dem Schock eines Erlebnisses stehend, dessen Zeugen nur wir beide gewesen waren.

Wir brachten das Boot ins Wasser und im selben Moment, in dem der Wal sich vorbeitreiben ließ, schwenkten wir in die Strömung ein und stellten den Motor ab. Der Wal drehte sich mit einemmal um und schwamm stromaufwärts auf uns zu. Plötzlich verschwand er, und eine gewölbte, glänzend blauschwarze Wand, erheblich breiter als unser Boot, stieg neben uns auf. Wäre uns in dem Moment die Anatomie des Wals klar gewesen, dann hätten wir eher nach unten als nach oben geschaut, denn diese mächtige Wand war die Unterseite seines flachen Kinns. Seine Augen hingegen befanden sich dicht unter der Wasseroberfläche und begutachteten den Boden unseres Boots: Er spionierte einfach ein wenig neugierig herum. Zwei Minuten später lag sein massiger Körper wieder horizontal und stromabwärts gerichtet im Wasser, bewegte sich aber diesmal rücklings auf uns zu, was seltsame Kräuselungen an der Oberfläche der Wellen verursachte. Langsam und majestätisch fächelte er mit der Schwanzflosse hin und her (eine Drohgebärde, wie wir später lernten) – eine Schwanzflosse, die zweimal so breit wie unser Boot lang war. Dann schob er seine Schwanzflosse rücklings unter unseren Bug und hob uns hoch. Eine volle Minute lang hielt er uns reglos in der Luft, zwei Menschen auf einem Tablett, fast zwei Meter über der Wasseroberfläche. Dann setzte er uns behutsam wieder ab. Völlig perplex saßen Ollie und ich im Boot und rührten uns nicht.

Der Wal ließ sich ein, zwei Minuten mit der Strömung davontreiben, dann kam er wieder auf uns zu, fächelte noch einmal mit seiner Schwanzflosse hin und her und hob uns ein zweites Mal hoch, genauso wie zuvor.

Und dann noch einmal. Dreimal – wie das dreifache Stoßzahnklopfen von M51 auf unserer Motorhaube. Nach dem dritten Absetzen warf Ollie den Motor an und drehte das Boot nach Norden, gegen die Strömung. Ein paar Minuten lang begleitete uns der Wal, machte seinen Erkundungskopfstand erst auf der einen, dann auf der anderen Seite des Boots. Dann drehte er in Strömungsrichtung ab und verschwand. Kurze Zeit später zeigte uns eine Reihe von Fontänen und das Aufblitzen dunkler Leiber und Schwanzflossen in der Ferne, daß er sich einer Gruppe Wale angeschlossen hatte, die ihn nun begrüßten.

Ich habe »er« gesagt. In Wahrheit wußten wir nicht, welches Geschlecht der Wal hatte.

Warum hat er sich solche Mühe gegeben, uns nicht zu verletzen? Es wäre für ihn ein leichtes gewesen, das Boot mit einem lässigen Schlag seiner riesigen Schwanzflosse zu zertrümmern. Warum hat der Elefantenbulle M51 uns gewarnt, aber nicht verletzt? Hatte ich zweimal von dem Prinzip im Zweifel für den Angeklagten profitiert, als ich ganz offensichtlich und vor allem mutwillig die Grenzen überschritten hatte?

Nun ja, mag sein. Aber mit dieser Frage projiziere ich meine Erfahrungen mit Menschen ungefiltert auf Tiere. Menschen überschreiten Grenzen und sprechen einen Angeklagten im Zweifelsfall frei, aber Wale denken vielleicht gar nicht in solchen Kategorien. Was kann ich über die Erfahrung mit dem Elefanten und dem Wal sagen, wenn ich einfach nur das berücksichtige, was ich gesehen habe?

Daß Nachsicht geübt wurde. Und zwar bewußt. Und daß es

auf eine Art und Weise geschah, die subtil und klar verständlich zugleich war.

Wie schwierig es ist, Erfahrungen mit Tieren zu beschreiben, wird deutlich, wenn man versucht, ein Lexikon oder Wörterbuch zu verfassen, das Tierrufe in eine für Menschen verständliche Sprache übersetzt. Aber wie kann man Kommunikationssysteme ohne Übersetzung erforschen?

Joyce und ich dachten, wir wüßten genug über einige der Rufe, die wir aufgezeichnet hatten, um ein Elefanten-Englisch-Wörterbuch zu konzipieren. Wir hatten vor, Spektrogramme zu machen und sie an Bedeutungen zu koppeln. Anhand eines archäologischen Funds versucht man oft, die Dinge quasi von hinten aufzurollen und Erkenntnisse über die Gemeinschaft zu gewinnen, die den Fund hervorgebracht hatte. Könnte das nicht auch bei einem Lexikon der Elefantenrufe funktionieren, und was würden wir dabei lernen?

Ein Wörterbuch setzt voraus, daß Laute sich definieren, strukturierenden Kriterien zuordnen lassen – Vokalen, Konsonanten, Silben, Stimmlagen, Modulationen, einem Timbre oder auch zeitlichen Einheiten, denen wiederum bestimmte Bedeutungen zugemessen werden. Ein Wörterbuch setzt auch voraus, daß es für jedes Wort eine konkrete Entsprechung gibt, die ihrerseits durch eine bestimmte Breite, Tiefe und einen eindeutigen Inhalt gekennzeichnet ist. Joyce und Cynthia behaupteten, sie könnten mir mehr als zwei Dutzend Elefantenrufe in Amboseli übersetzen, sie würden diese Rufe im Schlaf erkennen. Joyce war in Amboseli mein Wörterbuch: Ich zeichnete zu jedem Ruf, den sie übersetzte, wortgetreu ihre Ausdeutung auf. Sie hatte auch häufig ein Gefühl dafür, von wem der Ruf stammen könnte. Dies gelang mir nicht, denn rufende Elefanten machen selten ihren Mund auf. Zu jedem Ruf vermerkten wir, wieweit Joyce sich der Identität des Rufers sicher war; außerdem notierten wir den Ruftyp, die Umstände und die Entfernung aller potentiellen Rufer vom Mikrofon. Unter Ruftypen notierten wir unsere Einschätzung der jeweiligen Funktion eines Rufs. Wenn man bei anderen Lebewesen die Rufe nach ihrer Funktion zu kategorisieren versucht, begibt man sich recht bald ins Reich der Phantasie, aber irgendwo mußten wir schließlich anfangen.

Je nach Familie hörten wir die Kälber auf verschiedene Weise um Hilfe rufen. Joyce' Ruftypen umfaßten Saugrumpler, Saugschreie, Saug-SOS-Rufe, Sich-verirrt-haben-Rufe und allgemeine Hilferufe. Wir hörten Gruppen von erwachsenen Weibchen und einzelne Mütter auf diese Rufe mit Beschwichtigungsrumplern antworten (davon gab es zwei verschiedene Arten). Bei Aufregung innerhalb der Gruppe unterschieden wir Begrüßungsrumpler, Brüllen, Bellen, Schreie und verschiedene Arten von Trompeten, darunter auch ein langgezogener, halb dumpfer, halb schriller Laut, der immer mit Spielen in Verbindung stand. Eines Tages beobachteten wir zwei Kälber, die von ihren Müttern wegliefen. Sie rannten durch eine Wiese, deren Gras viel höher war als sie selber, dabei die Rüssel schnurgerade nach vorne, die Schwänze hoch in die Luft gereckt, mit flappenden Ohren und unter lautem Trompeten.

Eine Reihe von Rufen war offenbar wichtig für den Zusammenhalt und die Koordination innerhalb der Gruppe. Es gab Angriffsdonnern, Auf-geht's-Rufe, Kontaktrufe und -antworten, Verbrüderungsrumpler und Diskussionsrumpler Bei letzteren ging es, wie mir schien, meistens um die Frage, wo es als nächstes hingehen sollte. Manchmal gab es sehr schreckhafte Elefanten, die sich von etwas Ungewöhnlichem überrascht zeigten, und wir hörten Trompetenstöße und Schnauber. Wir vermuteten auch, daß es einen reinen Infraschall-Alarmruf gab, konnten aber keinen aufzeichnen.

Wenn es zwischen Elefantenweibchen Kämpfe darum gab,

114

wer die Überlegenere war, hörten wir sie grollen. Bei derartigen Dominanzkämpfen zwischen Bullen wurden verschiedene Rumpler abgegeben, einschließlich des Musth-Rumplers. Und, last, not least, gab es laute, bedeutsame Rufe, die mit der Fortpflanzung in Verbindung standen. Zitas Östrus-Ruf, der aufgeregte, mehrstimmige Chor ihrer Familie, als sie bestiegen wurde, und die Rufe der Weibchen, sobald ein Bulle ihre Genitalien beschnüffelte, waren drei dieser Ruftypen.

Joyce' Meinung nach bildete jeder dieser Rufe eine eigene Kategorie. In ihrem Buch schrieb sie: »Von den sechsundzwanzig dokumentierten Ausdrucksformen erwachsener Elefanten werden neunzehn nur von Weibchen abgegeben, drei von Erwachsenen beiderlei Geschlechts und nur vier stammen ausschließlich von Bullen. (Weitere sechs Rufe werden nur von halbwüchsigen Bullen abgegeben.) Von den zweiundzwanzig Rufen, die ausschließlich von Weibchen stammen, werden neun üblicherweise im Chor mit anderen Familienmitgliedern abgegeben, während dreizehn überwiegend einem einzeln rufenden Elefanten zuzuschreiben sind.«[4]

Das Projekt, das mich nach Amboseli geführt hatte, befaßte sich nur mit einem ganz winzigen Ausschnitt dieses potentiellen Wörterbuchs. Ich wollte ursprünglich nur wissen, ob die Rufe, die anscheinend über große Entfernungen zu vernehmen waren, für diesen Zweck auch gut geeignet waren. Die Antwort war offensichtlich: ja. Zitas Östrus-Rufe beispielsweise waren kraftvoll – 117 Dezibel auf einen Meter Entfernung – und lagen von der Frequenz her größtenteils unter 40 Hertz. Die Musth-Rumpler reichten sogar bis 14 Hertz herunter.[5] Bei

4 Poole, Joyce: Coming of Age with Elephants. Hyperion, New York 1996; S.131–132.
5 Das tiefe G eines Baß-Sängers hat ungefähr die Frequenz von 98 Hertz, liegt also in etwa drei Oktaven höher als der Ruf eines Musth-Elefanten und mehr als zwei Oktaven über 20 Hertz, dem Punkt, un-

solchen Lautstärken und Frequenzen können diese Rufe über mehrere Kilometer weit gehört werden.

Ein paar Jahre nach meinem Amboseli-Besuch 1986 nahm ich zusammen mit Greg Gerst, einem Studenten der Cornell Univerity, das Wörterbuchprojekt in Angriff – das heißt, wir versuchten ein paar von Joyce' Übersetzungen systematisch zu testen. Wir wählten hundert Rufe aus den neun Ruftypen aus, bei denen Joyce sich am sichersten gewesen war. Wir bestimmten ein paar Aspekte wie Verlauf, Dauer, Tonhöhe und Amplitude und ließen sie von einem Computerprogramm in Kategorien einteilen. Dann verglichen wir diese strukturellen Kategorien mit denen von Joyce. Wenn wir irgendwelche Entsprechungen gefunden hätten, hätten wir gesagt: »Ein Ruf, der so aussieht und sich so anhört, bedeutet wahrscheinlich das und das.«

Aber was wir fanden, paßte überhaupt nicht zusammen. Rufe, die in ähnlichen Situationen abgegeben worden waren, fielen in mehrere unserer strukturellen Kategorien. Die Rufe, die in denselben strukturellen Kategorien auftauchten, entstammten unterschiedlichsten Verhaltenskategorien.

Waren Joyce' und Cynthias Einteilungen falsch? Das bezweifle ich. Eher war es eine Frage des richtigen Analyseverfahrens. Wahrscheinlich bedienen sich Elefanten einfach anderer Merkmale als derjenigen, die Greg und ich gemessen hatten. Wahrscheinlich gewichten sie die Bedeutung bestimmter Merkmale auf ganz andere Weise. Wahrscheinlich gibt es mehr Ruftypen und mehr strukturelle Unterarten, als wir herausgefunden hatten. Es muß sie geben, denn eine Elefantenpopulation umfaßt Hunderte von Individuen, die sich alle an der Stim-

---

terhalb dessen man einen Laut als Infraschallaut bezeichnet. Wenn eine Frequenz verdoppelt wird, geht die Tonhöhe eine Oktave nach oben: 40 Hertz ist also eine Oktave über 20, und 20 ist eine Oktave über 10.

me erkennen. Ein Kontaktruf aus der Ferne löst ausschließlich bei den Mitgliedern der Familie des Rufers eine Antwort aus. Irgendwie drängte sich uns eine radikale Idee auf: Vielleicht lagen wir völlig falsch mit unserer Vermutung, daß Elefantenrufe sich einordnen lassen wie menschliche Wörter, wobei dieselben Laute mehr oder weniger immer und von jedem auf dieselbe Weise interpretiert werden. Wörterbücher mögen bei Menschen sinnvoll sein. Aber wer sagt, daß der Verstand eines Elefanten wie der menschliche Verstand funktioniert? Es würde mich nicht wundern, wenn sich eines Tages herausstellte, daß Elefantenrufe mehr Emotionen und dafür weniger Symbolik enthalten als die Worte der Menschen.

Das Projekt lag wie ein kaum zu bewältigender Berg vor uns. Es erforderte umfangreicheres Aufzeichnungsmaterial, als wir es zur Verfügung hatten, und eine ausgeklügeltere Analyse, als wir zeitlich schaffen konnten. Greg machte sein Examen und nahm einen Job in Kalifornien an. Aber für mich, die ich immer noch von den Elefanten umgeben war, blieb das Problem ungelöst im Raum stehen. Eines Morgens wachte ich auf, und es fiel mir wie Schuppen von den Augen: Wir hatten ganz offensichtlich zwei wichtige strukturelle Kategorien übersehen, in die sich alle Rufe einteilen lassen. Jeder Ruf rührt entweder von einer einzelnen Stimme her oder besteht aus vielen sich überschneidenden Stimmen. Da solche Überschneidungen genau jene Merkmale verwischen würden, die wir hatten messen wollen, hatten Greg und ich alle sich überlagernden Rufe aus unserem Testmaterial von vornherein ausgeschlossen. Damit hatten wir eine Frage umgangen, die ich leicht beantworten konnte: Wurden einander überschneidende Rufe nur von bestimmten Gruppen abgegeben und von anderen nicht?

Mya Thompson vom Oberlin College half mir, die Amboseli-Daten erneut auszuwerten. Und innerhalb von drei Tagen hatte sich meine Vermutung bestätigt. Rufe, die sich überschnitten, hatte es nur gegeben, wenn weibliche Elefanten anwesend waren. Die Anwesenheit weiblicher Elefanten war bei diesen Rufen also obligatorisch, selbst wenn man nichts über den Gesamtkontext wußte.

Diese Beobachtung wird durch bestimmte Entdeckungen ergänzt, die Joyce im Rahmen ihres Forschungsprojekts über das Sexualverhalten der Elefanten gewonnen hat. An einem Tag, an dem kein Östrus-Weibchen ruft, nutzen erwachsene Bullen die Chance, um verschiedene Familien zu besuchen und die Genitalbereiche aller erwachsenen Kühe zu beschnüffeln, die ihnen über den Weg laufen. Während sie auf diese Weise beschäftigt sind, artikulieren sich die Bullen kaum. Bullen, die nicht in der Musth sind, dehnen ihre Besuche bei einer Familie oft auf mehrere Tage hintereinander aus. Musth-Bullen dagegen ziehen rastlos von Familie zu Familie und machen sich sofort aus dem Staub, wenn ihre Suche ergeben hat, daß keines der Weibchen fruchtbar ist. Wenn ein Bulle eine empfängnisbereite Kuh findet, führt er seinen Rüssel an eine Stelle im Bereich seines eigenen Gaumens, an der ein spezielles Organ sitzt, und inhaliert. Ein bestimmter Gesichtsausdruck verrät eine positive Diagnose: Er teilt sie mit, ohne einen Laut von sich zu geben.

Weibliche Elefanten dagegen brechen lauthals alle gemeinsam in wildes Rufen aus, sobald sie auf einen Musth-Bullen oder auch nur auf die Urinpfütze eines solchen treffen. Sie rufen gemeinsam, wenn ein Bulle ein Familienmitglied beschnüffelt – laute Vokalisierungen folgen auf jeden weiteren Test, und einige der Elefantinnen rennen schreiend weg. Sie rufen gemeinsam, wenn sie Verwandte begrüßen oder Nachwuchs beschwichtigen wollen oder wenn eine von ihnen bestiegen wird. Auch nach der Paarung rufen sie gemeinsam. Familiengruppen verbünden sich, wenn eines ihrer Mitglieder im Östrus ist, und je größer die Herde, desto lauter geht es zu. Ein erwachsener Bulle lauscht, wenn er in der Musth ist, häufiger als sonst, und er besucht vorzugsweise große Familien, die er – wie wir vermuten – an ihrem Lärmpegel als solche erkennt.

Kurz gesagt: Selbst ohne Wörterbuch können wir die Behauptung aufstellen, daß das Vokalisierungsverhalten der beiden Geschlechter jeweils typische Situationen widerspiegelt. Da sind auf der einen Seite die Bullen, die immer wieder die Erfahrung der Rivalität und des Konkurrenzkampfs machen. Nur gelegentlich gibt es bei ihnen kooperatives Verhalten. Ihre eher leisen, individuellen und als Einzelstimme abgegebenen Rufe dienen als Warnung für Rivalen und unerwünschte Eindringlinge, aber sonst herrscht Schweigen unter den Bullen vor. Ein Bulle würde beispielsweise niemals lautstark die Entdeckung eines Östrus-Weibchens verkünden. Sein Schweigen läßt auf Angst vor Konkurrenz schließen – warum sollte er auch unnötig Rivalen anlocken?

Ein Weibchen dagegen geht die meiste Zeit voll in der Gemeinschaft auf, kümmert sich um die Belange der anderen und bringt nur gelegentlich seine individuellen Bedürfnisse zum Ausdruck. Angesichts der Tatsache, daß die meisten seiner Äußerungen in den Rufen der anderen untergehen, ist anzunehmen, daß der überwiegende Teil im Sinne aller ist. Welche Art von Information übermitteln die Rufe der Weibchengruppen an ferne Elefanten und an die Ruferinnen in der eigenen Gruppe? Wäre es falsch, wenn wir bei einer ersten groben Analyse unsere Übersetzungen dieser Rufe grundsätzlich mit dem Pronomen »wir« beginnen würden?

Wenn ich den Beweis dafür erbringen müßte, daß Elefanten sich ihrer selbst bewußt sind, würde ich diese Beobachtungen dazu heranziehen. Ich würde sagen, daß ein Elefantenbulle sich selbst als Individuum wahrnimmt, während ein Weibchen sich als Mitglied einer Gemeinschaft empfindet. Weiter würde ich sagen, daß die Aktionen eines Elefantenbullen, sofern sich dieser an die einfachen Regeln des Konkurrenzkampfs unter Individuen hält, leichter vorhersehbar sind als die eines Weibchens. Denn die Entscheidungen eines Weibchens hängen immer auch davon ab, was es in den letzten Stunden innerhalb der großen, sich ständig verändernden Gemeinschaft erlebt und gelernt hat. Ich würde sagen (womit ich mich wahrscheinlich bei manchen Leuten unbeliebt mache), daß sich hierin deutlich ein unterschiedliches Bewußtsein spiegelt.

Der Sinn und Zweck eines Bullenlebens ist leicht zusammenzufassen und hat sich seit Urzeiten kaum gewandelt: Ein Bulle muß für sein eigenes Wohlergehen sorgen und Nachwuchs zeugen. Um Nachwuchs zeugen zu können, muß er die Kunst des Sich-Dominanz-Verschaffens beherrschen und von vitalen Weibchen zum Erzeuger ihres Nachwuchses auserkoren werden. Eigentlich rivalisiert er die ganze Zeit mit anderen, ungefähr gleichrangigen Bullen, wobei sich alle Beteiligten an eine Reihe formaler Regeln halten. In der Zeit zwischen diesen Herausforderungen frißt er, wird immer stärker und paart sich. Er ist nur für sich selber verantwortlich.

Der Auftrag eines Weibchens ist komplexer. Auch sie muß für ihr eigenes Wohlergehen sorgen, sie muß den besten unter den Bullen als Paarungspartner auswählen und Nachwuchs bekommen, aber zusätzlich auch noch einiges mehr. Sie muß ihre Kälber aufziehen, bis diese das Erwachsenenalter erreicht haben. Um diese Aufgabe erfolgreich zu meistern, muß sie ein vielschichtiges und aktives Bündnis mit den Mitgliedern einer erweiterten Familiengruppe eingehen. Das bedeutet, daß sie sich ständig über die Verfassung all dieser Individuen auf dem laufenden halten muß, was nicht einfach ist (ich kann ein Lied davon singen!), und es ist gefährlich, sich auf andere zu verlassen. Ich denke an all das, während ich mir in Erinnerung rufe, daß es nicht aggressive Männchen, sondern verwirrte

Weibchen waren, die uns an dem Tag, an dem wir den kämpfenden Bullen folgten, in Gefahr brachten.

Aber die größte Gefahr, mit der ein Feldforscher konfrontiert wird, hat weniger mit aggressiven oder verstörten Wildtieren zu tun, als vielmehr mit der Schwierigkeit, die Balance unter den beteiligten Menschen zu halten.

Während Joyce und ich Elefantenrufe in Amboseli aufzeichneten, überflog Iain Douglas-Hamilton fast den ganzen afrikanischen Kontinent, um aus der Luft Elefantenzählungen vorzunehmen. Er war mit der Absicht aufgebrochen, lebende Elefanten zu zählen, aber am Ende zählte er eine große Menge Kadaver, das Werk von Wilderern. Während ich zu Hause unsere Schlußfolgerungen aus der ersten Datenrunde über Elefantenrufe vorbereitete, veröffentlichte er in Nairobi seine traurige Schlußfolgerung, daß über die Hälfte der Elefanten Afrikas in den vergangenen zehn Jahren wegen ihres Elfenbeins getötet worden waren. Von allen Ländern, die er einigermaßen überwachen konnte, waren Kenia, Uganda und Tansania die am härtesten betroffenen. Über dreiviertel von Kenias Elefanten waren der Wilderei zum Opfer gefallen, die meisten davon hatten in Nationalparks gelebt.

Mit dieser erschütternden Information im Hinterkopf gab Joyce ihre Forschungsarbeit zunächst auf – ein Jahr, nachdem wir unser gemeinsames Projekt beendet hatten. Sie zog nach Nairobi, um sich mit voller Energie dem Artenschutz zu widmen. Vor ihr hatten auch Cynthia und Iain ähnliche Entscheidungen getroffen. Keiner meiner bis dahin in Ostafrika forschenden Kollegen hatte das Interesse an der Forschung verloren, aber es gab für sie jetzt wichtigere Dinge. Unsere Wege trennten sich, doch ich achtete das Opfer, das sie brachten. Von jetzt an würden sie sich in Auseinandersetzungen behaupten müssen, die nur sehr wenig mit den Elefanten an sich zu tun hatten, dafür aber um so mehr mit Elefanten als Ware. Ihre Arbeit würde entmutigend und frustrierend sein.

Ich selber dachte in kleineren Maßstäben und versuchte lediglich, meine Vorstellungen vom Leben der Elefanten zu korrigieren. Ich revidierte meine Meinung, daß unsere Aufzeichnungen in Amboseli natürliches Verhalten wiedergegeben hatten, das nicht anders gewesen war als das, was wir aufgezeichnet hätten, wenn wir es mit völlig wildlebenden Elefanten zu tun gehabt hätten. Als ich unsere Spektrogramme studierte, stellte ich fest, daß die Elefantenrufe als schmale Zacken aus einer Art verwobenem Spaghettihaufen herausschossen. Die Spaghetti gaben die gedämpften Motorengeräusche von stoppenden und startenden Touristenfahrzeugen wieder. Die durchschnittliche Aufenthaltsdauer der Besucher, die sich an einer Herde von Wildtieren ergötzten, betrug weniger als eine Minute. Und zwischen den Aufzeichnungen hatte unser eigenes Fahrzeug zu dem Radau beigetragen, der eine einschneidende Erfahrung für Tiere sein muß, die in der Lage sind, Infraschalllaute wahrzunehmen.

Ich dachte daran, was uns Menschen verlorengeht, wenn die Wildnis verloren ist, und machte mir bewußt, daß der Prozeß der Gewöhnung nicht nur minimale Veränderung der freien Natur bedeutet. Es ist im Gegenteil ein riesiger Schritt in Richtung Zähmung, der dazu führt, daß alle nur möglichen seltsamen Umstände als normal akzeptiert werden. Was ist die letzte Phase der Zähmung, wenn nicht Domestizierung? Elefanten als Weidetiere? Ich stellte mir diese Frage mit Bitterkeit, und dann analysierte ich dieses Gefühl.

Wenn an die Stelle von geplatzten Illusionen jedesmal Bitterkeit tritt, wird dies für jeden, dessen Arbeit die Dokumentation der Veränderungen und Verluste ist, die der Mensch selber zu verantworten hat, zu einem massiven Problem. Wenn dazu noch eine pessimistische Grundhaltung kommt, kann es passieren, daß der Betreffende überreagiert und jegliche Verbindung zu seinen Mitmenschen abbricht.

Howard Nelson hat über diesen Aspekt in Dian Fosseys Leben ein Gedicht geschrieben, das ich sehr gut finde:

Sie führte ein Dasein in den Bergen
unter dunklen Wesen, die sich nie verändern.
Eine andere Art der eigenen vorzuziehen
ist weder normal noch besonders bewundernswert –
aber wer von uns ist ohne Makel?

In der Fernseh-Show
bei dem berühmten Talkmaster
war sie nur locker, wenn sie die Sprache der Gorillas sprach.

. . . »Naoom, m-nwowm, manouuum – naomm, naoumm.«
Der Blick der Berggorillas reißt dir die Seele in Stücke.
Jetzt liegt sie unter Gorillas begraben.

Sie kochte vor Wut.
Sie brannte vor Liebe.
Das Leben zu geben, um sich Tieren zu widmen,
ist ein sonderbarer, aber großartiger Dienst.

In ihrer Hütte hoch oben in den Bergen von Ruanda verschrieb sich Dian Fossey dem Wohlergehen einer Gorillapopulation, allerdings vernachlässigte sie dabei ihre Beziehungen zu den eingeborenen Afrikanern, und eines Tages wurde sie umgebracht. Daraufhin begannen viele von uns Forschern hinter vorgehaltener Hand über die eigenen Entfremdungserfahrungen zu reden.

Im Amboseli-Camp herrschte ein aufgeklärter Geist, und die Forscher taten ihr Bestes. Aber dennoch war auch hier ein

Hauch von Entfremdung zu spüren. Es erinnerte mich an das argentinische Forschungscamp, in dem mein Mann, meine vier Kinder und ich mit einer wechselnden Kollegenschar fast zehn Jahre mit der Erforschung von Walen zubrachten. Am menschenleeren Strand einer riesigen, urwüchsigen Bucht verstiegen wir uns in die wahnsinnige Idee, eine Walpopulation schützen zu müssen, die jedes Jahr quer über den erbarmungslosen Südatlantischen Ozean zog.

Wir waren noch gar nicht lange vor Ort gewesen, als wir durch unsere ungewöhnliche Ambition auch schon die Neugier der Einheimischen auf uns gezogen hatten. Ungebetene Gäste machten es uns schwer, unserer Arbeit nachzugehen. Eines Tages brachten wir – mit Genehmigung der Behörden – am Tor unseres Camps ein Vorhängeschloß an und begannen, alles mit dem Wohl der Wale zu rechtfertigen, in einem Land, das nicht unseres war.

Kurze Zeit später bemerkte ich, daß unsere vier Kinder an einem Strand, der meilenweit von unserem Camp entfernt war, mit Feuereifer Löcher buddelten, und ich ging hin, um mir die Sache näher anzusehen. Wie sich herausstellte, wollten sie die Löcher zudecken und mit Sand, Steinen und Stöcken tarnen. Wer nicht vorgewarnt war, würde durch die dünne Decke brechen und in der Falle sitzen, der Touristenfalle, wie die Kinder sie nannten. Wir zogen also eine Art Drachenbrut heran, die uns völlig unreflektiert dabei half, das zu verteidigen, was wir als unseren Schatz betrachteten.

Durch die Bindung an etwas, das man persönlich und von ganzem Herzen bewundert, kann ein Mensch so intolerant, irrational und besitzergreifend werden wie ein krankhaft eifersüchtiger Liebhaber. Man muß das Objekt der Begierde gar nicht genau kennen; es genügt, daß man der einzige ist, der seinem Blick begegnet. So birgt ein Leben unter Tieren neben allen anderen Gefahren auch noch diese. Denn so leben nur wenige, und es ist so wenig, was diese wenigen wissen. Und das, was man weiß, kommt einem enorm wichtig vor und wird von Außenstehenden als so gleichgültig abgetan. Wenn andere sich genauso für die Sache engagieren würden wie man selber, würde sich alles ändern, aber wehe, sie setzen ihren Fuß dorthin und tun dennoch nichts: Das käme einer Entweihung gleich und wäre unerträglich ... also ist dieser Ort privat. Und heilig. Weg da!

Ist dieses Gefühl von heiligem Vertrauen eine Illusion? Ich erinnere mich an einen Tag, als eine solche Empfindung innerhalb von zwei Stunden aus dem völligen Nichts in mir aufstieg. Ausgelöst wurde sie durch den Anblick einer Gesteinsformation und durch zahllose Haufen eingetrockneten Elefantendungs.

Ich fand mich an jenem Morgen – dem 19. August 1987 – mit zwölf anderen Campern auf einem öden, lehm- und geröllbedeckten, straßenlosen Wüstenabschnitt in einem trostlosen Teil von Namibia namens Damaraland wieder. Wir suchten nach den Spuren der Wüstenelefanten, die in dieser Region leben. Eine geheimnisvolle Aura umgibt diese gefährdeten Kreaturen, die zwar derselben Gattung und Spezies angehören wie die Savannenelefanten, sich in Lebensweise und Verhalten jedoch unterscheiden. Sie legen pro Tag bis zu siebzig Kilometer zwischen Wasserlöchern und Weiden zurück und trinken nur alle drei bis vier Tage. Es liegt jedoch nicht an ihrer Lebensweise, daß ihre Anzahl sich verringert, sondern daran, daß sie schutzlos der Wilderei ausgesetzt sind.

Während wir, mit einem nassen Handtuch gegen die unbarmherzige Hitze auf dem Kopf, in zwei Landrovern durch Damaraland fuhren, wurde die Landschaft zunehmend lebloser und zerklüfteter. Eine braune, mit Felsbrocken übersäte Ebene erstreckte sich von einem Horizont zum anderen. Flankiert von kahlen Hügeln, spitzen Kuppen und Bergen, die in

Ketten hintereinander lagen. Jede weitere Kette war tiefer in Dunst und Blau gehüllt als die vor ihr liegende, bis die letzten fünf oder sechs mehr und mehr in blassem Blau verschwanden. Unsere Augen brannten, so angestrengt suchten wir den Horizont nach Leben ab. Ich hatte das Gefühl, daß eine Reise zu den fernsten, blauen Hügeln viele Tage dauern würde, ohne einen Tropfen Wasser, und wenn wir dort ankämen, würden wir immer noch braune, mit Felsbrocken übersäte Geröllebenen sehen. Vielleicht würde ich unterwegs ein oder zwei kleine goldfarbene Springböcke sehen, vielleicht einen Schwarm aufgescheuchter Antilopen, vielleicht ein Büschel verdorrtes goldenes Heu hier und da – sonst nichts . . .

Wir kamen an einen Baum, und unser Guide sagte: »Wir sollten lieber gleich Mittagspause machen; vor morgen früh kriegen wir bestimmt keinen anderen Baum mehr zu sehen«, und wir hielten zum Mittagessen an, obwohl es erst zehn Uhr morgens war.

Der Trip war, nachdem ich bei Gelegenheit einen entsprechenden Vorschlag gemacht hatte, für eine Gruppe bedeutender und einflußreicher Artenschutzexperten organisiert worden, darunter auch Russ Train, Präsident des World Wildlife Fund (die Organisation, die unser Projekt gesponsert hatte). Was mich betrifft, so hatte ich gehofft, einen Blick auf die Wüstenelefanten zu erhaschen, aber jetzt war ich beunruhigt und enttäuscht. Wo waren die Wildtiere in dieser abgelegenen und – wie man mir weisgemacht hatte – unvergleichlichen Gegend? Ich konnte beim Abendessen nicht unbekümmert reden und zuhören, und am Morgen ging ich weg und unternahm allein einen Spaziergang, um mich wieder in den Griff zu kriegen. Ich war ziemlich weit von der Gruppe entfernt, als der Treck aufbrach, und mußte deshalb den größten Teil der Strecke allein zurücklegen. Dabei folgte ich den anderen auf einem mit altem, weichem Elefantendung – strohdurchsetzt und geruchlos – gepflasterten Pfad. Die Dungspur führte zwischen zwei felsigen Hügeln hindurch und mündete in einen wenig benutzten Tierpfad, der sanft in eine mit Geröll gefüllte, dreißig bis fünfzig Meter breite Felsspalte hinaufstieg. Nach ein paar Minuten wurde der Pfad steiler, die Wände ragten nahezu senkrecht auf. Nach zwei Stunden war aus dem Pfad ein Chaos aus herabgestürzten Felsbrocken geworden. Es war eine beängstigende Vorstellung, hier auf eine Herde Elefanten zu treffen, die von der anderen Seite heraufkommt. Doch der Dung führte immer weiter bergauf. Schließlich umrundete ich eine Ecke und schnappte vor Verwunderung nach Luft: Dort führte in einem von der Sonne aufgeheizten Durchgang zwischen dunklen Wänden eine natürliche Treppe in das Herz des Berges hinauf. Sie war mit Elefantenfladen übersät.

Es war wie eine spirituelle Erfahrung für mich. Die senkrechten Furchen in den Felswänden zogen meinen Blick nach oben wie in einer gotischen Kathedrale. Ganz oben erahnte ich das sackgassenartige Ende der Treppe, auf drei Seiten eingerahmt von längsgestreiften blaugrauen Felswänden. »Orgelpfeifen«, sagte ich unwillkürlich. Ich stieg bis ganz oben hinauf und fand eine kleine, sandige Stelle mit einem Loch von ungefähr zwei Metern Durchmesser in der Mitte. Ziemlich weit unterhalb der sandigen Einfassung sah ich etwas schimmern – das einzige Wasser in einem riesigen Gebiet, ein kleiner Teich, von Elefanten gegraben. Das war der Schatz im Berg. Und was für ein Schatz – wir selbst waren über einen Tag unterwegs gewesen, seit wir das letztemal Wasser gesehen hatten.

Der Rest unserer Gesellschaft hatte den Anblick schon vor einer halben Stunde genossen und war wieder bereit zum Abstieg, mit Ausnahme meiner Freundin Blythe Loutit und ihrem kleinen Hund. Blythe lebte in Namibia und kannte und liebte diesen Ort. Schweigend saßen wir zusammen. Dann bemerkte ich einen großen, flachen Felsen, der zehn Meter über dem

Wasserbecken aus einer der Wände herausragte. Ich kletterte langsam hinauf und sagte mir, daß es phantastisch sein müsse, hinunterzuschauen und sich vorzustellen, wie eine Herde Elefanten die Treppen zu dem geheimen Teich hinaufstieg, den ihre Vorfahren geschaffen hatten. Ich erreichte den Felsen, kletterte hinauf und mußte abermals tief Luft holen. Denn auch hier war die ganze Fläche mit Elefantendung übersät. Ich stellte mir vor, wie eine stattliche Matriarchin, um die Ebene überblicken zu können, auf diesen Felsen hinaufgeklettert war, so wie ich es eben getan hatte.

Blythe wartete auf halber Höhe in der schattigen Treppenschlucht auf mich, damit ich einen Augenblick ungestört verweilen konnte. Im Camp fanden wir den Rest der Gruppe ebenso harmonisch gestimmt vor, wie wir selber uns fühlten. Irgendwie war durch dieses Erlebnis Frieden in unsere Seelen eingekehrt. Wir leben in unserer Phantasie. La vida es sueño, wie Don Quijote sagt: Das Leben ist ein Traum.

Es spielt keine Rolle, ob unser Traum heilig, mystisch oder nur eine Einbildung war. Eines steht fest: Wir hatten ihn bitter nötig. In den zehn Tagen unserer Reise sahen wir nur zwei Elefanten – zwei Bullen, die am Fuß eines Geröllhangs entlangwanderten, und es war nicht das Erlebnis gewesen, das wir uns erhofft hatten. Sie waren so weit weg, daß sie kaum zu erkennen waren, aber bei dem Geräusch unserer beiden Landrover gerieten sie in Panik und fingen an zu rennen. Wir bedauerten bereits, überhaupt da gewesen zu sein, als wir ausstiegen und die Tiere durch unsere Ferngläser beobachteten. Wir sahen, wie erst der eine, dann der andere Bulle sich den Rüssel ins Maul steckte, dann erschienen plötzlich dunkle Flecken auf ihren Rücken und Flanken. Sie hatten Wasser aus ihrer Kehle heraufgesaugt und es sich über den Körper gespritzt, um sich beim Laufen abzukühlen. Ich war nicht stolz darauf, der Grund für dieses Verhalten zu sein. Aufgrund unseres Anblicks und der

Geräusche, die wir machten, war den Tieren, die wir beobachten wollten, das einzige Wasser verlorengegangen, das sie in dieser Landschaft besaßen: das Wasser aus ihrer eigenen Kehle.

War die Angst der Elefanten vor unserem Fahrzeug meine Schuld? War ich durch meine bloße Existenz mitverantwortlich für das Verschwinden der Natur? Es liegt tiefer Pessimismus in dieser Frage, die ich mir ziemlich häufig stelle. Sie kommt mir jedesmal in den Sinn, wenn ich ein Rundschreiben der African Wildlife Foundation bekomme, meiner Informationsquelle bezüglich der Elefanten, die ich in Amboseli kannte. Vor kurzem wurde ein Fax von Cynthia Moss wie folgt abgedruckt:

»Ich habe schreckliche Nachrichten! Schon wieder wurde einer der ältesten Elefantenbullen von Amboseli im Norden Tansanias niedergemetzelt aufgefunden.

Diesmal war es M10, ein fünfzig Jahre alter Bulle, der mit mehreren Schüssen getötet worden war. Seine Stoßzähne hatte man mit einer Kettensäge abgeschnitten ...

M10 war zuletzt am 20. Januar 1996 gesehen worden, als er sich auf die tansanische Grenze zubewegte. Einer unserer Kollegen hat mit ein paar Massai-Führern auf dieser Seite Kenias gesprochen. Sie vermuten, daß M10 ungefähr vor einem Monat getötet wurde. Damals hätten sie drei Schüsse gehört. Sie sagten, es seien noch zwei weitere Kadaver in der Nähe der Stelle gesichtet worden, an der man M10 gefunden habe ... Wir vermuten, daß es sich bei diesen beiden Bullen um Thor und Andrew handelt. Mit diesen drei Bullen haben wir alle unsere großen Bullen aus dem westlichen Teil von Amboseli verloren, mit Ausnahme von M51 ...

Die Massai-Führer sind ganz sicher, daß die Elefanten von illegalen Jägern getötet wurden. Sie behaupten, sie könnten den Unterschied an der Art und Weise sehen, wie mit dem Kadaver umgegangen worden ist.«

»Das kann ich mir denken«, sagte ich bitter. »M10, Thor. Nein. Nein.«

M10 ist tot. Thor ist vermutlich tot. Ich wußte bereits, daß auch Pablo und Saibulu getötet worden waren. Nur drei der großen Bullen, die ich gekannt hatte, waren noch am Leben. Einer von ihnen ist M22, den ich zuletzt erlebt hatte, als er den Platz von M10 einnahm und Zitas Paarungspartner wurde. Einer ist M7, der Pablo gejagt und die wilde Flucht ausgelöst hatte. Der dritte ist M51, der Joyce und mich an jenem Tag verschont hat, als wir uns so leichtfertig in Gefahr gebracht hatten.

Ich ging an meinen Schreibtisch und stellte einen Scheck über einen erbärmlich geringen Betrag aus, wenn man die Dimension des Problems bedenkt. Ich teilte, was ich hatte, im Geiste in einem Opfergebet. »Zum Gedenken an euch«, sagte ich zu M10 und Thor und Pablo und Saibulu. Zu M51 sagte ich: »Zum Gedenken an dein Kommunikationstalent. Drei Klopfer auf eine tönende Oberfläche. Nehmt euch in acht!«

KAPITEL 6
Doppelblind

Da die Wissenschaft keine Moral kennt, ist sie ein optimales Refugium für denjenigen, der Gewissensbisse und emotionalem Engagement aus dem Weg gehen möchte. Wie kleine Kinder stehen wir Biologen zusammen am Ufer und werfen unsere Angeln aus, gebannt vom Aufblitzen des Wassers in der Sonne, verzaubert von den konzentrischen Ringen hier und da, während wir uns die Dinge vorstellen, die dicht unter der kräuselnden Oberfläche liegen. Wenn irgend etwas in die Luft springt, ziehen wir alle gleichzeitig die Augenbrauen hoch, als wären wir ein einziges Wesen mit einer einzigen Augenbraue. Was war das? Ist es allein oder Teil eines Schwarms? Was geht da sonst noch vor?

Ich war von Amboseli mit dem Gefühl zurückgekehrt, das phantastische Kommunikationssystem der Elefanten verstanden zu haben. Mittlerweile war Bill Langbauer nach Ithaca gezogen. Er fertigte aus den Bändern, die ich mit Joyce Poole aufgenommen hatte, Spektrogramme an. Diese analysierten wir gemeinsam und waren uns einig, daß sie unsere Vermutungen hinsichtlich der Kommunikation über weite Entfernungen bestätigten. Aber der Fisch war noch immer im Wasser, denn wir hatten bisher nicht bewiesen, daß Elefanten auf diese Rufe auch aus weiter Ferne antworteten. Es hatte zwar den Anschein, als ob Östrus-Rufe die Bullen aus dem gesamten umliegenden Gebiet herbeigelockt hatten. Aber wie viele Kilometer Weg hatten die Männchen tatsächlich auf sich genommen? Und waren nicht auch von den Weibchen ausgehende Fruchtbarkeitsgerüche im Spiel gewesen? Und konnte es nicht sein, daß es sich überhaupt um eine Kommunikationskette handelt, wobei jeder Ruf nur über eine kurze Entfernung hörbar ist?

Bill generierte schließlich ein Experiment, um die vielen Möglichkeiten einzugrenzen. Er wollte wissen, über welche Entfernungen Elefanten einander auf ihre Niedrigfrequenzrufe antworten. Ein riesiger Lautsprecher, auf das Dach eines Kleinbusses montiert, würde die Geräuschquelle sein. Es würde sich zwar anhören wie ein Elefant, aber nicht nach Tier riechen. Wir wollten dicht neben einer Wasserstelle einen Beobachtungsturm errichten und um die Tränke herum eine Reihe von Mikrofonen aufbauen. Zwei Videokameras auf dem Turm würden das Verhalten aller Elefanten, die zur Wasserstelle kamen, aufzeichnen, während die Mikros uns detaillierte akustische Anhaltspunkte liefern würden. In Abständen sollten dann über Lautsprecher Elefantenrufe ertönen, die wir zuvor von mehreren unterschiedlich weit entfernten Punkten aus aufgenommen hatten. Bei der Auswertung der Bänder wollten wir später ein besonderes Augenmerk darauf legen, ob und wann die Tiere den Anschein erweckten, daß sie etwas wahrgenommen hatten. Als typische Anzeichen werteten wir, wenn sie ihre Ohren aufrichteten, innehielten, das Gesicht in eine andere Richtung drehten, in diese Richtung losliefen und natürlich, wenn sie rumpelten.[6] Wir würden das Experiment mit verschiedenen Rufen, an verschiedenen Standorten und mit verschiedenen Individuen wiederholen.

Es würden viele Anläufe nötig sein, da die Antworten der Elefanten auf unsere Lockrufe sich mit ihren Reaktionen auf alle normalen Ereignisse des Elefantenalltags vermischen wür-

---

6   Wir hatten diese Verhaltensweisen im Rahmen eines Experiments im Zoo von Toronto als normale Reaktionen der Elefanten auf Rufe von Artgenossen festgehalten.

den. All diese Laute zu trennen, würde schwierig werden. Sechzig Versuche, bei denen Antworten von Weibchen und Männchen über zwei verschiedene Distanzen getestet werden, könnten vielleicht ausreichen. Wenn wir wieder zu Hause sein würden, wollten wir die Bänder analysieren und das Verhalten der Elefanten bei Erklingen von Rufen und während der ruffreien Zeit vergleichen. Die Ergebnisse sollten dann statistisch ausgewertet werden.

Weder die Leute, die die Videobänder machten, noch die, die sie analysieren würden, sollten den genauen Zeitpunkt, Standort oder Inhalt der Rufe kennen. Auf diese Art wollten wir bei der Auswertung größtmögliche Objektivität erreichen. Bills Vorgehensweise war simpel und elegant zugleich, was in der Welt der Wissenschaftler ein außerordentliches Kompliment ist. »Es wird ein sogenannter Doppelblindversuch sein«, sagte Bill. »Somit verhindern wir, daß unsere Beobachtungen von unseren persönlichen Meinungen und Erwartungen beeinflußt werden.«

»Uff«, sagte ich und stellte mich dumm. »Ich hab gerne eine Meinung und Erwartungen – ist sogar meine Lieblingsbeschäftigung.«

»Von mir aus«, sagte Bill. »Laß dich nur nicht aufhalten.« Wir lachten. Zwischen Bill und mir herrschte eine unterschwellige Rivalität. Wir spielten oft Spielchen, indem jeder eine seiner Eigenheiten auf die Spitze trieb, was dem anderen nicht immer ganz geheuer war – ich gab das dumme Weibchen, das nicht in der Lage war, Herz und Hirn auseinanderzuhalten; er mimte den smarten Wissenschaftler, der die Welt hinter seinen Scheuklappen nicht sehen konnte.

Wir machten das Experiment in Etosha, einem riesigen, weitläufigen Park in Namibia, in dem wir ein großes, touristenfreies Gebiet in Beschlag nehmen konnten. Drei Parkranger bauten uns einen fünf Meter hohen Aussichtsturm, der fünfzig Meter südlich eines künstlichen Wasserbeckens lag, einem großen Trog mit einem kleinen Überlauf an der Seite. Der Ort, er wurde Dungaries genannt, war etwas verwahrlost und abgelegen und vor allem unzugänglich für Touristen. Es kam öfter vor, daß ein Ranger an einem freien Tag in Dungaries vorbeischaute. Er setzte sich dann meistens auf einen von Elefantenstoßzähnen und -häuten polierten Baumstamm und rauchte seine Pfeife. Manchmal kaute er einen Streifen biltong – das getrocknete und gesalzene Fleisch von Giraffen, Gemsantilopen, Springböcken oder anderen Tieren, die er als Köder für Löwen, wilde Hunde oder Hyänen geschossen hatte. Oder er starrte in die Ferne und dachte nach. Vielleicht dachte er auch gar nichts und summte ein sentimentales Liedchen über seine holländischen Vorfahren, die Voortreckers. Er kontrollierte die Pumpe und den Regenmesser, und bevor er wieder wegfuhr, strolchte er am Wassersaum entlang und sammelte Elfenbeinsplitter auf, die von den Stoßzähnen kämpfender Elefanten abgebrochen waren. Genauso hatte mein Sohn John früher Pfeilspitzen von Tehuelche-Indianern in der Nähe unseres Walforschungscamps in der argentinischen Bucht aufgelesen. Pfeilspitzen, Elfenbeinsplitter – Souvenirs und Zeugen von Männlichkeitsritualen – Totems.

Der Unterbau unseres Beobachtungsturms war aus Telefonmasten gemacht, von denen es im Park mehr als genug gab, während anderes Holz knapp war. Er bestand aus zwei langen, über Kreuz gelegten Masten, die mit Drähten aneinander befestigt und in Position gehalten wurden, eine Methode, für die man keinen einzigen Nagel brauchte. Mein Vater, der schon einen ganzen Stall mit Hilfe eines Flaschenzugs zusammengehalten hatte, wäre begeistert gewesen. Als der Lastwagen den zusammengesetzten Turm aufrichtete, schauten vier Elefantenbullen unbeeindruckt vom Rand der Tränke aus zu.

Die Tränke wurde mit Hilfe einer Solar-Pumpe aus einem

unterirdischen Brunnen gespeist. Sie war meilenweit das einzige Wasservorkommen und sehr beliebt bei Elefanten und anderen Tieren. Mehrere Kilometer weiter westlich schlugen wir innerhalb eines Zauns, der früher einmal die Pferdekoppel eines Rangers eingefriedet hatte, unser Zeltcamp auf. Für mich war es unfaßbar, daß die Ranger in den namibischen Parks Pferde ritten. Zwar gab es genug Stellen, wo man mit dem Auto nicht durchkam, aber im Park wimmelte es von Löwen. Ich stellte mir vor, wie die Pferde die Löwen witterten und wie gefährlich in solchen Momenten ihre Nervosität für die Reiter sein mußte. Im Zeltcamp aßen und redeten und schliefen wir und ließen die ganze Nacht einen Generator laufen, um die Batterien für die Mikrophone wieder aufzuladen. Beim Kochen kam mir der Gedanke, wie köstlich der Geruch eines Pferds einem Löwen in die Nase steigen mußte. Jenseits des Zauns, über das Brummen des Generators hinweg, hörten wir oft Löwen und Hyänen in der Nacht rufen. Manchmal zeugten am Morgen entsprechende Spuren davon, daß in der Nacht ein Löwe um den Zaun herumgeschlichen war.

»Auf geht's, Leute«, sagte Bill morgens immer. »Rührt euch, Kinder.«

Im ersten Jahr bestand das Team aus Bill, Liz, meiner Tochter Holly und mir. Wir stellten eine Reihe von Mikrofonen auf und machten Videoaufzeichnungen von Elefanten, die in die Nähe kamen. Unsere Mikrofone funktionierten nicht so, wie sie sollten – im ersten Jahr eines Projekts ist das immer so, aber Holly konnte gut mit der Kamera umgehen, und Liz war gut im Schreiben, also brachten wir dennoch eine große Menge an Aufzeichnungen und Notizen mit nach Hause. Im zweiten Jahr, diesmal waren wir für das Experiment bereit, waren wir eine größere Mannschaft: Bill, Liz, Russ Charif, Loki Osborn, Lisa Rapaport und ich. Russ und ich kannten uns – wie Bill und ich – schon seit zwanzig Jahren, wir waren uns im Rahmen der

Walforschung begegnet. Zwischen Loki und mir gab es ebenfalls eine langjährige Verbindung durch die Walstudien. Aber Etosha hatte ihm den Kopf verdreht, und es dauerte nicht lange, da schrieb er sich an der Cambridge University ein und beschäftigte sich mit Elefanten. Lisa hatte viele Monate damit zugebracht, die Indischen Elefanten im Washington Park Zoo zu beobachten; dort waren wir uns begegnet und hatten unser gemeinsames Interesse entdeckt.

»Auf geht's, Leute.« Wir fuhren also zum Turm hinüber. Er war vier Kilometer entfernt, eine Distanz, die ich gerne zu Fuß zurückgelegt hätte, um dieses Gefühl des Eingeschlossenseins abzuschütteln, das mir in unserem Camp zu schaffen machte; aber es gab Löwen in der Gegend. An manchen Tagen liefen einige von uns neben dem Bus her – für alle eine kleine Abwechslung, bis auf den Fahrer. Wenn wir in die Nähe des Brunnens kamen, quetschten wir uns wieder in das Fahrzeug und rollten langsam weiter, weil wir die Tiere, die gerade beim Trinken waren oder warteten, daß sie trinken konnten, nicht verscheuchen wollten. Wenn wir dann ein Kudu, ein Zebra, eine Giraffe, ein Warzenschwein, einen Springbock oder eine Gemsantilope, eine Hyäne, einen Schakal oder Löwen in der Nähe der Wasserstelle sahen, sagte grundsätzlich einer von uns: »Ich bin dafür, daß wir sie erst mal in Ruhe fertigtrinken lassen, bevor wir unsere Batterien herausholen.«

Nicht alle diese Tiere kamen zum Trinken – von den riesigen, kraftvollen Kudu-Antilopen hieß es zum Beispiel, daß sie völlig unabhängig von Oberflächenwasser seien. Aber die Kudus waren extrem scheu, und wenn es den Eindruck machte, als ob sie trinken wollten, brachte ich es nicht übers Herz, sie zu stören. Wir warteten dann zehn Minuten; drei von ihnen machten vielleicht einen Schritt aufs Wasser zu. Leise Panik breitete sich unter den neun übrigen aus; alle zwölf zogen sich acht Schritte zurück. Fünfzehn Minuten später war alles wieder still, und nachdem sie ihre Hälse ängstlich in alle Richtungen gereckt hatten, machten sieben von ihnen zwei scheue Schritte vorwärts. »Verdammt«, sagte Bill, wenn es eine Stunde lang so gegangen war, »wir müssen anfangen.«

Manchmal stritt ich mit ihm, kämpfte für die durstigen Tiere – Nein! Bill kämpfte für unser Projekt – Wir müssen! Nach ein paar Minuten fuhren wir in die Menge hinein, die Tiere sprengten in alle Richtungen davon, während wir eine riesige Lastwagenbatterie an jedes der kleinen Mikros anschlossen.

Es machte mich wütend, daß wir die Tiere erschrecken mußten. Ich beschwerte mich bei Bill, daß unsere Ergebnisse verzerrt sein würden, wenn wir derart massiv die natürliche Situation störten. »Das macht nichts«, erklärte Bill. »In unseren Daten wird das lediglich als Lärm auftauchen.« Es war nicht Voraussetzung gewesen, daß alle Tiere sich wohl fühlen würden, wenn wir da waren. Das galt auch für die Elefanten. Es war nur abgemacht, daß wir sie sechzigmal filmen würden, während wir ihnen verschiedene Rufe vorspielten. Wir dokumentierten ihr Wahrnehmungsvermögen, nicht ihr natürliches Verhalten.

Zwei von uns, meistens Russ und Loki, verschwanden dann in dem Transporter mit dem Lautsprecher auf dem Dach, wo sie als Radiosender-Team fungierten. Über Walkie-talkie blieben sie in Kontakt mit dem Turm. Wir anderen kletterten die Leiter hinauf und machten uns bereit, alle Elefanten, die in unser Gebiet kamen, aufzunehmen und zu filmen. Nachdem wir startklar waren, warteten wir oft den ganzen Tag, denn Elefanten haben die Angewohnheit, sich morgens viel Zeit zu lassen, und erst gegen Ende des Tages Richtung Wasserstelle aufzubrechen.

Die Wasserstelle lag in der Mitte einer staubigen Senke, die den größten Teil des vom Turm aus einsehbaren Geländes einnahm. Bevor das Bohrloch gegraben worden war, war das Ge-

137

biet ein karger Mopane-Wald gewesen, der Boden mit Gras bedeckt und von scharfkantigen, kalkhaltigen weißen Felsbrokken durchsetzt. Jetzt waren die Gräser niedergetrampelt, ausgedünnt, herausgewühlt und unter dem Dung zahlreicher Tiere begraben. Die Bäume waren zurückgedrängt, von Elefanten umgerissen und ihrer Rinde entledigt worden. Aber ein Mopane-Gehölz ist nicht so leicht unterzukriegen: Aus den knorrigen kleinen Bäumen entsteht ein neues Wäldchen. Denn kaum liegen die Stämme am Boden, bilden die Zweige durch die Berührung mit der Erde ein neues Wurzelgeflecht. Aus Stämmen, die von rivalisierenden Bullen umgerissen wurden, wuchsen alsbald an beiden Enden neue Bäume hervor. Diese Stämme waren glatt, hart und an beiden Enden von dichten Laubschirmen überschattet. Es war sehr angenehm, auf ihnen zu sitzen.

Mopane-Gebüsche säumten den Rand der Lichtung. Wenn wir vom Turm aus Ausschau hielten, nahmen wir die Bäume als Orientierung, um die Endpunkte der acht Elefantenpfade, die am Dungaries-Pool zusammenliefen, zu identifizieren. In der Lichtung standen die astlosen Stümpfe von einem Dutzend toter Mopane-Bäume, deren Wurzeln sich geweigert hatten loszulassen, als für ihre Wipfel das letzte Stündlein geschlagen hatte. Die Stümpfe waren verbrannt und wirkten wie vernarbt. Ein großer Teil von Etosha brennt in der Trockenzeit, manchmal absichtlich – denn das Abbrennen fördert das Wachstum der Gräser. Manchmal ist Blitzschlag die Ursache, und manchmal sind unvorsichtige Camper schuld. Ein größeres Feuer ging eines Tages von unserem eigenen Camp aus, als ein Windstoß eine zugeschüttete, aber nicht ganz gelöschte Feuerstelle aufdeckte und dabei Funken hochjagte, die einen Haufen Zunder in Brand steckten.

Die Erde war ganz hell hier – hellsilbern, hellgold, hellbeige, hellolive, hellgrau. Die Helligkeit brannte uns in den Augen. Am frühen Nachmittag fuhr eine leichte Brise durch die dürren Mopaneblätter und ihre silbrigen Unterseiten erinnerten mich an die Zitterpappeln zu Hause. Der Nachmittag brachte oft Windböen und kleine Wirbelstürme mit sich, riß Erd- und Schuttwalzen Hunderte von Metern hoch in den Himmel, wirbelte sie herum, als ob sie sich in den Klauen eines riesigen Schneebesens verfangen hätten, und schleuderte sie kilometerweit.

Dungaries war überweidet, kahlgefressen, zertrampelt und verbrannt. An einem solchen Ort kann sich die Vegetation, die einst die Tiere angezogen hatte, um von ihnen gefressen zu werden, nicht regenerieren. Die Ödnis dehnt sich immer weiter aus, und doch hat sie ihre Reize. Für viele der nach Wasser lechzenden Tiere war es herrlich, solche weichen, mit Elefantendung bedeckten Pfade vorzufinden, die die scharfkantigen Felsen überzogen und an der Tränke zusammenliefen wie die Speichen eines Rades. Die schroffen Mopane-Stümpfe auf der Lichtung fand ich nach einiger Zeit richtig schön. Mopane ist hart wie Ebenholz, und diese Bäume hier, die zwischen einem und vier Metern hoch gewesen waren, jeder einzigartig in seiner Gestalt, bildeten erstklassige Rubbel- und Kratzpfosten für viele Besucher. Elefanten, Rhinozerosse und Warzenschweine bewegten sich von Baum zu Baum und schubberten sich so lange, bis ihre Haut zu jucken aufhörte und das burgunderrote Hartholz im Sonnenlicht glänzte. Einen großen Stumpf, der auf einer Höhe von ungefähr drei Metern abgebrochen und an der Spitze entrindet war, hatten sich die Elefanten speziell zum Wetzen ihrer Stoßzähne auserkoren.

Mopane-Bäume gingen mir viel im Kopf herum. Obwohl sie klein und knorrig waren und im Winter nur ein paar dürre Blättchen trugen, die sich an die Spitzen ihrer Zweige klammerten, stellten sie in der Trockenzeit die Hauptnahrung der Elefanten dar.

»Wie kann so ein karger Wald solche riesigen Familien ernähren? Ich verstehe nicht, wie Elefanten es sich leisten können, sozial zu leben. Sie wären besser dran als Einzelgänger, so wie die Rhinos.« Ich versuchte, auf dem Turm ein Gespräch mit Bill, Lisa und Liz in Gang zu bringen, um die Hitze leichter zu überstehen, bis die Elefanten kommen würden.

»Mmmm.« Ende des Gesprächs. Bereits um zehn Uhr war es zu heiß zum Denken. Selbst unter dem Sonnensegel, das wir über den Turm gebreitet hatten, mußten wir unsere Köpfe mit nassen Handtüchern kühlen. Ich war vermutlich nicht die einzige, die davon träumte, ins bernsteinfarbene Wasser der Tränke zu springen.

Wir kletterten abwechselnd die Leiter hinunter, um uns unter dem Turm lang auszustrecken. Aber wenn man hinunterstieg, mußte man in Kauf nehmen, daß man wichtige Szenen verpaßte oder den Auftritt neuer Akteure nicht mitbekam. Die kollektive Ängstlichkeit der Kudus konnte genauso faszinieren sein wie die linkische, ambivalente Geselligkeit der langgesichtigen Kuhantilopen oder die anmutige Akrobatik des Springbocks oder das majestätische Gebaren der Giraffen, die ihre Kitze aus luftiger Höhe ohne jegliche akustische Kommunikation zu führen schienen, so daß ich mich fragte, ob Giraffen, wie Elefanten oder Fledermäuse, Laute außerhalb des menschlichen Hörbereichs produzieren.

Warzenschweine kamen, pflichtbewußte Mütter, dreist und furchtlos. Viele der größeren Tiere machten an der Tränke Platz für eine Reihe trottender Ferkel, die ihre Schwänzchen senkrecht in die Höhe reckten. Eines Nachmittags kam ein einsamer Honigdachs im Zickzackkurs auf uns zu, nur geführt von seiner feinen Nase. Da wir davon gehört hatten, daß ein Honigdachs, der die Witterung eines Mannes aufnimmt, auf diesen losgeht und ihn in die Hoden beißt, strampelten wir unter großem Hallo die Leiter hinauf. Aber weder unsere Gegenwart

140

noch unsere Darbietung wurde zur Kenntnis genommen. Der Honigdachs huschte von einem Busch zum nächsten, hastig an Wurzeln, Stämmen und Löchern im Boden schnüffelnd. Liz konnte uns bestätigen, daß das nichts Außergewöhnliches war, denn sie war in ihrer Zeit in Bushmanland wiederholt auf Honigdachse gestoßen und hatte bei ihnen nie Anzeichen von aggressivem Verhalten gegenüber Menschen beobachtet.

Strauße kamen, vier bis sechs auf einmal. Sie hatten sich enorm aufgeplustert und schwenkten ihre dicken Körper über den langen, wohlgeformten Beinen und unter schlanken, wohlgeformten Hälsen herum: Ich fühlte mich an Toulouse-Lautrec erinnert. Schakale kamen und fledermausohrige Füchse, eine Hyäne und Mungos, aber auf Elefanten mußten wir warten.

Eines Nachmittags, als ich gerade der Turmspäher war und es zu heiß für Mensch und Vieh wurde und weit und breit kein Tier zu sehen war, hielt ich mich wach, indem ich über die Frage sinnierte, welche Vor- und Nachteile es hat, ein in Gesellschaft lebendes Tier und kein Einzelgänger zu sein. Wie können Elefanten sich ein Leben in der Gruppe leisten, wo doch ein einziger Elefant schon dreihundert bis fünfhundert Pfund Gras, Rinde und Blätter pro Tag verschlingt? Kosten und Nutzen: Der Wirtschaftsjargon führte mir vor Augen, daß die Evolution gleichgültig, bar jeglicher Gefühle ist, genauso wie die Welt des Geldes. Wenn erwachsene Elefanten Liebe und Mitgefühl zeigen, liegt in dieser Verhaltenweise die Chance, daß sie das Überleben ihrer Jungen sichert. Eigentlich kann man von jeder Eigenschaft sagen, daß sie genetisch bedingt ist und so lange überdauern wird, wie sie der Erhaltung der eigenen Art dient und nicht allzuviel kostet. Die Kosten eines bestimmten Merkmals können, wenn sich etwa die Umgebung verändert, steigen. Überwiegen die Kosten allerdings den Nutzen, stirbt das Merkmal aus, wobei das manchmal die Population oder sogar die ganze Art betreffen kann. Die zerstörte Landschaft von Dungaries war das passende Umfeld für einen solchen Gedanken.

Das soziale System, das die Elefanten entwickelt haben, gleicht in verblüffender Weise dem der Pottwale. Linda Weilgart und Hal Whitehead hatten mich darauf gebracht und auf eine Expedition zu den Galapagosinseln mitgenommen, wo ich es selbst beobachten konnte. Einundzwanzig Wale umringten das Segelboot, bewegten sich synchron – es waren alles Weibchen mit Kälbern. »Ist das so wie bei den Elefanten?« fragte Linda. Ja, es war so. Wir hatten sie durch Hydrophone belauscht, als sie auftauchten, und hatten viele sich überschneidende Rufe als Klicken gehört. Sie schwammen parallel zueinander in Formationen, und ich fühlte mich an die Art und Weise erinnert, in der Elefanten manchmal in einer Reihe hintereinandergehen, obwohl nichts im Gelände dieses Verhalten notwendig macht. Pottwalfamilien sind beständig, erklärte mir Linda. Sie sind eng miteinander verwandt und passen gegenseitig auf ihre Kälber auf. Wenn eine Mutter zur Nahrungssuche in die Tiefe taucht, muß sie zum Fangen der Beute den Atem länger anhalten, als ein neugeborenes Kalb es kann; eine oder mehrere ihrer Schwestern bleiben dann solange bei dem Kalb an der Wasseroberfläche.

Elefanten sind die größten Landtiere und Pottwale die größten Zahnwale. Sie haben von allen Tieren die größten Gehirne, die bei beiden Arten auch im Verhältnis zur Körpergröße sehr groß sind. Die Größe des Gehirns gibt einen ungefähren Hinweis auf die geistige Flexibilität – manche Leute nennen es auch Intelligenz. Große Gehirne bei Säugetieren gehen mit einem komplexen Sozialleben einher. Pottwale und Elefanten haben beide einen Lebensstil entwickelt, der an den unsrigen erinnert: lange Lebenszeit, wenig Nachwuchs, hohe Investitionen in jeden einzelnen Nachkommen. Eine gemeinschaftliche

Verantwortung für die Familie bietet Sicherheit gegen Verlust des nur langsam heranreifenden Nachwuchses. Es leuchtet ein, daß diese Merkmale sich parallel entwickelt haben. Im Leben der Bullen ist es ähnlich. Sie verbrauchen ungeheure Energien, um sich in der Rangordnung zu behaupten, und werden dreimal so groß wie erwachsene Kühe. Weil Größe ein entscheidender Dominanzfaktor und Dominanz die entscheidende Voraussetzung für die Zeugung von Nachwuchs ist, kann es zehn Jahre oder länger dauern, bis ein geschlechtsreifer Bulle groß genug ist, um bei den Weibchen das Rennen zu machen.

Diese genannten Eigenschaften sind alle miteinander verknüpft und haben sich unabhängig voneinander bei Land- und Meereslebewesen entwickelt. Zwei besonders anpassungsfähige Tierarten haben wir soeben kennengelernt. Pottwale gibt es in allen Ozeanen; und die Vorfahren der Elefanten haben zu ihrer Blütezeit alle Kontinente bevölkert – abgesehen von Neuseeland, Australien und der Antarktis. Doch die modernen technischen Möglichkeiten des Menschen durchkreuzen die Evolution. Die Vorteile, die Pottwale und Elefanten durch die Entwicklung ihres komplexen Soziallebens gewonnen haben, sind kontraproduktiv angesichts der Massentötungen – ob durch Jagen, Wildern oder sogenanntes Culling. Die räumliche Trennung der Männchen von den Weibchen, die normalerweise durch das über weite Entfernungen effiziente Kommunikationssystem überbrückt wird, wird für Populationen, die künstlich und willkürlich durch den Menschen reduziert worden sind, zum Problem. So ausgedünnte Populationen können sich vielleicht nie mehr erholen. Und selbst wenn sie sich erholen, reproduzieren sie sich so langsam, daß es Jahrzehnte dauert, bis die Population wieder zu einer normalen Größe herangewachsen ist. Erschwerend kommt noch hinzu, daß die Tiere mit dem größten wirtschaftlichen Wert gerade die alten Bullen und alten Kühe sind – die für die Fortpflanzung und das

Bewahren des kollektiven Gedächtnisses wichtigsten Individuen. Ihr Überleben ist eigenlich entscheidend für das Überleben der ganzen Herde.

Ich seufzte und wandte mich von der leeren Landschaft ab. »Kann mal jemand anders übernehmen«, sagte ich, als ich die Leiter hinunterkletterte, um mich ein paar Minuten im Schatten zu erholen.

Russ und Loki verbrachten den Tag bei unserem Bus, inmitten eines öden Landstrichs mit rötlicher Erde, genau einen Kilometer nördlich des Beobachtungsturms. Russ hatte den Lautsprecher an eine Lastwagenbatterie angeschlossen, und Loki hatte über der Seitentür des Transporters ein Sonnendach aufgespannt. Er saß unter dem Vordach und komponierte eine Melodie auf seiner Gitarre. Da es weit und breit kein Wasser gab, gab es hier auch keine Tiere. Man konnte also nichts beobachten, dafür aber auch niemanden stören. Russ ließ sich nach einer Weile an einem schattigen Fleck mit einem Buch über die buddhistische Lebensweise nieder. Lokis Lied handelte von dem atemberaubenden Leben im Busch. Auf diese Weise verbrachten sie vier Stunden.

»Turm an Bus.« Russ stürzte zum Empfänger am Armaturenbrett.

»Bus an Turm.«

»Mohammed und Hannibal sind hier.«

Russ beugte sich über den Sitz und wählte eine Aufnahme aus, die er diesen speziellen Bullen noch nicht vorgespielt hatte. Irgendwann in den nächsten zehn Minuten würde er sie vierzig Sekunden lang senden, und Loki würde den Output messen, um sicherzugehen, daß die Lautstärke auch wirklich annähernd 104 Dezibel betrug. 2 Dezibel Abweichung nach oben oder unten waren akzeptabel.

Wir auf dem Turm konnten die Rufe nicht hören. Die oberen Frequenzen, die für unsere Ohren wahrnehmbar wären, werden nicht weiter als hundert Meter durch die Luft transportiert. Die niedrigsten Frequenzen, die die Bullen möglicherweise noch hören konnten, liegen weit unterhalb unseres Hörbereichs.

Unsere Videokameras liefen. An der Tränke hielten sich der große Bulle Mohammed und sein kleinerer Gefährte Hannibal auf. Sie tranken, spritzten herum, planschten und ließen ihre Rüssel in dem schlammigen Überlauf baumeln. Ich beobachtete sie durch den Sucher und registrierte die verstreichenden Sekunden, die sich als weiße Ziffern vom blauen Himmel abhoben: 4.44:53. 4:44:54. 4:44:55. Um 4:45:02 hoben beide Elefanten wie auf Kommando den Kopf. Vier Ohren spreizten sich ab, hoben und versteiften sich. Zwei Leiber erstarrten, verharrten völlig reglos. Ganz langsam schwenkte Mohammed seinen Kopf nach links und langsam wieder zurück, dann nach rechts, als wollte er die halbe Welt nach dem Geräusch absuchen. Ganz langsam machte Hannibal dasselbe. 4:45:50 – die weißen Ziffern am Himmel meiner Kamera. Wenn die plötzliche Aktion der Elefanten eine Reaktion auf die Rufe aus dem Lautsprecher gewesen war, müßten die Tiere jetzt wieder zu ihrem normalen Verhalten zurückfinden, denn keine Sendung dauerte länger als vierzig Sekunden und wurde auch nicht wiederholt. Alles weitere Verhalten würde auf zurückliegende Erfahrungen schließen lassen, die die Tiere mit derartigen Rufen gemacht hatten.

Beide Bullen drehten sich gleichzeitig um und wandten sich langsam von Süden über Westen in Richtung Norden. Mohammed schaukelte vorwärts und machte einen ersten Schritt. Hannibal ging hinter ihm her. Sie trotteten an dem Überlauf der Tränke vorbei; keiner von beiden blieb stehen, um das Wasser zu probieren – ein ungewöhnliches Desinteresse. Dann bewegten sie sich auf ein Wintermopane-Gehölz zu und gingen nicht weiter auf dem Wildpfad. Nach drei Minuten hielten sie an und erstarrten für eine halbe Minute. Nach sechs Minuten hielten sie wieder an und verharrten eine weitere halbe Minute vollkommen still. Danach gingen sie beide Male in der zuvor eingeschlagenen Richtung weiter. Um 4:56:00 verschwanden sie im Dickicht der Bäume Richtung Norden. Wir schauten uns an. Aufgrund der Doppelblindgestaltung unserer Versuche wußten wir nicht, wo Loki und Russ waren und ob sie wirklich gesendet hatten; aber wir grinsten trotzdem, als die beiden Bullen so einhellig verschwanden. Bill fiel plötzlich ein, daß Russ und Loki, falls unsere Vermutung richtig war, doch lieber wissen sollten, was im wahrsten Sinne des Wortes auf sie zukam. Er nahm das Walkie-talkie: »Turm an Bus.«

»Bus an Turm.«

»Wollte nur mal hören, ob ihr euren Leuten zu Hause vielleicht ein paar letzte Worte sagen wollt«, flachste Bill.

Am Abend erfuhren wir, daß Russ um 4:45:00 eine Serie von fünf Elefantenrufen gesendet hatte. Es waren Zitas Östrus-Rufe, meine Aufzeichnungen von Amboseli. Die Sendung war um 4:45:40 zu Ende. Um 5:15:00 marschierten Mohammed und Hannibal am Auto vorbei und gingen Richtung Norden weiter, ohne innezuhalten. Sie suchten ganz offensichtlich nach etwas, allerdings nicht nach zwei jungen Männern in einem VW-Bus.

Die Ergebnisse all unserer Versuche deuteten darauf hin, daß Elefanten laute Rufe von Artgenossen aus Entfernungen bis zu vier Kilometern hören und beantworten.[7] Ein solcher Ruf kann

---

7   Wir mußten extrapolieren, um zu dieser Schlußfolgerung zu gelangen. Weil es uns mit unseren Lautsprechern leider nicht möglich war, Elefantenrufe in ihrer normalen Lautstärke ohne Verzerrung wiederzugeben, spielten wir alle Aufnahmen nur in halber Lautstärke ab. Wenn die Energie eines sehr tiefen Tones halbiert wird, halbiert sich aber auch die Entfernung, die er überwinden kann. Wir errechneten

also ein Gebiet von mindestens fünfzig Quadratkilometern auf einem Lautstärkepegel abdecken, den ein lauschender Elefant noch gut hören kann. Damit war aber noch nichts über die Grenzen der Wahrnehmungsfähigkeit gesagt. Zweifellos hörten die Elefanten mehr als die Rufe, auf die sie antworteten, und ihre Antworten auf Laute aus der Nähe waren vermutlich ausgeprägter als auf Rufe aus der Ferne. Aber die überbrückbaren Distanzen, die wir errechnet hatten, waren beträchtlich – groß genug, um die meisten der koordinierten Verhaltensweisen zu erklären, von denen uns berichtet worden war.

Inzwischen wurden unsere Experimente um die Versuchsreihen zweier Meteorologen, David Larom und Michael Garstang, erweitert, die einen Zusammenhang zwischen den Verhältnissen in der Atmosphäre und der Übertragung von Niedrigschallauten erkannt hatten. Sie maßen während der Trockenzeit in Etosha die Lufttemperatur in verschiedenen Höhen über dem Boden. An fast allen Abenden stellten sie in dreihundert Meter Höhe eine dramatische Temperaturumkehr fest, die in den meisten Fällen die ganze Nacht über bis zur Dämmerung bestehenblieb. Sie entwickelten ein Modell, nach dem derartige Luftschichten die diffuse Weiterleitung von Niedrigschallauten verhindern und sie stattdessen gebündelt zur Erde zurücklenken. Dadurch würde sich die Distanz, die der Laut überwinden kann, erheblich vergrößern. In der Abenddämmerung könnte ein lauter Elefantenruf von anderen Elefanten noch in neuntausendachthundert Metern Entfernung gehört werden, und er würde von lauschenden Elefanten in einem Umkreis von dreihundert Quadratkilometern wahrgenommen

aufgrund dieser Regel die Distanzen, über die die Elefanten auf normallaute Rufe reagiert hätten, indem wir die Entfernungen einfach verdoppelten, über die sie auf unsere Sendungen in halber Lautstärke geantwortet hatten.

werden. Um die Mittagszeit kann sich der Rufbereich allerdings auf ein Zehntel dieses Werts verkleinern.

Diese gewaltigen Veränderungen, die die akustische Welt der per Infraschall kommunizierenden Landtiere täglich erfährt, müssen auf deren Verhalten enorme Auswirkungen haben. Auswirkungen auf das Verhalten als Raub- oder Beutetiere, als Mitglieder sozialer Gruppen, als Lauscher oder Rufer. Rufen sie in den Stunden, in denen die Rufe am weitesten reichen, häufiger? Die Antwort – zumindest was Elefanten und Löwen angeht, lautet: generell ja. Genauer unter die Lupe genommen, spiegelt diese Antwort das Zusammenspiel von mehreren evolutionsbedingten Zwängen wider. Für weibliche Elefanten hat es Vorteile, über weite Entfernungen miteinander kommunizieren zu können. Aber nach Einbruch der Dunkelheit ist die Wahrscheinlichkeit groß, daß sie mit ihren Rufen Löwen anlocken, so daß die Vorzüge plötzlich zu Risikofaktoren werden. Löwen, als unumstrittene Könige unter den Raubtieren, sind selber nachts die größten Rufer. Es ist wohl kein Zufall, daß weibliche Elefanten den größten Teil ihrer Rufaktivitäten auf den späten Nachmittag verlegen, wo die Weiterleitung gut ist und die Löwen noch schlafen.

Eine Stunde vor Sonnenuntergang war die sengende Hitze nahezu unerträglich geworden. Zehn Minuten vor Sonnenuntergang stand die Sonne nur noch drei Grad über dem Horizont. Ihre Glut ließ allmählich nach, und sie erschien uns von Sekunde zu Sekunde immer größer. Je blasser und größer die Sonne wurde, desto schneller sank sie. Riesig, aber fast farblos, glitt sie hinter die Bäume und war verschwunden. Dann entspannte sich alles – die Erde und die Luft, meine Stirn, meine Pupillen, Kopfhaut, Kehle, Ohren, Wangen, Mund und Zunge.

Wiirrrr-rrrr. Wirrrrrr-r-r-r. Wirrr-r-r-r. Flügelschlagen in der

Nähe des Wassers, wo Hunderte von Flughühnern zum Trinken landeten und sofort verstummten. Allmählich breitete sich die Dunkelheit aus. Der Raum dehnte sich. Er wurde riesig und leer. Der kleinste Laut würde hörbar sein.

Ich fragte mich, ob ich ins Pferdecamp zurückgehen und essen und ausruhen sollte, nachdem jetzt die Tagesarbeit getan war. Ich könnte dann morgen in aller Frühe wach und fit sein, um mich erneut der Hitze und dem grellen Licht auszusetzen. Oder sollte ich lieber bleiben, jetzt wo es kühl ist, jetzt, wo alles, was mich den Tag über erdrückt hatte, in den Himmel zurückgesogen wurde, und die Akteure der Nacht sich für ihren Auftritt fertigmachten? Ich blickte mich in der Hoffnung um, daß vielleicht noch jemand so dachte wie ich, doch im selben Moment lief mir ein Schauder über den Rücken. Ein leises Knurren kam aus der östlichen Ecke des Turms. Es wurde höher und lauter, schwoll zu einem kehligen Höhepunkt an und fiel langsam wieder ab, wobei es gleichzeitig leiser wurde. rrrRUUAH . . . rRRRUAHh . . . rrRRUAhh . . . Ruah, uah, uah, uah, uah, huah, ruah, ruah.

Hatte eine Löwin hier den ganzen Tag unbemerkt im Gras gelegen? Tatsächlich. Jetzt hörten wir eine schwache Antwort, fast ein Echo, von jenseits des Kudu Hills im Westen, danach Stille. Weitere Stimmen riefen aus Richtung Südwesten, überschnitten sich, wechselten ab, überschnitten sich wieder. Hua, hua, hua, hua, hua. Eine einzige Stimme rief von Osten.

Wir hielten nachts abwechselnd Wache auf dem Turm, und es gab nie eine Nacht ohne Zwischenfälle. Hier eine Erinnerung von Russ: »Eine große Gruppe von Elefanten näherte sich im Mondlicht von Westen. In hundert Metern Entfernung konnten wir deutlich das Knirschen ihrer Tritte auf steinigem Boden hören. Dann, in fünfzig bis siebzig Metern Entfernung, erstarrten sie plötzlich. Als sie schließlich weitergingen, zogen sie vollkommen lautlos unter uns vorüber.«

Eines Nachts nutzte Holly das Mondlicht, um zwanzig Elefanten zu filmen, die sich aus dem Turmbereich entfernten, nachdem sie getrunken hatten. Als sie Anstalten machten, die Wasserstelle zu verlassen, drehte sich eine Untergruppe, die aus zwei Erwachsenen, zwei Halbwüchsigen und einem neugeborenen Kalb bestand, abrupt zur Tränke um. Die Ohren steif aufgerichtet, standen sie da wie angewurzelt, während die restliche Familie weiterging. Die Gruppe, die erstarrt war, folgte bald den anderen, aber nach zehn Schritten erstarrte die gesamte Gruppe, allesamt den Blick nach vorn gerichtet. Sie verharrten erstaunlich lange – eine volle Minute, in der zwanzig hellwache Tiere, Kinder wie Erwachsene, völlig reglos blieben. Schließlich brach eine alte Kuh den Bann und die ganze Herde verzog sich geschlossen in den Wald.

Wenn man sich diesen Filmausschnitt anschaut, spürt man Dinge, die man mittags vielleicht nicht bemerkt. Es wird einem plötzlich klar, was es bedeutet, ein Beutetier zu sein, oder ein soziales Tier mit Verantwortung für Artgenossen in weiter Ferne, und man fragt sich, wie es um die eigene akustische Wahrnehmung bestellt ist. Wenn man beobachtet, wie still Tiere sein können, wenn es nötig ist – egal, ob Dutzende oder sogar Hunderte zusammen sind und manche davon mehrere Tonnen wiegen, was lautloses Auftreten schwierig macht, während andere kaum zwei Tage alt sind und ihre Grundbedürfnisse normalerweise einfach lautstark äußern müssen, dann wird einem bewußt, daß bei Menschen wie bei Elefanten die Qualität der Kommunikation sich an dem ausrichtet, was empfangen wird.

Stille so gut nützen zu können: Wenn ich eine Eigenschaft der Elefanten für uns Menschen auswählen dürfte, dann wäre es diese.

Am Ende der ersten Saison im Gelände blieben Holly und ich in Etosha, auf der Suche nach privaten Abenteuern. Am ersten Tag unserer Unabhängigkeit von der Wissenschaft trafen wir auf eine Gruppe Elefanten in einem großen, natürlichen Pool namens Ajab, wo sich die Tiere in Verhaltensweisen ergingen, wie ich sie nie zuvor beobachtet hatte. Aus dem Tümpel, der glitzernd vor uns lag, hievte sich eine riesige, dunkle, glänzende Masse empor – ein Elefantenkopf, der so mit Schlamm bedeckt war, daß man das Weiße der Augen nicht sehen konnte. Er reckte sich in die Luft, schleuderte seinen langen und schlaffen Rüssel nach oben und dann wieder zurück, wobei er eine riesige Ladung Schlamm um sich verteilte. Dunkle Tröpfchen flogen in die Luft und bildeten einen Bogen vor dem klaren Himmel, und im nächsten Moment, wusch!, warf sich der Kopf auf die Seite und sank unter, dabei an der Oberfläche einen brodelnden Krater hinterlassend. Das Wasser schoß in der Mitte des Kraters zusammen, als eine weitere, riesige, dunkle, asymmetrische Gestalt gleich daneben auftauchte. Wir versuchten verzweifelt, seine Anatomie zu enträtseln – dieser Kamm hier konnte nur ein Rückgrat sein und der Buckel dort eine fette Hüfte . . . Die Masse schwoll an und ballte sich zusammen, brachte aber keinen Kopf zutage: Irgendein Tier mußte sich unter der Oberfläche herumwälzen. Jetzt brodelte der Schlamm ringförmig hoch, und was kam darunter zum Vorschein? Etwas, das sich ringelte wie große, dicke Schlangen oder, so dachte ich, wie die Penisse der Grönlandwale, wenn eine Schar Männchen um ein Weibchen buhlt, das ihnen auf dem Rücken liegend ausweicht, so daß die Penisse ins Leere greifen und an der Wasseroberfläche herumtasten. Ich habe Szenen dieser Art damals in Argentinien mit gemischten Gefühlen von den Felsen aus beobachtet. Aber diese Elefantenteile waren keine Penisse. Es waren Rüssel, die sich umschlangen und wieder auseinanderglitten, alle mit Schlick bedeckt.

Jetzt stieg ein runder Rücken hoch, während auf seinem Rist zwei Rüssel entlangglitten, aber die Köpfe hinter dem Rücken und den Rüsseln blieben unter Wasser. Wir versuchten, die Tiere zu zählen, machten Witze darüber, daß wir nur die sichtbaren Körperteile zusammenzählen und dann durch eine ganze Zahl teilen mußten – vier Tiere? Aber jetzt tauchte ein fünftes aus der Tiefe auf, aus dem Wasser schnellend wie ein Wal, wälzte sich herum und verschwand in einem neuen Krater, umgeben von kräftigen, sich kräuselnden Wellen. Plötzlich stiegen aus der Mitte des Kraters die Köpfe von zwei großen Elefantenbullen mit abgebrochenen Stoßzähnen auf. Sie glichen wie ein Ei dem anderen, ragten genau gleich weit aus dem Wasser und betrachteten einander, als würden sie in einen Spiegel schauen. Wie zwei aus Lehm geformte Skulpturen auf einer großen silbernen Platte. Aber die Gesichter stürzten plötzlich unvermittelt aufeinander los und verhakten sich – ich hielt die Luft an, als mir klar wurde, daß ein Turnierkampf unter Wasser begonnen hatte. Sofort tauchte ein dritter großer schwarzer Kopf aus dem Schlamm auf, knallte seinen Rüssel über den Rücken des einen Raufbolds, griff ins Maul des anderen, und die drei kippten einmütig auf die Seite und tauchten im brodelnden Tümpel unter.

Ich sah die Elefanten mehr und mehr als Monster und den Tümpel als einen prähistorischen, alles verschlingenden Höllenschlund. Daneben vergnügten sich vier einjährige Kälber. Sie rutschten übereinander in eine flache Schlammpfütze hinein und landeten auf der Seite, die Beine neben sich oder in die Luft gestreckt. Schließlich legten sie sich aufeinander, die Gesichter dem tieferen Wasser zugekehrt. Dann sauste das oberste Tier in das Becken hinunter und verschwand mit einem gewaltigen Platscher im Schlamm, während gleichzeitig ein anderes Kalb lauthals trompetete.

Holly und ich trompeteten auch – wir brüllten vor Lachen.

Wir johlten, mitgerissen von dem wilden, glitschigen Spaß, und wir bewunderten die Gunst der Umstände, die uns dieses Erlebnis genau an dem Tag geschenkt hatte, als wir unser wissenschaftliches Scheuklappendasein über Bord geworfen hatten.

KAPITEL 7

Sei vernünftig!

Die Löwen in Etosha waren zahlreich und dreist. Es gab einen bärtigen Löwen, der sich am Fuß unseres ersten Beobachtungsturms niederließ – ein Turm über einem natürlichen Wasserloch namens Gobaub. Seine Gegenwart schüchterte uns, die wir oben auf dem Turm saßen, ziemlich ein. Eines Abends, nachdem der Löwe gegangen war, kletterten wir hinunter, um ins Camp zurückzufahren, aber unterwegs trafen wir auf vier halbwüchsige Löwen, die gerade im Schatten eines großen Baumes erwachten. Unser Fahrzeug brachte sie auf Trab, und sie jagten uns hinterher wie Hunde hinter Autos herjagen, fauchend und rennend, und einer sprang auf die hintere Stoßstange, während wir ordentlich Gas gaben, um sie abzuschütteln.

Flip Stander, einer von den Rangern, die den Dungaries-Turm für uns gebaut hatten, beobachtete das nächtliche Verhalten der Etosha-Löwen. Er nahm uns eines Nachts mit hinaus und versprach uns, daß wir eine beeindruckende Vorführung zum Thema Teamwork zu sehen bekommen würden, wenn die sieben Löwinnen des Rudels, das er Okondeka nannte, in Jagdlaune wären. Er erklärte, daß sie sich in Form eines Hufeisens anordnen würden, mit dem ältesten Weibchen, Nummer 27, in der Mitte und den jüngeren an den Rändern. In dieser Formation würde die Gruppe langsam auf eine Herde Springböcke zukriechen und sie halb einkreisen. Das offene Ende des Hufeisens würde quasi zuschnappen, wenn die junge Bravo, nachdem sie aus ihrer Position linksaußen ausgeschert war, aus der Mitte hinten angriff und einen der mittelgroßen Springböcke Old 27 direkt vors Maul jagte.

»Ein faszinierendes Bild«, sagte ich. »Aber warten wir ab, was wirklich passiert.« Im Dunkel der Nacht saßen wir in Flips Lastwagen und beobachteten das Gelände; ein Suchscheinwerfer, der mit einem Rotfilter abgedeckt war, ermöglichte es uns, die Aktion mitzuverfolgen, ohne daß die Tiere gestört würden. Während Flip den Sucher hin und her schwenkte, kommentierte er flüsternd das Geschehen: »Da kommen sie – der lange Körper da, das ist 27.« Eine Löwin mit langgestrecktem Körper kauerte sich hundert Meter vor uns hinter einen Busch, während drei kleinere Tiere sich zu ihrer Rechten und drei weitere zu ihrer Linken davonschlichen. »Das ist Collar 4, sie baut sich rechts von 27 auf«, und wir schauten zu, wie Collar 4 sich hinter einem Grasbüschel etwa fünfzig Meter rechts von 27 auf die Lauer legte. »Da geht Bravo«, und das Suchlicht fing weit links drüben die Flanke eines anderen schleichenden Tieres ein, das gerade in einem kargen Mopane-Gehölz verschwand. »Da kommen die Springböcke.« Unzählige Augen funkelten, als das Licht sie erfaßte. Das Funkeln zerstreute sich, war auf verschiedenen Höhen sichtbar, woraus wir schließen konnten, daß die kleinen Antilopen beim Näherkommen ahnungslos grasten. Eines der Tiere ging dicht an einer lauernden Löwin vorbei: Die Räuberin machte keinen Mucks.

»Achtet auf den zweiten Springbock rechts von ihr. Und da kommt Bravo.« Plötzlich brach die wilde Jagd aus den Bäumen hinter der Springbockherde hervor. Hufe donnerten, während die Herde in alle Richtungen auseinanderstob, aber der zweite Springbock von links sprang mit einem Aufschrei vorwärts, direkt in die Fänge von Old 27. Sofort schloß sich das Hufeisen. Sechs Löwinnen stürzten in die Mitte, knurrend und einander anfauchend, rissen den warmen Antilopenkörper auseinander, der mit einem Geräusch nachgab, das sich wie reißendes Segeltuch anhörte. Fünfzehn Minuten später war kein Fitzelchen Fleisch oder Knochen mehr übrig, das den Vorfall hätte bezeugen können, was auch erklärt, warum Flip bisher als einziger herausfand, daß Springböcke die Hauptbeute des namibischen Löwen sind.

Die Löwinnen gönnten sich keine Rast. Wir fuhren ihnen nach und wurden Zeugen, wie innerhalb einer Stunde dieselben Akteure dasselbe Stück auf einer anderen Bühne nochmals aufführten. Flip hatte es im Lauf der Jahre – mit Abwandlungen – vierhundertsechsundachtzigmal gesehen. Wenn wichtige Mitglieder des Rudels woanders jagten, sprangen andere für sie ein. Die Position der Ersatztiere war absolut vorhersehbar, was auf eine flexible Hierarchie hindeutete, in der jedes Glied mehr als nur eine Spezialaufgabe erlernt und praktiziert hatte. Waren weniger als sieben Löwinnen anwesend, so wurden nur die wichtigsten Positionen besetzt.

Auch das, so sagte ich mir, ist eine Form von Sozialverhalten.

Im Morgengrauen legten sich die sieben Löwinnen nieder, den Bauch voller Fleisch und Knochen, ihre warmen, atmenden, verdauenden Leiber eng aneinandergeschmiegt, und schliefen ein.

Ich hatte Etosha 1986 und 1987 zum Teil aus persönlichen Gründen als unseren Forschungsstandort ausgewählt. Mein Sohn John und seine damalige Freundin und jetzige Ehefrau, Ann Edwards, wollten in derselben Zeit, in der wir es vorhatten, auch in Namibia sein, um für eine Organisation zu arbeiten, die für das Überleben der namibischen Buschmänner und ihrer Kultur kämpfte. John Marshall, der Bruder von Elizabeth Marshall Thomas, leitete diese Organisation, und Liz würde bei uns im Gelände draußen sein, ebenso meine Tochter Holly. Es war eine herrliche Aussicht, daß unsere beiden Familien nahe zusammen sein würden und sich gegenseitig unterstützen konnten.

Aber die Zeit, die ich in Bushmanland verbrachte, sollte sich als kurzes Intermezzo erweisen, das mir fast das Herz brach. Die Buschleute, über die Liz als junge Frau so wortgewaltig in »The Harmless People« geschrieben hatte, waren mittlerweile keine Jäger und Sammler mehr. Die südafrikanische Regierung hatte ihnen zunächst ihr eigenes Land weggenommen und ihnen dann Land ohne ein einziges Wasservorkommen zugeteilt, so daß sie von Stammesfremden abhängig waren und zum erstenmal in wirklicher Armut lebten. Um die ärgste Not zu lindern, hatte die Regierung in einer Buschstation einen Kiosk eingerichtet, wo neben Grundnahrungsmitteln leider auch Alkohol ausgeschenkt wurde, was zum Teil dieselben Auswirkungen hatte wie in den amerikanischen Indianerreservaten. Angesichts dieser Realitäten sah sich die Buschmann-Organisation in erbitterte und frustrierende Kämpfe verwickelt. Und zu allem Übel gab es auch noch böses Blut zwischen der Organisation und dem Department of Nature Conservation and Tourism – dem Ministerium für Naturschutz und Tourismus. Was uns betraf, so waren wir zwischen lauter wohlmeinenden Institutionen gefangen – wie hätten wir nicht völlig desillusioniert sein sollen? Und vor allem: Was konnten wir tun?

Wir, die wir mit Elefanten arbeiteten, fragten uns, ob nicht unser Projekt mit seinen ausländischen Geldgebern, seinem ausländischen Personal und seinen im Ausland erdachten Zielen genau jenes soziale Ungleichgewicht förderte, das die Buschmann-Organisation zu bereinigen versuchte. Es war ein Problem, mit dem Bill sich herumschlug, als er unsere zweite Etosha-Expedition plante. Er machte den Vorschlag, daß wir einen Tierbeobachtungskurs für jene Namibier veranstalten könnten, die sonst selten in die Nationalparks kommen. Wir hatten von einer kleinen Institution erfahren, die sich TUCSIN nannte – The University Center for Studies in Namibia – und einigen motivierten Studenten aus der eingeborenen Bevölkerung die Gelegenheit gab, ihre Ausbildung zu verbessern. Denn das Standardschulsystem schrieb die Rassentrennung vor, und den Schulen der Schwarzen fehlten einfach die Hilfs- und Fördermittel, die die weiße Schulen erhielten. Die TUCSIN-Studenten waren keine Buschleute, sondern kamen aus anderen Kulturen, aber die Möglichkeit, mit ihnen in Kontakt zu kommen, reizte uns.

Um diese Idee zu verwirklichen, marschierte ich eines Tages, Anfang Juni 1987, zum Hauptsitz des Department of Nature Conservation and Tourism in Windhoek, der Hauptstadt von Namibia.

Die Beamten dieses Ministeriums nannten ihr Gebäude – nicht zuletzt wegen seines behelfsmäßigen Blechdachs – den Kaninchenbau. Der Platz wäre aber auch dann zu eng für ihre Arbeit gewesen, wenn sie nicht so viele Angestellte und nicht alle so hochgewachsen, laut und rechthaberisch gewesen wären. Es war ein ungeheuer komischer Augenblick, wenn zwei von ihnen sich mit donnernden Stimmen begrüßten und sich währenddessen respektvoll in einer Sackgasse am Ende eines engen Korridors aneinander vorbeiquetschten: »Guten Tag, Dr. ...« »Guten Tag, Dr. ..., wie geht es Ihnen? Ich hoffe, immer noch so gut, wie Sie es mir vor ein paar Minuten versichert haben ...«

»Guten Tag – und was bringt Sie mir heute?«, dröhnte der Beamte, zu dem ich wollte, als ich ihn in einer Ecke abfing. Er wedelte mit der Hand, um mir zu bedeuten, daß wir uns am besten Richtung Osten durch den Hauptflur quetschen sollten, bis wir irgendwo ein ungestörtes Eckchen fänden. Als ich ihm in den dunklen Bau hineinfolgte, schaute ich über die Schulter auf die Straße zurück. Unser Lastwagen war weit genug oben auf dem Hügel geparkt, um nicht ins Auge zu fallen. Bill und Loki saß wartend darin. Sie hatten darauf bestanden, daß ich den Bittgang machen sollte, weil ich gut im Bauchpinseln sei.

»Es geht um einen Service, den wir dem Department gern anbieten würden, falls Sie Interesse haben«, sagte ich. »Wir haben vier Dozenten für Verhaltensforschung in unserem Team. Wir alle möchten Namibia etwas zurückgeben, als Dank für die Zeit, die wir hier verbringen durften. Und deshalb sind meine Freunde auf die Idee gekommen, daß sie vielleicht einen Tierbeobachtungskurs für namibische Studenten geben könnten. Der Kurs würde genau in der Woche stattfinden, in der ich mit den Leuten vom World Wildlife Fund in der Wüste bin.«

»Eine ausgezeichnete Idee. Ich muß natürlich noch meine Kollegen fragen – an welche Woche dachten Sie?«

»An die erste Augustwoche.«

»Schade. Zu dumm. Das ist mitten im Semester. Aber ich nehme an, Sie haben sich mit der Universität abgesprochen?«

»Also eigentlich dachten wir eher an TUCSIN-Studenten″, sagte ich. »Da sind die Termine genau richtig.«

Überall im Raum war plötzlich Murmeln und Füßescharren zu vernehmen; eine Unmutsfalte zeigte sich auf der Stirn meines Gastgebers. Er holte tief Luft, als ob er einen ganzen Dudelsack zu füllen hätte, versteifte sich und trat so dicht an mich heran, daß ich in seinem Schatten gestanden hätte, wäre es draußen nicht auf einmal ganz dunkel geworden.

»Dr. Payne«, sagte mein Gastgeber und ehrte mich mit einem Titel, den ich mir nie verdient habe, »das ist eine große Enttäuschung. Wir standen bis jetzt in bestem Verhältnis. Letztes Jahr haben Sie ausgezeichnete Forschungsarbeit geleistet, ohne sich in die Angelegenheiten anderer einzumischen, Sie waren ein mustergültiger Gast; aber jetzt, scheint es, möchten Sie sich politisch engagieren.« Seine Stimme schwang sich auf und wurde nicht gerade leiser. Ich erinnere mich nicht in allen

Einzelheiten an das, was er sagte, außer an das häufig wieder-
kehrende Wort bl-l-acks.

Als er sich endlich beruhigt hatte, sagte ich: »Meinen Sie
nicht, daß Sie selber politisch motiviert sind, und das angesichts
einer Realität, die Sie nicht länger leugnen können? Sie sind
Wildlife-Manager in einem Land, das bald von Schwarzen re-
giert werden wird. Wenn die die Parks nicht kennen, wird es in
zehn Jahren keine wilden Tiere mehr geben, die Sie managen
können ...«

WOMM!

Ein Blitz hatte so dicht in unserer Nähe eingeschlagen, daß
es sich anfühlte, als ob das Gebäude selber getroffen worden
wäre. Der Nachmittagshimmel und mit ihm verfinsterte sich
unser Zimmer. Obwohl in den nächsten fünf Monaten eigentlich kein Tropfen Regen zu erwarten war, prasselte und ha-
gelte es jetzt so heftig auf das Blechdach über unseren Köpfen, daß jegliches Gespräch unmöglich wurde. Wir mußten
warten.

Nach mehreren Minuten war der Schauer vorbei, und mit
ihm – erstaunlicherweise – auch der Widerstand meines Gastgebers. Er fragte mich ganz ruhig: »Wo möchten Sie den Kurs
abhalten?«

Ich drehte den Spieß um und fragte ihn, wo er an unserer
Stelle den Kurs abhalten würde. »In Okaukuejo«, erwiderte er
schnell, »wo das Lehrpersonal den Studenten das Ökologische
Institut zeigen kann. Die Studenten können auf dem Besucher-
Campingplatz wohnen, und ...«

Es war ein Jammer, daß ich in der Wüste weilte, während die
anderen den Kurs abhielten. Anhand unterschiedlicher Be-
obachtungsmethoden dokumentierten neun enthusiastische
TUCSIN-Studenten, wie die Wachsamkeit von Kudus sich den
Umständen entsprechend verändert. Sie dokumentierten die
Häufigkeit des Ohrenfächelns bei Elefanten in Abhängigkeit

von den Veränderungen der Lufttemperatur. »Aber das einzige, was wir nicht schafften«, erzählte mir Loki im nachhinein, »war, ihnen einzutrichtern, daß sie nicht über Politik reden sollten. Dabei konnten sie kaum an sich halten – nachts standen sie vor den Zelten herum, fuchtelten mit den Armen und schrien.«

Ein paar Jahre später erklärte Namibia nach einer friedlichen Revolution seine Unabhängigkeit. Ich würde gerne behaupten können, daß unsere kleine Einmischung damals dazu beigetragen hat, daß der Wildtierbestand in Namibia auch nach dem Regierungsumsturz vital blieb, aber in Wahrheit habe ich keine Ahnung, ob das der Fall ist. Nur eines habe ich in lebhafter Erinnerung: Die Genugtuung, die ich an jenem Tag empfand, als mir die richtigen Worte über die Lippen kamen und Jupiter sie mit einem Donnerschlag bekräftigte.

Obwohl es viele großartige Tage gab, war ich in Namibia oft deprimiert und sah das Land irgendwie als einen Ort, der Körper und Seele voneinander trennt. Es verursachte mir Unbehagen, das gut funktionierende Wildlife-Programm zu rühmen, wo ich doch so viel über die unglückliche eingeborene Bevölkerung wußte. Unsere Forschungsmethode, die eine nachträgliche Bewertung von spontanen Beobachtungen vorsah, widerstrebte mir im Innersten, obwohl mir ihre Vorzüge durchaus klar waren. Noch gravierender war zu jener Zeit allerdings mein ganz persönliches Verhalten: Meinen Eltern zu Hause ging es nicht gut. Namibia war ganz und gar nicht der Ort, wo ich gebraucht würde.

Nach getaner Arbeit trennte ich mich manchmal von den anderen und fuhr weg, um mein Gleichgewicht wiederzufinden. Das tat ich auch an einem Nachmittag Ende August 1986, während meine Partner, die im Camp zurückblieben, zum x-tenmal einen Ausrüstungsgegenstand auseinandernahmen und herumwitzelten, wie man den ewig gleichen Reis mit Bohnen zum Abendessen einmal anders servieren könnte.

Wir hatten ein Sende- und Empfangsgerät in unserem Auto, einen universellen Austausch- und Klatschkanal, den wir laut Anweisung der Parkleitung ständig eingeschaltet lassen sollten, falls uns jemand erreichen wollte. Ich hatte Einwände gegen diese Forderung erhoben, denn ich wollte nicht, daß menschliche Stimmen die Tiere störten und wohlmöglich unsere Aufmerksamkeit auf sich zogen. Die Parkleitung hatte meinen Einwand akzeptiert und unsere Einschaltzeit auf eine Stunde frühmorgens und eine Stunde spätabends reduziert. Aber als ich an jenem Tag abends das Gerät hätte einschalten sollen, setzte ich mich gemeinsam mit den anderen über die Abmachung hinweg.

Bis ich ins Camp zurückkehrte, war die Sonne untergegangen, und es war dunkel geworden, denn der abnehmende Mond würde erst in mehreren Stunden aufgehen. Die Kohle in unserem kleinen Feuerchen glühte und verbreitete ein schwaches Licht. Wir aßen schweigsam zu Abend und sehnten uns nach der Kühle, die bald kommen würde, während wir einem Zwergohreulenpaar lauschten, das in den Mopane-Bäumen über unserem Zelt saß und rief. Bill seufzte und sagte, es sei Zeit, den Generator anzuwerfen, damit die Batterien bis morgen aufgeladen seien. Aber als er gerade das Starterseil ziehen wollte, hörten wir ein leises Dröhnen, das Brummen eines Fahrzeugs, das ziemlich schnell näher kam.

Touristenfahrzeuge dürfen sich nachts nicht vom Fleck bewegen, und unser Camp lag weitab von den üblichen Routen der Parkleute. Motorengeräusch bedeutete etwas Ernstes. Wir standen auf und warteten.

Der Fahrer war Malan Lindeque, unser nächster namibischer Nachbar und Kollege. Er hatte uns seit mehreren Stunden über Funk zu erreichen versucht. »Es ist eine Botschaft für dich,

Katy«, sagte er sanft. »Ein Anruf auf der Station. Deinem Vater oder deiner Mutter geht es nicht gut. Die Übertragung war schlecht, ich konnte nicht verstehen, wer es war ...«

»Damon!«, sagte ich.

Ich schlüpfte in mein Zelt und stopfte meinen Rucksack voll. Ohne Diskussionen folgten mir alle anderen, und innerhalb von fünf Minuten fuhren wir in Richtung Windhoek-Flughafen, sechs Stunden weiter südlich. Bill saß am Steuer; hinten auf der Rückbank schloß ich meine Augen und lehnte mich an Holly, die ihren Arm um mich schlang. Eine leuchtende Vision erschien vor meinen Augen: die Gestalt eines kräftigen, jungen Mannes, wie auf einem Gemälde von Matisse. Mit Siebenmeilenstiefeln überquerte er – selber größer als ein Berg – eine Gebirgskette. »Damon«, sagte ich. »Er hat es bald geschafft.«

Ich kam noch rechtzeitig zu Hause an, um die letzten drei Tage bei ihm zu sein. Sam, mein jüngster Sohn, war aus Oberlin, Ohio, gekommen, und wir wachten miteinander im Krankenhaus, froh, daß wir beisammen waren. Im Lauf dieser drei Tage gab uns Damon drei Ratschläge.

Der erste war: »Seid friedlich.«

Dann kam eine Pause, die unendlich viele Stunden zu dauern schien, und dann der zweite Rat, mit eindringlicher, heiserer Stimme: »Katy, sei vernünftig.«

Es war der Rat eines Menschen, der Vernunft und Unvernunft gleichermaßen hatte walten lassen. Ich hätte es als Erleuchtung sehen und beherzigen sollen. Aber ich war in dem Moment voller Liebe und zu keinem vernünftigen Gedanken imstande.

Ich drückte seine Hand und antwortete mit einem Anflug von Belustigung in der Stimme: »Okay, ich verspreche es. Genauso vernünftig wie du.«

Mein Vater runzelte die Stirn und wandte sich zum Fenster um, wo Sam saß. »Wer bist du?«

»Ich bin Sam«, sagte Sam mit tiefer, kräftiger Stimme.

»Sam«, sagte Damon, »geh deinen Weg!«

Er starb mitten in der Nacht. Sam und ich gingen nach Hause zu Mary. Sie hatte ihren Schlafrock an, den bestickten grünen Bademantel, in dem ich sie aus Kindertagen kannte. Sie las in unseren Gesichtern, was geschehen war, und sagte ruhig: »Gut.« Eine Schale mit wunderbar reifen Pfirsichen stand unter dem Nordfenster – behutsam schnitt meine Mutter sie auf, und wir aßen sie in Gedanken an Damon.

Sam und ich folgten beide dem Rat, den er Sam gegeben hatte, und keiner von uns folgte dem Rat, den er mir zugedacht hatte. Sam wurde Zirkusakrobat. Ich folgte weiter meiner Nase, ohne mich um die Konsequenzen zu scheren, und erinnerte mich nur in den Momenten an Damons Rat, wenn ich mich bereits in die Nesseln gesetzt hatte.

In der letzten Nacht unserer zweiten Geländesaison in Namibia, ein Jahr nach Damons Tod, hörte ich seine Worte besonders deutlich in meinem Ohr. Ich war noch in Etosha geblieben, nachdem die anderen abgereist waren, weil ich Löwengebrüll aufnehmen wollte. Ich wußte, daß Löwen wie die Elefanten einander über große Entfernungen zurufen und daß ihre Stimmen eindrucksvoll tief und mächtig sind. Mit ein paar Messungen, so glaubte ich, würde es mir vielleicht gelingen, eine Verbindung zwischen diesen beiden Beobachtungen herzustellen.

Am Nachmittag hatte ich eine große Löwin in der Nähe des Touristencamps aufgenommen und dabei festgestellt, daß ihre Stimme kräftiger war als die mächtigsten Rufe, die wir jemals von Elefanten aufgezeichnet hatten. Ich beschloß, in jener Nacht auf sie oder einen anderen Löwen zu warten. Zu diesem Zweck wollte ich meinen Schlafsack innerhalb eines eingezäunten Bereichs des Touristencamps ausbreiten, neben mir den aufnahmebereiten Rekorder. Bei Sonnenuntergang rollte ich meinen Schlafsack zwei oder drei Meter vom Zaun entfernt aus und kroch hinein.

Bis ich gemerkt hatte, daß der Zaun ein riesiges, mit Maschendraht behelfsmäßig geflicktes Loch hatte, war Gelbmähne bereits da. Keine Löwin, sondern ein ausgewachsener männlicher Löwe, der sich niedersetzte, gegen das Loch gedrückt, und mir dabei in die Augen schaute. Auf Bauch und Ellbogen gestützt, streckte ich den Rücken und reckte den Hals, um seinen Blick zu erwidern.

Ich lag so still ich konnte, denn ich erinnerte mich an eine Anweisung aus der Kindheit: Wenn du von einem Tier bedroht wirst, mußt du ganz stillhalten, damit es denkt, du seist tot. Ich schaute ihm weiterhin in die Augen, weil ich das bereits getan hatte, als er aufgetaucht war. So starr wie möglich und ohne zu blinzeln – eben als ob ich tot wäre. Nach einer Weile stieg hinter dem Löwen der Mond auf und schien durch die Haare auf seinen Schultern, durch die Schnurrhaare und die lange Mähne um sein Gesicht. Die Haare leuchteten golden vor dem immer dunkler werdenden Himmel, hoben sich und zitterten leicht mit jedem Atemzug. Ohne die Blickrichtung zu ändern, nahm ich wahr, daß er wie von einem Lichthof umgeben war. Keiner von uns beiden zwinkerte. Meine Augen brannten allmählich. Es wurde dunkler.

Plötzlich tauchte die Kappe des Mondes über dem Kopf des Löwen auf. In einer Minute würde er mir voll ins Gesicht leuchten. Ich bewegte mich nicht. Gelbmähne hielt ebenfalls ganz still und schaute mir in die Augen.

Der Mond stieg höher und höher: Er war vollkommen rund. Stumm redete ich zu Gelbmähne, gestand meine Dummheit ein. Er rührte sich nicht; er war entspannt und wachsam, seine Mähne wehte, von einem plötzlichen Windhauch erfaßt. Ich machte keinen Mucks, aber ich hatte Angst, ich würde bald zusammenbrechen, denn meine Arme schmerzten und stachen wie von tausend Nadeln. Ich verharrte seit drei Stunden in dieser Position.

Der Mond stieg höher. Gelbmähnes Maul ging langsam auf: Er keuchte leise. Ein langer Speichelfaden hing ihm von der Zunge herunter, zog sich bis zum Boden, bis er gut einen halben Meter lang war. Er riß ab und fiel mit nassem Klatschen auf den Boden.

Das Wasser lief ihm offensichtlich im Maul zusammen, aber er hob nicht die Pfote, um durch das Loch zu greifen. Ich dachte mir, er müsse erkannt haben, daß ich ein Leckerbissen bin, hat aber dennoch nicht nach mir gegriffen. Er hat beschlossen, es nicht zu tun.

Es nicht zu tun oder mich zu verschonen? Was genau hat er beschlossen? Der Unterschied ist groß. War es eine pragmatische oder eine barmherzige Entscheidung? Oder war es gar keine Entscheidung, sondern ein Abwarten?

Meine Arme waren inzwischen taub. Der Mond erreichte den Zenit und rollte langsam hinter meinem Kopf zurück. Jetzt war ich diejenige, die jede Linie im Gesicht des Löwen erkennen konnte. Seine Augen waren wunderbar, braun und golden. Keiner von uns beiden blinzelte.

Stunden vergingen und ganz langsam veränderte sich alles. Der Himmel hinter dem Kopf des Löwen verblaßte langsam zu einförmigem Grau. Seine Augen wurden dunkler und verloren ihren Schimmer, und dann kam mein Schatten zwischen uns und verschwand schließlich wie alle anderen Schatten auch. Der Mond ist hinter mir untergegangen, sagte ich mir. Zwölf Stunden waren seit dem Beginn unserer nächtlichen Begegnung vergangen.

Gelbmähne stand auf, wandte den Blick von mir ab, drehte sich zur Seite, streckte jede Faser seines riesigen, muskulösen Körpers vom Hals bis zum Schwanz, gab ein langes, lautes Gähnen von sich, kehrte mir den Rücken zu und verschwand. Ein paar Minuten später ertönte ein Schrei ein Stück weiter oben am Zaun. Ich ging hinauf und sah Gelbmähne über einem gerade getöteten Kudu stehen.

Mit jener Nacht war das Ende meiner Arbeit in Namibia besiegelt. Ich kehrte nach Ithaca zurück und blieb die nächsten drei Jahre dort.

Ich verbrachte damals viel Zeit mit Mary. Meistens besuchte ich sie nachmittags zum Tee in ihrem Haus, und oft lasen wir uns gegenseitig vor. Kapitel für Kapitel und Band für Band lasen wir Mary Moormans behutsame, einfühlsame und wunderbar ausführliche Wordsworth-Biographie.

Eines Tages kam ich auf die Idee, Mary zu fragen, ob Wordsworth in ihren Augen ein Romantiker gewesen sei.

»Ich weiß nicht recht. Er hat über das geschrieben, was er gesehen hat.«

»Und was ist mit Damon?«

»Er war ein Romantiker.«

»Und du?«

»Nein. Ich bin Realistin.«

In der letzten Woche vor ihrem Tod hatte Mary zwei Träume. In dem einen sagte der Tod zu ihr: »Daran wirst du es erkennen: Wenn es ganz leise schneit und der Schnee sich sanft über dein Gesicht und deinen ganzen Körper legt und flattert, und nichts rührt sich, dann bist du tot.«

»Das ist raffiniert«, sagte Mary zu mir, als sie aufwachte. »Eine ganz neue Art, festzustellen, wann jemand tot ist. Achte auf den Schnee.«

Aber in ihrem zweiten Traum, der unmittelbar nach dem ersten kam, sagte der Tod zu ihr: »Wenn es nicht so wäre, hätte ich es euch dann gesagt?« Das sind Worte aus Johannes 14,4, die Jesus zu seinen Jüngern sagte, kurz bevor er starb. Die nächsten Worte sind: »Ich gehe, um einen Platz für euch vorzubereiten.«

»Dann sagte ich zum Tod: Wenn es so ist, sollten wir lieber aufräumen«, erzählte mir Mary. »Und dann sind wir ums Haus geschwebt, ich in meinem langen, grünen Schlafrock und du in einem langen, weißen Nachthemd. Wir haben festgestellt, daß alles bereit war.«

»Ich erinnere mich so deutlich an den langen, grünen Schlafrock«, sinnierte sie. »Ich war irgendwo über der Szene und sah mich selber weit unter mir. Und du auch – oft spürt man im Traum die Gegenwart eines Menschen ganz deutlich, ohne ihn zu sehen. Ich meine, es gab gar keinen Zweifel, daß du da warst, obwohl ich dich nicht wirklich gesehen habe.«

Als der Arzt kam, sagte sie zu ihm: »Alle sind guter Dinge am anderen Ufer. Sie glauben, daß ich es über die Grenze schaffen könnte.«

»Und sind auch Sie guter Dinge?«, fragte er.

»Ja.«

Aber sie lebte noch ein paar Tage.

Am letzten Tag fragte ich sie, ob ich ihr vorlesen sollte, aber sie sagte: »Nein. Stille – und einfach nur dasein.« In ihrem Kopf hörte sie den letzten Choral der h-Moll-Messe. »Nur Bach war fähig, es so einfach enden zu lassen.«

Nach einer Weile fragte sie: »Wie lauten die Worte?«

»Dona nobis pacem.«

»Nein – aus dem Agnus Dei.«

»Qui tollis peccata mundi, miserere nobis ...«

»Miserere – das ist das Wort, das ich wollte.«

Erbarm dich unser.

Die Asche meiner Eltern wurde auf einem kleinen Dorffriedhof auf einem Hügel verstreut, wo sie in den letzten Jahren im Sommer immer zusammen spazierengegangen waren. Wilde Brombeeren wuchern an den Rändern, säumen eine Reihe von zerzausten alten Ahornbäumen, die langsam ihre Zweige auf die Gräber fallen lassen und beliebte Trommelplätze für

Spechte sind. Im Mai füllen verwilderte Maiglöckchen den Straßengraben. Als Mary zum erstenmal an diesen Friedhof dachte, schickte sie mich los, um herauszufinden, ob man dort die Wald- und Weidendrosseln hören kann, die in der Schlucht auf der anderen Straßenseite singen. Wie ich feststellte, sangen sie so herzhaft, daß man sie von jedem Grab hören konnte.

Im Winter, wenn es in dieser Gegend so kalt ist, daß der Schnee verdampft – aufsteigt und zu Luft wird, ohne zu schmelzen, denke ich oft, daß meine Eltern vielleicht auch sublimiert wurden, daß sie Geist geworden sind. Aber im Frühling, wenn alles so lebendig und greifbar ist, begegne ich ihnen in den Weiden- und Walddrosseln und Maiglöckchen. Hin und wieder habe ich ein Erlebnis, das mich an ein nicht beendetes Gespräch mit einem von ihnen erinnert. Jene Nacht, als der Blick eines Löwen mich in tiefster Seele wünschen ließ, ich wäre vernünftig gewesen – das war so ein Erlebnis gewesen.

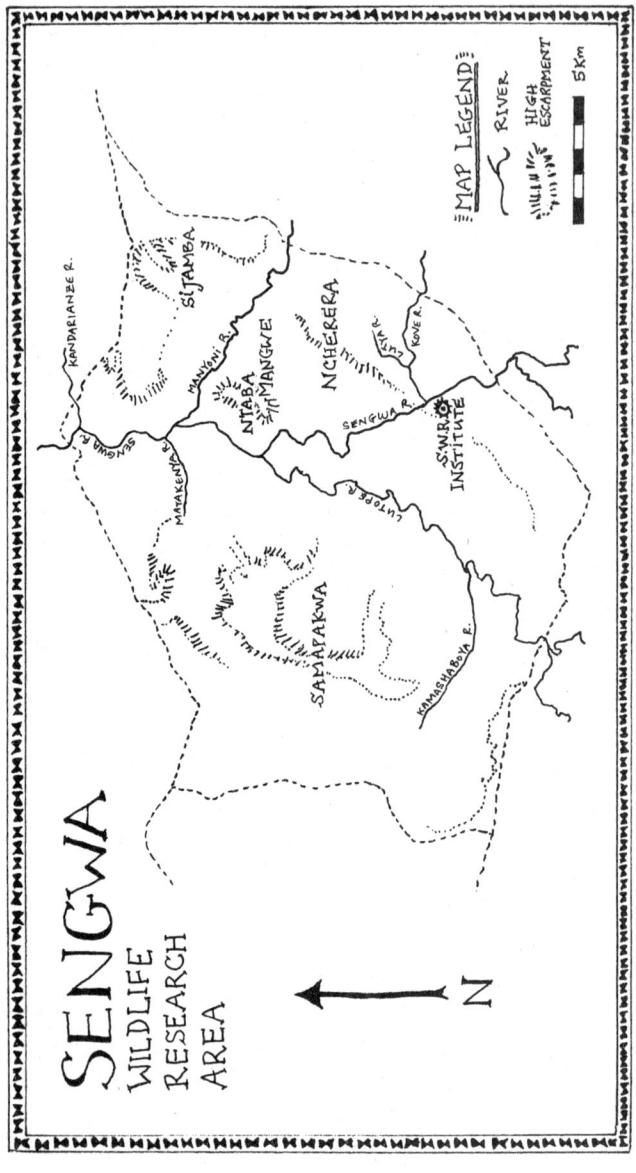

SENGWA
WILDLIFE
RESEARCH
AREA

N

MAP LEGEND
RIVER
HIGH ESCARPMENT
5 Km

KANDARIANZE R.
SIJAMBA
MANYONI R.
NTABA
MANGWE
NCHERERA
SENGWA R.
ZVIRA R.
KONE R.
SENGWA R.
S.W.R. INSTITUTE
MATAKENA R.
LUTOPE R.
SAMAPAKWA
KAMASHABVA R.

KAPITEL 8
Die Kalebasse, die schwer ist ...

»Chitende chinorema ndechine mhodzi«. Das ist ein Shona-Sprichwort aus Simbabwe. Die Kalebasse, die schwer ist, trägt den Samen in sich. Und die schwere Kalebasse, das war für mich Sengwa.

Der rundum von anderen Ländern umschlossene Staat Simbabwe liegt nördlich von Südafrika, östlich von Botswana, südlich von Sambia und westlich von Mosambik. Gegen Ende der britischen Kolonialherrschaft, unter der Simbabwe Rhodesien hieß, absolvierte Rowan Martin, ein Rhodesier schottischer Abstammung, ein Graduiertenprogramm in Tropenökologie an der University of Rhodesia. Im Rahmen dieser Arbeit untersuchte er das Wanderverhalten von Elefanten. Er stattete einige Dutzend Elefanten einer großen Population mit Sendern aus und folgte ihnen über mehrere Jahre, um herauszufinden, wann und wohin sie wanderten. Während er das Zugverhalten erwachsener Weibchen aus verschiedenen Familien beobachtete, fiel ihm auf, daß bestimmte Familiengruppierungen ihre Wanderungen über Wochen hinweg miteinander koordinierten, obwohl sie mehrere Kilometer voneinander entfernt umherstreiften. Er fand das sehr bemerkenswert und fragte sich, wie sie das anstellten.

Cynthia Moss hörte von Rowan Martins Beobachtungen und erzählte mir davon. Seine Arbeit war unveröffentlicht, also ging ich 1986 nach Simbabwe, um Rowan zu treffen, der in Simbabwe inzwischen stellvertretender Forschungsleiter im Department of National Parks and Wildlife Management war.

Ich wollte mir selbst ein Bild von seinen Studien machen. 1987 fuhr ich mit Bill Langbauer dorthin, und da wir alle drei fasziniert waren, wie gut unsere Entdeckungen übereinstimmten, konzipierten wir ein gemeinsames Forschungsprojekt mit dem Ziel, herauszufinden, ob es einen Zusammenhang zwischen der Infraschallkommunikation der Elefanten und ihren koordinierten Wanderungen gab. Allein für die Vorbereitungen würden wir drei Jahre brauchen, denn das hier war ein kompliziertes Projekt – hinsichtlich der Planung und auch der Finanzierung.

Rowan und Bill wollten für die Elefanten einen speziellen Sender entwickeln, der in einer Art Halsband untergebracht sein würde und nicht nur die Bewegungen der Elefanten, sondern auch ihre lauten Niedrigfrequenzrufe an eine Empfangsstation übermitteln würde, wo diese Rufe registriert und im Computer gespeichert werden konnten. Wir würden weibliche Elefanten aus verschiedenen Familien mit Sendern ausstatten und könnten gleichzeitig ihre Wanderungen verfolgen und ihre Rufe aufzeichnen. Wenn unsere Vermutungen richtig waren, würde sich herausstellen, daß synchrone Wanderungen mehrerer räumlich getrennter Familien durch Rufe koordiniert werden. Wir wollten Blutproben nehmen und die Tiere auf ihren Verwandtschaftsgrad hin analysieren. Dabei würde sich herausstellen, so vermuteten wir, daß die Beziehungen, die sich im Vokalisierungs- und Wanderungsverhalten widerspiegelten, sowohl Veranlagung als auch Notwendigkeit waren.

Wir würden in Rowans ehemaligem Forschungsgebiet, der Sengwa Wildlife Research Area im Herzen Simbabwes, arbeiten, einem vierhundert Quadratkilometer großen Areal, in dem die Flüsse Sengwa, Manyoni und Lutope zuammenfließen. Dieses Gebiet war seit 1965, als am Südrand das Sengwa Wildlife Research Institute errichtet wurde, ein Reservat. Damals war das Gebiet abgelegen und nur dünn besiedelt gewesen, was der dort vorkommenden Tsetse-Fliege zuzuschreiben war, die eine für Mensch und Tier tödliche Krankheit überträgt. Das Institut hatte ursprünglich den Auftrag gehabt, eine Methode zur Ausrottung der Fliege zu finden. Als das erreicht war, zog es zwar ein paar Menschen dorthin, aber nach wie vor ist es ein Ort, wohin sich kaum Touristen verirren und an dem das Leben im eigenen Boden wurzelt.

Auch heute noch liegt Sengwa eine Tagesreise von der Hauptstadt entfernt – eine Reise, die psychisch und physisch an die Grenzen gehen kann. Man saust zunächst westwärts auf einer zweispurigen Schnellstraße aus Harare hinaus, zwischen bewässerten Mais-, Kürbis-, Bohnen- und Kohlfeldern hindurch, verzaubert von den langsam rotierenden und sich in der Luft überschneidenden Wasserfontänen. Fünf oder sechs Stunden später hat man diese offensichtlichen Zeugen von Wohlstand und Überfluß hinter sich gelassen. Die Teerstraße erreicht ihr Ende an einem schmutzigen, brodelnden Knotenpunkt namens Gokwe, dessen Hauptplatz ein Parkgelände für Dutzende von verbeulten Bussen ist, mit Hunderten von Leuten, die dazwischen kampieren und auf andere Busse warten. Entweder sind die Leute dort gerade in allerlei Geschäfte verwickelt, oder sie versuchen, sich genau gegen diese Verlockungen zu wehren: Prostitution, Diebstahl, Schachern. In Gokwe muß man sein Ding schnell durchziehen, und das ist meistens: alle verfügbaren Tanks mit Benzin zu füllen. Man spürt in Gokwe eine gewisse Angst – mit kostbarem Wasser und einem fahrenden Untersatz in einer Stadt, in der so viele auf dem Trockenen sitzen, auf Busse warten und ihre mageren Grasbündel verkaufen. Vor hundert Jahren gehörte das Land, durch das man gerade kam, auf dem jetzt Kohl angebaut und Wasser in rauhen Mengen verschwendet wird, den Vorfahren dieser Leute. Es ist bedrückend, über die Vertreibung der Eingeborenen und die schwerwiegenden Folgen für deren Nachkommen nachzudenken.

Hinter Gokwe wird die Reise jäh durch die Erdstraße abgebremst; jetzt steht man nicht mehr über den Dingen. Man wird eins mit Sand und Staub, und in den Wagenfurchen schleudert man ratternd und im Zickzack zwischen Esels- und Ochsenkarren und barfüßigen Fußgängern hindurch, und alle winken einander zu.

Allmählich achtet man auf die kleinen Ansammlungen von strohgedeckten Lehmhütten zu beiden Seiten der Straße. Jede dieser Ansammlungen ist ein Dorf, ein gemeinschaftlicher Hof, der von einer einzigen Großfamilie bewohnt wird. Die Lehmböden der Hütten gehen nahtlos in die Erde über, die sie umgibt. Der Bereich, der alle Hütten samt Vorratsspeicher – eine offene, auf Stelzen stehende Plattform, auf der Nahrungs- und Futtermittel gestapelt sind – umfaßt, dient als Versammlungsort und wird mehrmals am Tag mit Reisigbesen saubergefegt. Wenn ein Schattenbaum im Hof steht, dann finden sich auch meistens Frauen, Kinder, Hühner und Hunde darunter. Ziegen, Esel und Ochsen, sofern es welche gibt, leben auf abgetrennten Koppeln.

Die Dörfer waren schon vor der Straße hier, und ein Dorf am Straßenrand steht für viele weitere Dörfer landeinwärts, die durch Pfade untereinander verbunden sind. Handgemalte Schilder markieren Wege, die die Straße kreuzen: *Bus stop*. Es mutet seltsam an, diese Schilder in Englisch vorzufinden, nachdem man in dieser Gegend nur Shona hört. Aber Englisch ist die Amtssprache von Simbabwe und wird in den meisten Schulen ab der dritten Klasse unterrichtet.

Alle paar Kilometer verbreitert sich die Straße neben einem *community store*, einem rechteckigen Betongebäude mit einem Wellblechdach und einem großen Schild über der einzigen Tür in der Mitte. Der Manyoni School Bottle Store and Butchery ist ein solcher. Er bietet Konserven, Kerzen, Streichhölzer, Seife, emaillierte Blechteller und -tassen, gußeiserne Kochtöpfe, ein paar Kleidungsstücke, Limonade und Bier an: was man zum Überleben braucht. Aber die Preise sind viel höher als in Gokwe.

Vor dem Laden sammeln sich Leute an, die darauf hoffen, daß ein Bus kommt. Einige von ihnen schwatzen fröhlich, ohne daß ihnen die schweren Kornsäcke auf dem Kopf etwas auszumachen scheinen. Andere ruhen unter Schattenbäumen, nachdem sie den Mais, die Baumwolle oder das Dachstroh abgeworfen haben, das sie in Gokwe verkaufen wollen. Die Frauen, die mit langen, farbenprächtig gemusterten Röcken und Tüchern bekleidet sind, tragen Babys auf dem Rücken, Babys an der Brust und haben größere Kinder neben sich. Einige der Frauen sind dick, aber die Männer sind so mager, daß jeder Muskel und jede Sehne hervortritt. Sie tragen Strohhüte und halten Stöcke in der Hand, mit denen sie ihr Vieh antreiben. Einige hocken zusammen, erschöpft, lebhaft und gesprächig – und vor allem trinkend.

Nicht weit vom Laden entfernt steht eine staubige, von einem Dieselmotor betriebene Mühle, in der selbstangebauter Mais zum Grundnahrungsmittel Nummer eins zermahlen wird, dem Maisschrot. Vermischt mit dem Kornstaub, ist die Erde hier von einer helleren Farbe als anderswo. Die wartenden Leute wirken apathisch; einige von ihnen sitzen in ihren Eselskarren, müde und vielleicht geschwächt durch die schlechte Ernährung.

Am Nachmittag wird es heißer. Man ist jetzt schon lange auf dem Mafungabusi-Plateau unterwegs. Es ist öde, rauh, staubig und trostlos hier – aus westlicher Sicht weder Wildnis noch Kulturlandschaft. Vielleicht ändern sich die Dinge in Charama – alle sagen, man müsse Charama bis Sonnenuntergang erreichen. Also fährt man weiter und weiter.

Plötzlich kommt man an einen Ort, wo die Erde in zwei Hälften geschnitten scheint und die eine Hälfte mehrere hundert Fuß tief unter die andere gesunken ist. Man selber ist auf der oberen Hälfte und schaut über den Steilhang, den man jetzt hinunterfahren muß. Auf der Abbruchkante sieht man Mauerreste, senkrecht abfallende rote Erdwände und die Wracks von Fahrzeugen, die es nicht geschafft haben, bis Sonnenuntergang hierherzukommen – hauptsächlich Busse. Man muß sich, quasi blind und auf engsten Pfaden, den ganzen Steilhang hinunterschlängeln und sich dabei vor Augen halten, daß es die einzige passierbare Durchfahrt für Esels- und Ochsenkarren, für Motorfahrzeuge, Vieh und Fußgänger ist. Wenn man einen Mitfahrer hat, schickt man ihn tunlichst voraus, damit er einem vor jeder Kurve signalisieren kann, was von unten heraufkommt, in welchem Tempo und wie viel der Wegbreite es einnimmt. Während man warten muß, kann man aussteigen, die Glieder strecken und an der Wand entlang nach Westen schauen. Die Sonne, die vor einer Viertelstunde oben in Charama schon untergegangen war, steht hier immer noch ein paar Grad über dem Horizont. Aber jetzt weiter, denn die Sonne sinkt auch hier, und der Mitfahrer winkt – die Straße ist frei.

Wenn man auf halber Höhe ankommt, ist man in die Nacht hinuntergestiegen. Die letzte Stunde fährt man im Dunkeln. Am Morgen wacht man in Sengwa auf und weiß nicht, wie man dorthin gekommen ist.

16. Juli 1990. Auf einer Sandbank in der ausgetrockneten Schwemmebene lag eine große Elefantin auf der Seite, das linke Ohr unter der Wange auf dem Boden ausgebreitet, die rechte Flanke im Rhythmus ihrer Atemzüge sich hebend und senkend. Von einem Betäubungspfeil außer Gefecht gesetzt, lag sie seit einer halben Stunde in dieser unnatürlichen Haltung.

Langes, röchelndes Einatmen und sonores Ausatmen drang aus ihrem Rüssel, der entspannt auf dem Boden eingerollt lag und vor ihren offenen, aber glasigen Augen eine aufwärts zeigende Schlinge bildete. Ungefähr zwei Dutzend Männer standen um sie herum, einige mit ebenholz-, andere mit eher kirschholzfarbener Haut, die meisten von ihnen in den olivgrünen Uniformen des Department of National Parks and Wildlife Management. Elf hellhäutige Personen, darunter drei Frauen (eine davon war ich) waren ebenfalls anwesend, in Shorts und T-Shirts. Ich konzentrierte mich auf die Flanke der Elefantin, die im Wechsel sich hebend und senkend den waldigen Horizont hinter sich verdeckte und ihn im nächsten Moment wieder freigab. Eine große Verantwortung lastete auf mir, denn als Leiterin des Gastforscherteams war mir soeben das Vorrecht zuteil geworden, der Elefantin einen Namen zu geben. Ihre hellgraue Haut war von tiefen Runzeln durchzogen und wies an verschiedenen Körperstellen abweichende Muster und unterschiedliche Behaarung auf. Zwei riesige, weiche Brüste lagen üppig zwischen ihren Vorderbeinen, wie menschliche Brüste. Ich wühlte in meinem Kopf nach Götter- und Heldennamen. Athene? Demeter? Kassiopeia?

Um mich herum summte es auf Shona, der sanften und fließenden Sprache der Eingeborenen, die Vokale wie lateinische Vokale, die Konsonanten weich, die Worte mehrsilbig, die Sätze von spitzen Ausrufen unterbrochen: »Ah!«, »Oh!«, »Iih!«, in einer Tonhöhe, die weit über oder unter dem Wortfluß lag. Der Klang der Männerstimmen, lebhaft, aber nicht hitzig, drang angenehm an mein Ohr, wie ein Bach, der eine steinige Rinne hinuntergurgelt. Ich hörte auf zu lauschen, als ich ein Wort – Computer – erkannte. Dann kam es aus mehreren Ecken: »Computer, Computer.« Wie eine dreiteilige Blase schwebte, hüpfte, strömte es über dem anderen Gemurmel, vervielfältigte sich.

Rowan Martin schaute mich mit einem skeptischen Lächeln an: »Sie nennen sie Computer«, sagte er.

»Moment«, sagte ich.

»Zu spät«, sagte Rowan. »Ein Name kann nicht geändert werden, wenn er einmal vergeben ist.«

Um Computers Hals lag ein breites Stück Riemen, das unter ihrem Kinn vernietet war; wenn sie aufstand, würde ein massives Bleigewicht daran hängen. Letzteres bildete das Gegengewicht zu einer leuchtendroten, selbstgebastelten Fiberglaskapsel von der Größe und Form eines Brotlaibs, die am Riemen zwischen ihren Schulterblättern sitzen sollte. Die Kapsel enthielt zwei Sender mit den dazugehörigen Antennen, sowie vierzehn mit Draht zusammengebundene Lithiumbatterien. Insgesamt wog das Paket, das Computer jetzt ständig mit sich tragen würde, fast sechzehn Kilogramm.

Rob Ramey kauerte neben Computers ausgebreitetem linken Ohr. »Fertig«, sagte er und hielt ein Glasröhrchen voll Blut hoch. »Okay«, sagte Mike Kock, der Tierarzt. »Bringt euch in Sicherheit. Ich injiziere ihr jetzt das Gegenmittel, dann wird sie in einer Minute auf den Beinen sein.«

Wir zogen uns schnell in den Wald zurück und kletterten auf die Pritsche eines alten, verbeulten Lastwagens. Nach ein paar Minuten hörte ich über die menschlichen Stimmen hinweg ein langes, lautes Elefantenrumpeln und Mikes Schritte, als er hastig durch den Busch stolperte. »Sie ist wieder munter«, sagte er. Ich war es weniger. Denn der erste Elefant, den wir mit einem Sender ausgestattet hatten, war nach einem elektronischen Gerät benannt worden.

»Ich finde, Computer ist ein guter Name«, sagte Bill.

»Ach, Bill«, sagte ich.

Mit Computers Kennzeichnung war unsere Tagesarbeit beendet. Die Leute drängten sich in den staubigen, alten Landrover der Feldstation und in unseren alten Landcruiser. Ich arbeitete mich von meinem Platz hinten auf der Pritsche nach vorne, wo ich mich an einer Holzwand hinter dem Führerhaus festhalten konnte. Neben mir klammerten sich ein kleiner, aufrechter, älterer Mann namens Christmas Vurawa und zwei junge Männer, Didimus Hapaori und Timothy Chifamba, an einen riesigen Ersatzreifen. Ich lächelte Christmas an. »Ihr Name gefällt mir«, sagte ich, als wir auf ein ebenes Stück Straße kamen.

Christmas lächelte zurück, und sein einziger oberer Schneidezahn, der sehr weiß war, baumelte und schwang mit den Bewegungen des Lastwagens hin und her. »Ich bin am fünfundzwanzigsten Dezember vor langer Zeit geboren«, sagte er mit tiefer, knurriger Stimme. »1939.«

»Und ich 1937«, antwortete ich sofort, denn ich wußte seine Offenheit zu schätzen: Jeder weiß, daß das Alter seine Schattenseiten hat. Aber Christmas drehte sich zu mir um, legte seine Hände zusammen, Daumen gegen die Brust, und verbeugte sich mit respektvoll gesenktem Blick. Didimus und Timothy ließen den Reifen los, drehten sich zu mir um, legten ihre Hände zusammen und verbeugten sich ebenfalls. Ich verbeugte mich auch und lächelte, aber sie lächelten nicht, während sie mir, einer Älteren, die Ehre erwiesen.

Als der Wald sich lichtete, brüllte der Fahrer: »Festhalten!«, denn es gibt nur eine Möglichkeit, ohne Allradantrieb über einen Sandfluß zu kommen. Der Pritschenwagen holperte einen Abhang hinunter, fuhr mit Vollgas über fünfzig Meter Sand, holperte eine Lehmwand hinauf und arbeitete sich mit brüllendem Motor einen steilen Hang empor. Dort hielten wir an der Kreuzung dreier Erdstraßen, teilten uns nach Sprachen auf und gingen zu Fuß weiter. Die meisten der Männer folgten einem staubigen Pfad bis zu einer Siedlung ein paar Kilometer weiter unten, wo sie unter primitiven Verhältnissen lebten, ohne Elektrizität oder eigenes Wasser, und die meisten von ihnen ohne ihre Familien. Wir anderen gingen den Hauptweg zum Institut hinauf, wo wir uns in unsere geräumigen Cottages mit Veranda, abblätterndem Lineoleum und zwei Meter langen Badewannen begeben würden. Wir kamen am Werkstattschuppen vorüber und grüßten den Mechaniker. Dann kamen wir an der Fahnenstange neben den erhöht stehenden Wassertanks vorbei und grüßten den diensthabenden Wachposten, der gerade die Flagge einholte. Jede Begrüßung bestand aus drei Teilen: »Maswerasei?« – »Ndaswera, maswerawo.« – »Ndaswera, taswera.« Wie war dein Tag? – Gut, wenn deiner auch gut war. – Ich hatte einen guten Tag, also haben wir beide einen guten Tag gehabt.

Am Vortag hatten Rowan und Bill etwa dreißig Leuten – fast dem gesamten Personal – erklärt, wie das Projekt ablaufen würde. Die vierzehn Wildhüter – alles erfahrene Forschungsassistenten – würden bald den größten Teil der Funkortung übernehmen. Diese teils jungen, teils schon etwas älteren Männer waren Shona, Ndebele und Tonga, und ihre Nachnamen gingen einem wie Butter über die Lippen und schmeichelten dem Ohr. Maramba Gubunja, Hapaori, Chingoma, Mutunha, Shumba, Gava, Nymakusa, Mbanga, Masarirevhu – das alles waren Shona-Namen, mit klaren Konsonanten und lateinischen Vokalen gesprochen. Die Ndebele-Sprache wird weiter hinten im Hals gesprochen mit einzelnen Schnalzlauten und weicheren Konsonanten: Mahlangu wurde »machshangu« ausgesprochen, das »ch« wie im Deutschen »ich«, das »ng« weich wie die englische Silbe »ing« und das weiche Etwas zwischen dem »mach« und dem »sha« klingt wie ein Wasserschwall – Luxus in einem so trockenen Land.

Die Hälfte der acht amerikanischen Biologen und Ingenieure (Bill, Russ, Loki und ich) waren alte Gefährten aus den Etosha-Zeiten und davor. Bills Frau, Lillie Wilson, hatte sich uns angeschlossen, außerdem Steve Powell, ein Ingenieur vom

Cornell-Institut, und ein junges Paar, Rob Ramey und Laura Brown, beide Cornell-Doktoranden, die auf Populationsgenetik und Artenschutz spezialisiert waren. Von Harare her waren Debbie St. Claire Gibson und Mike Kock der Sengwa-Belegschaft gut bekannt. Debbie war nicht nur Pilotin, sondern auch Ökologin und seit kurzem Institutsleiterin; Mike war der bekannteste Wildtierarzt in Simbabwe. Debbie und Rowan würden uns helfen, wann immer ihre Verpflichtungen es ihnen gestatteten. Der Dienstleiter von Sengwa, Ian Coulson, und der Leiter der Feldstation, Aaron Bhiza, sollten täglich für den reibungslosen Ablauf sorgen.

Wir wollten sechzehn erwachsene Weibchen aus dreizehn verschiedenen Familiengruppen mit Sendern ausstatten. In den nächsten drei Monaten würden wir alle drei Stunden rund um die Uhr über zwei große Antennen, eine auf der Hochebene Ntaba Mangwe, die andere sieben Kilometer weiter südlich in der Feldstation, eine Kompaßpeilung zu jedem der Elefanten erhalten. Wir würden die Elefanten lokalisieren können, indem wir die Peilungen miteinander kreuzten. Die Wildhüter würden die Ortung von Ntaba Mangwe aus und die nächtliche Überwachung im Institut übernehmen. Bill war für die Datenerfassung an der Computeranlage in unserem Büro verantwortlich, wo wir jetzt alle versammelt waren. Er führte vor, wie wir die Beobachtungsdaten in unseren Computer eingeben sollten, während dieser gleichzeitig alle lauten Rufe der mit einem Sender ausgestatteten Elefanten auffangen und jeden Laut in einer eigenen Datei abspeichern würde, jeweils mit Zeitpunkt und Namen des rufenden Individuums versehen.

Das Ganze hatte eine so lebhafte Diskussion unter den Wildhütern ausgelöst, daß sie den ersten Elefanten am nächsten Tag Computer tauften – vor lauter Begeisterung für unsere Anlage, wie ich damals dachte. Inzwischen weiß ich, daß Namen häufig nach den äußeren Umständen gegeben werden. Fluß ist ein verbreiteter Name für ein Kind, das an einem Fluß geboren ist. Tod ist ein verbreiteter Name für ein Kind, das zur Zeit eines Todesfalls geboren wird. Und es ist auch kein schlechtes Omen, einen Namen zu tragen, der nicht die Hoffnungen der Eltern für ihren Nachwuchs widerspiegelt. Allerdings war ich in dieser Hinsicht abergläubischer als meine afrikanischen Gefährten.

Als wir hinterher wieder in der Station waren, versprach mir Rowan, daß ich eine zweite Chance bekommen würde. An jenem Abend schlug der sanfte Steve Powell den Namen Babe vor. Wir hatten vor ein paar Monaten eine in Gefangenschaft lebende Indische Elefantin namens Babe kennengelernt, als wir unsere ersten Halsbänder im Burnett Park Zoo in Syracuse, New York, getestet hatten. Babe war bei der Geburt ihres Kalbs gestorben, und wir hatten sie sehr betrauert.

Mit Babes Namen im Hinterkopf, war ich in bester Laune, als wir uns mit einem Dutzend Wildhüter und dem Betäubungsteam, bestehend aus Rowan, Mike und Norman, in die Fahrzeuge quetschten und ins Zentrum des Forschungsgebiets fuhren. Über unseren Köpfen kreiste bereits Debbies Flugzeug; wir hörten ihre Stimme im Funkgerät, während sie nach einem geeigneten Elefanten suchte. Sie sollte die Fahrzeuge zu einem Halteplatz dirigieren. Mit einem Funkgerät ausgestattet, würde das Betäubungsteam den ausgewählten Elefanten zu Fuß aufspüren und mit einem Pfeil betäuben. Wir anderen, ungefähr zwei Dutzend Leute, ebenfalls mit Funkgeräten ausgerüstet, würden zu Fuß nachkommen, um beim Anlegen der Halsbänder und bei der Blutentnahme für die genetischen Tests zu helfen. Wir wollten auch ein paar Standardmessungen vornehmen, die Aufschluß über das Alter, den Status und die Gesundheit des Tieres geben würden.

Unsere Arbeit begann damit, daß wir versehentlich ein Jungtier betäubten. Wir ließen die kleine Elefantin schlafend liegen, denn es würde gefährlich sein, wenn sie aufwachte, und warteten, daß Debbie uns zu einem anderen Elefanten führte. Debbie funkte bald darauf herunter, daß ein großes Weibchen das betäubte Tier bewachte. »Sie geht auf mich los«, rief Debbie, während das Flugzeug hektisch über der Stelle herabstieß, an der die Elefantin Wache hielt. »Wo ist das Problem?« funkte Rowan zurück. (Simbabwischer Humor: Er wollte sagen, es könne doch nichts passieren, solange Debbie im Flugzeug sitzt.)

»Aber sie geht einfach nicht weg«, rief Debbie wieder. »Sie muß die Leitkuh sein.«

Das Flugzeug drehte weitere sechs Runden.

»Es sind verdammt viele Elefanten in der Gegend hier.«

Wieder eine Runde.

»Sie will einfach nicht von ihr weg.«

»Bitte bestätigen – die Große will einfach nicht von der Kleinen weg – richtig?«

»Roger.«

Wir kehrten durch den Wald zurück, und die Männer betäubten jetzt die große Elefantin. Es war Babe, aber die Namensgebung verlief wenig feierlich, mitten im größten Chaos. Mehrere junge Elefanten lagen auf den Knien, um das junge Weibchen hochzuhieven, das Babe nicht hatte im Stich lassen wollen. Sie brachten es zwar auf die Knie hoch, aber dann fiel es wieder um. Vor lauter Streß und Verwirrung stachen sie mit ihren Stoßzähnen auf sie ein und rannten schließlich weg.

»Es sind dreißig Elefanten um euch herum«, rief Debbie aus dem kreisenden Flugzeug herunter.

Babe lief zu den Bäumen und stürzte dort um. Debbie hielt auf sie zu und versuchte so, ihre Familienmitglieder zu verscheuchen, aber Babes halbwüchsiger Sohn setzte sich auf ihre zuoberst liegende Brust und blieb dort. Nach einer Weile stand er auf, setzte sich aber sofort wieder auf ihre Schulter.

»Hör mal, Rob«, sagte Rowan. »Wenn du eine Biopsie machen willst, ist das die Chance für dich.« Rob brauchte Gewebeproben von Elefantenmüttern und ihren Kälbern, um den Anteil gemeinsamen genetischen Materials bei nahen Verwandten in der Sengwa-Population zu testen. Blut und Gewebe sind beide für diesen Zweck geeignet; wir würden Babe ohnehin gleich Blut abnehmen, und das Kalb saß sozusagen auf dem Präsentierteller bereit. Wir anderen zogen uns also in den Wald zurück, damit des Betäubungsteam auch Babes Sohn mit einem Pfeil betäuben konnte. Wir hörten zwei Schüsse und das Schreien der Männer, die versuchten, weitere Elefanten von der gestürzten Matriarchin fernzuhalten.

Schließlich hatten sie es geschafft, und wir stießen alle zu ihnen.

Neben einem betäubten Tier zu kauern, das einen töten könnte, wenn es wach wäre, ist ein seltsames Gefühl. Ich hockte neben Babes Kopf, weil ich diese Erfahrung nicht verpassen wollte, obwohl es mir eigentlich widerstrebte. Aus irgendeinem Grund nahm ich ihr Schnarchen auf – wahrscheinlich, um meine Gegenwart zu rechtfertigen.

Aber ich hatte kein gutes Gefühl dabei. Es erinnerte mich an einen Abend in Etosha, als Flip Stander von unserem Beobachtungsturm aus einen Löwen, den er umsiedeln wollte, mit einem Pfeil betäubt hatte. Wir halfen ihm, den riesigen, mächtigen, gelähmten Körper in seinen Lastwagen zu hieven. Bevor Flip jedoch mit seiner Fracht wegfuhr, lag der Löwe eine halbe Stunde bewußtlos vor uns, und Flip, der damit beschäftigt war, Zahlen in sein Notizbuch zu schreiben, hatte uns aufgefordert, das Tier anzufassen. Wir taten es, weil wir der Versuchung nicht widerstehen konnten. Wir kuschelten uns in seine borstige Mähne und schmiegten uns an seinen Hals. Wir zogen seine Lefzen auseinander und ließen unsere Finger über die Eckzähne gleiten und untersuchten gemeinsam mit Flip seine Backenzähne. Wir rochen an seinem Maul. Wir zogen das Lid seines rechten Auges zurück und schauten hinein – es war lebendig, klar und erschreckend schön. Wir drückten unsere Finger in den riesigen Muskel seines Vorderbeins. Schließlich nahm ich seine Pfote in beide Hände und knetete meine Knöchel in das warme, graue Polster, bis die Krallen hervorschossen.

Es war mir nicht wohl dabei. Einen wehrlosen Menschen untersucht man schließlich auch nicht einfach so ohne sein Wissen und Einverständis. Eigentlich haben die Menschen überall auf der Welt eine solche Art von Respekt und Anstand voreinander. Für manche Leute, und zu denen zähle ich mich, erstreckt sich dieser Respekt auch auf andere Lebewesen. Ein Schauer lief mir über den Rücken, als ich daran dachte, daß der Löwe, wenn er Hunderte von Meilen weiter wieder zu sich kam, meinen Geruch wittern und wissen würde, daß ich seinen Körper untersucht hatte.

Als ich neben Babe hockte, hatte ich wieder das Gefühl, unzulässigerweise eine Grenze zu überschreiten. Zum Glück brachte Mikes Kanüle Babe und die kleine Elefantin (vielleicht Babes Tochter) bald wieder auf die Beine, und wir schauten zu, wie sie zwischen den kahlen Bäumen verschwanden. Wir, die wir aus fünf verschiedenen Kulturkreisen kamen, standen ein paar Minuten still zusammen, ehe wir zur Tagesordnung übergingen.

In den folgenden zwei Wochen hatten wir uns davon überzeugt, daß Babes und Computers Halsbänder richtig funktionierten, und konnten unser Vorhaben weiter in die Tat umsetzen. Verstärkt durch einen Helikopter der Firma Mobil Oil stattete dasselbe Team die übrigen vierzehn Elefanten innerhalb von drei Tagen mit Sendern aus. Wir arbeiteten in drei Schichten. Ganz oben dirigierte Debbie die Aktion vom Flugzeug aus. Unter ihr manövrierte der Hubschrauber Mike an den richtigen Platz zum Abschießen des Pfeils. Unten am Boden bewegte sich, wie zuvor auch schon, eine große Mannschaft zu Fuß und in Fahrzeugen und wurde von den skurrilen Funkdialogen zwischen Rowan und Debbie bei Laune gehalten.

D: »Diese verdammten Geier glauben anscheinend, daß hier ein Culling stattfindet.«

R: »Paß auf, daß du keinen triffst.«

D: »Hallo, ihr da unten. Die sind direkt neben euch, Jungs!«

Wir alle genossen das Abenteuer – Flugzeug, Helikopter, Lastwagen, Gewehre und vor allem Gemeinschaftgefühl. »Es macht Spaß«, meinte Andrew Masarirevhu, der Wildhüter, der uns für diese Forschungssaison als persönlicher Helfer zugewiesen worden war. »Spaß, wie im Krieg.« Das war der feinsinnige Kommentar eines sensiblen, jungen Mannes, der im Unabhängigkeitskrieg gekämpft und sich seiner eigenen widersprüchlichen Gefühle bewußt geworden war.

Am zweiten Tag flog ich im Hubschrauber mit. Rowan, der Tierarzt und der Pilot versuchten lautstark, den Motorenlärm zu übertönen. Gelegentlich drangen auch ein paar Satzfetzen zu mir nach hinten. Nach einigen Minuten hörte ich die Worte »zusätzliches Gewicht«. Der Hubschrauber schwebte zu Boden, und Rowan bat mich auszusteigen. »Wir kommen zurück, wenn wir einen erwischt haben.«

Ich sprang neben einem steilen Buckel unterhalb der Abbruchwand namens Sijamba heraus. Als der Hubschrauber himmelwärts entschwand, stieg ich auf den Buckel hinauf. Fast im selben Moment erklang weiter unten ein tiefes, weiches Donnern. Es war das Stampfen von Füßen im Sand, das von sieben Elefanten herrührte, die unterhalb meines Standorts _flohen. Ihre Ohren waren an den Hals gedrückt, die Augen schreckgeweitet, die Tiere selber so dicht aneinandergedrängt, als wären sie ein einziges Wesen mit achtundzwanzig Füßen. Eine Staubwolke stieg hinter ihnen auf und nahm mir die Luft.

Nach wenigen Minuten war der Hubschrauber zurück. Ich zeigte auf die Elefantenspuren. »Habt ihr sie gesehen?« Die Männer starrten auf den frisch aufgewühlten Pfad, dann wechselten sie betretene Blicke. »Die hätten Sie zu Pulver zerstampfen können«, sagte der Pilot. »Steigen Sie ein.«

Der Helikopter, jetzt wieder mit meinem zusätzlichen Gewicht beladen, stieg mühsam auf, hechtete mit einem Satz über den Rand eines Ausbisses und ging auf der anderen Seite neben einem großen ruhenden Jumbo, so sagte Rowan, herunter. Die beiden Kälber standen zu beiden Seiten der Elefantin. Die Luft, verdichtet und durchgequirlt von den kreisenden Rotorblättern des Helikopters, pulsierte. Mit dieser Geräuschkulisse erinnerte mich die Szene an einen Kriegsfilm. Gleichzeitig mußte ich an eine mittelalterliche Pietà-Darstellung denken: zwei Kinder neben ihrer gefallenen Mutter unter einem kahlen, sandfarbenen Steilhang, der drohend über ihnen aufragte. Ich rief: »Ich glaube, die hier heißt Sijamba.«

»Ein guter Name«, rief Rowan zurück.

Am dritten Tag flog ich im Flugzeug mit, um Debbie bei der Suche nach Runyanga oder Crooked Tooth (krummer Stoßzahn) zu helfen, einer Elefantenkuh, die angeblich so groß wie ein großer Bulle war, mit einem unerhörten Gefolge von vierzig anderen Elefanten, aber ohne ein eigenes kleines Kalb. Sie war dafür bekannt, daß sie den Wildhütern auflauerte und sie jagte, wenn diese einmal im Monat zehn Tage Streife gingen. Der sogenannte Transektdienst führte die Wildhüter dann zu Fuß auf vorgegebenen, sechs Kilometer langen Wegen, in deren Einzugsbereich sie das Vorkommen von Säugetieren protokollierten. Die zwölf Streifrouten in Sengwa wurden seit zehn Jahren auf diese Weise zehn Tage im Monat überwacht. Die Hauptwege kreuzten den Sengwa-Fluß und führten in ein Dickicht hinauf, das Crooked Tooth offenbar als ihr Eigentum betrachtete. Man sprach meistens nur vom Fuck-up-Dickicht

(Verpiß-dich-Dickicht), vielleicht weil Crooked Tooth hier schon so viele Kontrollgänge gestört und Zählungen behindert hatte.

Der Ruf dieser Elefantin machte mich neugierig: Ich wollte sie mit einem Sender ausstatten, um herauszufinden, was für ein Leben sie führte. Eine alte Matriarchin würde sicher sehr laute Koordinierungsrufe ausstoßen. Und was noch wichtiger war: Der Sender würde es uns ermöglichen, die Wildhüter zu warnen, falls Crooked Tooth irgendwo in der Gegend war. Rowan sagte, er hätte in der Vergangenheit mehr als einmal vergeblich versucht, Crooked Tooth zu kennzeichnen. Sobald er im Flugzeug nach ihr suchte, war sie plötzlich verschwunden. Er war der festen Überzeugung, daß sie wußte, was vorging. Er vermutete, daß sie ein zweites Streifgebiet nördlich der Sengwa-Grenze hatte, und drängte uns, dort nachzusehen, ob das Fuck-up-Dickicht leer war. Sollten wir sie dort finden, würde sie unser letztes Halsband bekommen. Wir hatten es, in gewisser Weise, extra für sie aufgehoben. Immer wenn wir es geschafft hatten, einen weiteren Elefanten mit einem Sender auszustatten, hatten wir von unserem Wunsch gesprochen, an Crooked Tooth heranzukommen.

Wir fanden keine Elefanten, weder im einen noch im anderen mutmaßlichen Streifgebiet. Aber als wir zu der Stelle zurückkehrten, wo Sengwa und Lutope zusammenfließen, entdeckte ich eine große Elefantin mit massiven Stoßzähnen, der rechte auf bizarre Weise nach außen abgespreizt. Das Bodenteam rückte an, betäubte sie und legte ihr den Sender an. Wir waren glücklich und stolz auf unseren Erfolg.

Zwei Wochen später wurde eine Elefantenkuh im Manyoni gesichtet, die doppelt so groß war wie die Elefantin, die wir gekennzeichnet hatten, noch dazu mit einer Familie, so groß wie eine Bond Group. Ihr linker Stoßzahn war zweimal so groß wie der rechte und so schief, daß er senkrecht gen Himmel aufragte. Als die Nachricht uns erreichte, war ich gerade mit einer Gruppe von Wildhütern zusammen: Sie johlten vor Lachen und brachen in lebhaftes Geschnatter aus. Ich sah rechte Hände, dann linke Hände, die nach oben gingen und sich in die Höhe reckten, begleitet von brüllendem Gelächter. Dann hielt Christmas einen langen Monolog, dem alle mit gebannter Aufmerksamkeit lauschten – seine Gesten bedeuteten einen Riesenschreck, eine panische Flucht und endloses Warten im Wipfel eines Baums. Alle krümmten sich vor Vergnügen. Ich konnte nicht sagen, ob die Wildhüter enttäuscht oder froh waren, daß wir es nicht geschafft hatten, die Elefantin zu überwältigen, zu der sie offenbar eine besondere Beziehung hatten. Aber wir hatten jetzt zwei Krummzähne in unserem Repertoire, wovon der berühmtere im Wald so unauffindbar war wie Moby Dick in der Unendlichkeit der Meere.

Nach der letzten Halsbandaktion veranstalteten die Gastexperten aus Harare am Abend für uns und die Coulsons zum Sonnenuntergang ein Picknick auf einem großen Felsen, von dem aus man auf Sengwa hinunterschauen konnte. Unweit des Felsens stand eine Strohhütte, die Colin's Bar genannt wurde, und darunter lag ein leerer Swimmingpool aus Beton. Der Ort, so sagten unsere Gastgeber lachend, erinnere sie an die guten alten Kolonialzeiten, als Simbabwe noch Rhodesien war und Colin Craig der Direktor des Instituts. Sie meinten, das noble, aber heruntergekommene Ambiente des Instituts spiegele genau den Zustand des Landes wider, mit dem es seit der Unabhängigkeit bergab gegangen sei. Jedenfalls ließen wir uns die Steaks, den Rotwein, die Früchte, die Salate, das Brot und die feinen Käsesorten schmecken. Die Coulsons, die Martins, Debbie und Colin hatten viele gemeinsame Jahre in Sengwa verbracht, unter Führung der »First Family« des Instituts, Dave und Meg Cumming. Rowan, der in seiner Collegezeit in England das Dudelsackspielen vom Dudelsackpfeifer der Queen höchstpersönlich gelernt hatte, lockte mit seinem Spiel oft Elefanten an. Die Cummings hatten eine Gruppe verwaister Warzenschweinferkel adoptiert, und als ihnen aufging, daß die Kleinen die Körperwärme ihrer Mutter vermißten, hatten sie sie in ihr Bett geholt und mit ihrem eigenen Körper gewärmt – oh, süßes Buschleben! Die Röte verschwand vom Himmel, und die Sterne kamen heraus, helle Punkte in der klaren, schwarzen Nacht. Jenseits des Flusses hörten wir Löwen brüllen. Ein Stück weiter oben, beim Haus der Coulsons, antwortete eine Hyäne mit einer Reihe von ansteigenden Schreien. Wir waren nicht die einzigen, die satt und zufrieden waren.

In aller Frühe am nächsten Morgen reiste das Team aus Harare ab, um dringenden Pflichten in anderen Teilen des Landes nachzukommen. Der Helikopter schwankte und kreiste dann in einer riesigen Wolke aus aufgewirbeltem Staub davon. Nachdem sie die Sandpiste auf Löcher von Warzenschweinen abgesucht hatte, brauste auch Debbie davon. Mit einem Wackeln der Tragflächen schickte sie uns einen letzten Sonnenstrahl. Und dann senkte sich wunderbare Stille über uns Zurückgebliebene.

»Also, Leute«, sagte Bill. »An die Arbeit!«

Der Computer in unserem geräumigen, luftigen Büro hatte bereits eine Menge Daten gespeichert. Bill und Russ setzten sich an das Gerät, um nachzusehen, wie die Dinge vorangingen. Rob nahm seine Gewebe- und Blutproben und verschwand in einem Raum, den wir das Chemielabor nannten. Lillie begann mit der 15.00-Uhr-Funksitzung. Sibanda Mafohla Mbelekelwa fand uns vertieft in unsere diversen Beschäftigungen und verkündete, daß es nun Zeit für die Teepause sei. Der Arbeitsalltag hatte begonnen.

Tee gab es um zehn Uhr morgens und um drei Uhr nachmittags. Das Institutspersonal und die Gastforscher waren willkommen. Aber nicht die vielen anderen Angestellten, abgesehen vom freundlichen alten Sibanda, der ein Tablett mit Tee, Zucker, Milch und Bechern hereinbrachte, es auf den Tisch stellte und »Tee?« sagte, um dann lautlos wieder zu verschwinden, nachdem alle ihn begrüßt hatten.

Die Becher waren aus blauem Ton. Es waren Elefantenköpfe darauf – die Rüssel waren die Henkel. Die Teezeremonie begann damit, daß Sibanda in die Werkstatt hinunterging, um den gewaltigen Generator anzuwerfen, denn der Teekessel lief mit Strom. Wir Amerikaner lernten, unseren Elektrizitätsverbrauch nach dem Teezeremoniell zu richten.

Der Tee wurde in der Bibliothek serviert, dem schönsten Raum im Hauptgebäude des Instituts, das – von Dave Cumming entworfen – auch sonst in jeder Hinsicht schön war. Das Gebäude war wie ein H geformt, wobei der Querbalken die Trennlinie zwischen zwei Höfen bildete, der eine nach Norden, der andere nach Süden ausgerichtet, jeder von einer Reihe großer, ruhiger Büros eingerahmt. Die Büros gingen auf Wandelgänge hinaus, die sich um die grasbewachsene Mitte der beiden Höfe zogen. Die Wandelgänge waren breit und überdacht und gaben einem das entspannende Verandagefühl, und ihre Dächer wurden von Rundbögen gestützt, die auf Säulen ruhten. Irgendwie hatten die beiden Höfe und die Gestaltung der ganzen Anlage etwas Klösterliches. Die Bibliothek war der größte Raum im Mittelteil der westlichen Einfassung. Innen war es, selbst an den heißesten Tagen, kühl und angenehm. Die äußere Wand bestand aus einer großen, zweiflügeligen Glastür, die auf eine Veranda hinausführte. Und das ganze Gebäude, auf einem hohen Steilhang errichtet, war nach Nordwesten ausgerichtet, mit Blick über die Ländereien der Sengwa Wildlife Resarch Area.

Ein kleines Stückchen unterhalb der Veranda, verdeckt im Wald, lag der Sengwa-Fluß. In der Mitte fiel der Blick auf den oben abgeflachten, nahezu im rechten Winkel stufig abfallenden Ntaba Mangwe, den Berg der Geier, der in einer Entfernung von sieben Kilometern mehr als hundert Meter hoch senkrecht aus dem Tal aufstieg. Zu beiden Seiten und jenseits des Ntaba Mangwe ragten andere Tafelberge und Steilabhänge auf, die das Tal mit bizarr geformten blauen Wänden einrahmten. Wenn man am Abend auf der Veranda stand, konnte man zusehen, wie die rote Sonne hinter dieser Kulisse unterging. So sieht der Frieden aus, sollte man meinen. Aber wir trafen zweimal täglich beim Teetrinken mit den Angestellten des Instituts zusammen und mußten zu unserem Entsetzen feststellen, daß das Leben in einem abgelegenen Reservat politisch und zwischenmenschlich ebenso komplex ist wie die Kulturen, von denen es unterstützt wird.

An besagtem Nachmittag tranken nur die Institutsangestellten Tee. Nach einer Vorbereitungszeit von drei Jahren und zwei Monaten gingen wir anderen endlich an die Arbeit.

KAPITEL 9

Auf dem Ntaba Mangwe

Für die Geländebeobachtungen war ich verantwortlich. Wir mußten herausbekommen, was genau die gekennzeichneten Elefanten machten, damit wir die Rufe, die wir über ihre Halsbandsender empfingen, auch interpretieren und somit einige ihrer Wanderungen verstehen konnten. Wir mußten auch die Aufenthaltsorte einzelner Elefanten und der ganzen Herden kennen, die nicht mit Halsbändern ausgestattet waren. Denn wie konnten wir sonst sicher sein, daß die Tiere tatsächlich über große Entfernungen miteinander kommunizierten? Es wäre ja denkbar, daß die Botschaften über Tiere weitergegeben wurden, die sich quasi als Vermittler irgendwo zwischen uns und dem Rufer aufhielten.

Rowan hatte uns schon angedeutet, daß eine lückenlose Überwachung aus nächster Nähe in Sengwa nicht in Frage käme, denn die Elefanten, die wiederholt gecullt worden waren, waren dadurch äußerst scheu. Ich wußte also, daß die Aufgabe schwierig werden würde, und beantragte ein zusätzliches Fahrzeug und einen weiteren Helfer. Doch als es soweit war, hätten wir gut die doppelte Ausstattung gebrauchen können. Rob hatte zu spät erkannt, daß es für seine Forschungen notwendig sein würde, von Elefantenmüttern und deren Kälbern Gewebeproben zu entnehmen. Er brauchte zwei flinke Helfer und ein Fluchtfahrzeug, wenn er an diese Proben ohne allzu großes Risiko herankommen wollte.

Robs Wünsche machten mir in mehr als einer Hinsicht zu schaffen. Denn ein weiterer Helfer, der die Elefanten aufspüren und betäuben sollte, würde noch mehr Unruhe verursachen, während wir doch eigentlich gerade versuchten, das natürliche, ungestörte Verhalten zu studieren. Ich verlangte eine Teamsitzung – die erste von vielen noch folgenden »Sauerteig-Treffen«, wie Bill sie nannte, weil alles, was wir bei diesen Treffen mühsam bereinigt hatten, unter der Oberfläche doch irgendwie weiterzugären schien. Die anderen überredeten mich, das Expeditionsfahrzeug und die beiden Assistenten (Laura und Andrew) Rob zu überlassen. Rob seinerseits versprach, seine Betäubungsaktionen so zügig wie möglich zu beenden und sie nur auf solche Mütter und Kälber zu beschränken, die kein Halsband trugen. Von der Hochebene des Ntaba Mangwe aus hatte man einen hervorragenden Rundblick über das Untersuchungsgebiet. Ein Beobachter konnte sich dort ohne Fahrzeug unbegrenzte Zeit aufhalten, und in der Zeit zwischen den täglichen Funkortungssitzungen konnten die Wildhüter ihm zur Hand gehen.

Diese Entscheidung war notwendig gewesen. Allerdings deckte der Beobachtungsposten auf der Ntaba-Mangwe-Hochebene nur etwa ein Viertel des Streifgebiets jener Elefanten ab, die wir mit Sendern ausgestattet hatten. Und ohne Fahrzeug konnten die Beobachter nicht schnell genug andere Gebiete erreichen, in denen sich den aktuellen Peilungen und akustischen Daten zufolge gerade etwas Interessantes abspielte. Ich protestierte also, nicht sehr laut, denn persönlich gefiel mir der neue Plan sehr gut. So wie es aussah, würde ich viel Zeit auf einer einzigen großen Anhöhe verbringen und dort entsprechend heimisch werden.

Diese Aussicht weckte viele glückliche Erinnerungen an meine Kindheit. Auf der Farm meiner Eltern stürzte gleich nördlich der Wiese hinter dem Haus ein breiter, lebhafter Bach namens Taughannock über einen Felsvorsprung in den höchsten, senkrecht abstürzenden Wasserfall östlich der Rocky Mountains. Ich dachte an die vielen Hochsommertage, die ich bäuchlings auf dem glatten, grauen Schiefervorsprung verbracht hatte, die Nase über dem Wasserfall. Neben meinem Ellbogen schoß ein Schwall ins Leere und zerstob in tausend funkelnde Tröpfchen, die in ein grünes, brodelndes Becken hinuntertanzten, so tief unten, daß ich es kaum sehen konnte. Sie flogen verschieden schnell und in unterschiedlichen Bahnen, bildeten mehrere V-förmige Schichten übereinander, die jede für sich die Luftwirbel und Freiräume zwischen dem Wasserfall und dem Halbrund widerspiegelte, das er aufspannte. Schwarz und feucht und duftend war dieser Raum die Miniaturausgabe eines riesigen, von den Wänden einer Schlucht gebildeten Amphitheaters. Mir gefiel es, in dieser Schlucht nur eine winzige und bedeutungslose Kreatur zu sein.

Die Erlebnisse auf der Farm lagen bereits sechzehn Jahre zurück, als ich gemeinsam mit meinem Mann als Standort für unser Walforschungscamp in Argentinien einen Strand am Fuß eines hohen Steilhangs auswählte. In diesem Camp sollten wir mit unseren vier Kindern den größten Teil unseres gemeinsamen Lebens verbringen. Ich übernahm die Beobachtungen vom Felsen aus, die Ausfahrten mit dem Boot überließ ich den anderen. Der Blick von jenem Steilufer veränderte sich von Minute zu Minute. Der Tidenhub betrug, ähnlich wie in der Bucht von Fundy, je nach Mondphase über neun Meter. Wenn die Flut auf dem höchsten Punkt angekommen war, schwammen unter mir die Wale gegen die Felswände; wenn die Ebbe ihren niedrigsten Stand erreicht hatte, trafen Land und Meer erst eine Meile weiter draußen zusammen. Selbst an einem der seltenen ruhigen Tage waren dann kaum Walfontänen über den glitzernden Wellen zu sehen, und der Fuß des Kliffs erschien wie eine Collage aus Gezeitentümpeln und unseren Kindern, die selbige erkundeten.

Erinnerungen an die Taughannock Falls und das Valdés-Kliff

versetzen mich grundsätzlich in Hochstimmung. Warum auch immer alte Erfahrungen Abenteuerlust wecken – mein Herz schlug höher an dem Tag, an dem Rob, Andrew, Laura und ich mit unserem ächzenden alten Landrover den sandigen, steinigen, steilen Pfad auf der Südseite des Ntaba Mangwe hinauffuhren, die letzte Biegung nahmen und überall nur Himmel sahen. Ein Wanderfalke und zwei schwarze Adler kreisten über der Ebene und nutzten dabei die Aufwinde, die sich durch die von den Steilwänden zurückgeworfene Hitze gebildet hatten. Wir gingen vor zum Felsrand und schauten einhundertzwanzig Meter senkrecht in die Tiefe, unter uns eine Talsohle und in weiter Ferne am Horizont Hügel und Bergrücken, die mit der Erdkrümmung im blaßblauen Dunst zu verschwinden schienen. Sechzehn Elefanten überquerten in einer Reihe hintereinander den versandeten Fluß unter uns. Sie sahen aus wie ein Trupp Ameisen, der einem interesssanten Geruch auf der Spur ist.

Laura, Rob und Andrew blieben den Morgen über bei mir. Wir vier hatten in den vergangenen acht Wochen die ganze Zeit zusammengearbeitet, wobei Andrew uns anderen die Topografie der Gegend erklärt hatte. Dadurch waren wir jetzt imstande, unsere jüngsten Erfahrungen mit dem, was wir von oben sehen konnten, und mit meiner topografischen Karte in Einklang zu bringen. Wir alle liebten derartige Anhöhen. Laura war in den Rocky Mountains und im Himalaja gewandert; Rob, der Felskletterer, hatte den Half Dome und El Capitán im Yosemite National Park bezwungen; Andrew, der die Silhouette der Nyanga-Berge von seinem Dorf im östlichen Hochland aus bewundern konnte, hatte seinen zweiten Sohn nach dem Bergsteiger, der als erster bis auf den Gipfel des Mount Everest gekommen war, Hillary getauft.

Ich verbrachte den restlichen Tag damit, den höchsten Punkt des Tafelbergs zu erkunden. Das Areal war mindestens einen

Quadratkilometer groß, vielleicht sogar zwei oder drei, wenn man die ganze Hochfläche mitrechnete. Der Berg war in drei große Teile mit zahlreichen Vorsprüngen und Ausbissen zerschnitten. Nach einer kleinen Kletterpartie kam ich zu einem Punkt, von dem aus ich in alle Richtungen einen hervorragenden Ausblick auf Elefantenterrain hatte, jedes davon überraschenderweise mit einem anderen geologischen Umfeld. Dieser Tafelberg mußte das widerstandsfähige Überbleibsel einer ehemaligen Hochebene sein, von der in der Nachbarschaft weitere Steilwände und Überhänge zeugten, die in die drei tiefen Flußtäler hineinragten. Vor Urzeiten war das ganze Gebiet womöglich so einheitlich wie das Mafungabusi-Plateau gewesen, aber dann war Wasser eingebrochen. In den Regenzeiten hatten Sturzbäche über viele Jahrhunderte hinweg die weiche Erde vom harten Fels gewaschen und diesen wie ein fleischloses Skelett zurückgelassen. In der Abendsonne nahm dieses Felsskelett alle Farben der typischen Canyon-Landschaft im Südwesten der USA an, von flammendem Orange – so grell, daß es in den Augen schmerzte – bis zum sanftesten Altrosa; die Farben und senkrechten Felsformationen berührten mein Herz, wie der Klang einer Kirchenorgel.

Ich war nicht allein an diesem grandiosen Ort. Wenn die Nacht hereinbrach, tauchte sie den Himmel – dessen unerbittliche Hitze und gleißendes Licht uns den ganzen Tag niedergedrückt hatten –, in ein liebliches Grau, und dieses Grau verblaßte mehr und mehr, bis es gleichsam farblos dem Farbton unendlicher Weiten des Universums glich, dunkler noch als Schwarz. Die Lichtpunkte, die dann in diesem Raum erschienen, waren so strahlend, daß sie die ganze Hochfläche erleuchteten: Ich konnte mich ohne Anstrengung in der Nähe meines Zelts bewegen. In diesem Augenblick wurde ein Lehrsatz Realität für mich, den ich lange in Frage gestellt hatte, nämlich daß Sterne astronomisch gesehen Sonnen sind.

Als verantwortlicher Leiter der Sengwa Research Area war Ian Coulson in einer Institution, für die ausschließlich Leute arbeiteten, die von Grund auf anders waren als er selber, der einzige Vertreter der Zentralverwaltung. Er war ihr Motivator, ihr Beichtvater, ihre Krankenschwester und ihr Geldgeber. Ians Verantwortung war drückend, da seine Angestellten unter einer Armut litten, die sich nicht so einfach lindern ließ. Klugerweise versuchte er gar nicht erst, ihre Bedürfnisse in all ihren komplexen Einzelheiten zu verstehen. Er wußte, daß jeder von ihnen in einer Gemeinschaft lebte, in der alles geteilt wurde – ob Geld, Besitztümer, Krankheiten oder Schulden, und bei alldem den Überblick zu behalten, ist keine Kleinigkeit.

Ian führte das Institut aber so reibungslos, daß ich nicht oft mitbekam, was er eigentlich alles machte. Aber hin und wieder stieß ich auf den einen oder anderen Aspekt seiner Arbeit. Zum Beispiel brauchten wir für unser Projekt drei Monate einen zuverlässigen Funküberwacher auf dem Ntaba Mangwe. Jede Funksitzung würde ungefähr eine Stunde dauern, dazwischen jeweils zwei freie Stunden; das Ganze mußte Tag und Nacht im Abstand von drei Stunden wiederholt werden. Da Ian sich darüber im klaren war, daß nicht alle Wildhüter gleichermaßen begeistert von diesem Rhythmus sein würden, setzte er sie in Zweiergruppen ein und teilte jeder Mannschaft eine Zehn-Tage-Schicht zu, in der sie den vollen Job machen sollten. Auf diese Weise trainierten alle Wildhüter die Funkbeobachtung, und jeder von ihnen machte die Arbeit über einen gleich langen Zeitraum. Ian würfelte die Männer willkürlich zusammen, ohne auf kulturelle Aspekte oder persönliche Bindungen Rücksicht zu nehmen, eine Vorgehensweise, die bei der Auswahl von Patrouillenteams seit langem praktiziert wurde. Da jeder der Wildhüter häufig mit allen anderen zusammenkam, entwickelte sich ein Gemeinschaftsgefühl über alle Stammesgrenzen hinweg.

Ein oder zwei Monate später war Andrew mit dem Funkdienst an der Reihe. Er übergab Christmas für die nächsten zehn Tage seine Aufgaben bei Robs Betäubungsaktionen und kam auf den Ntaba Mangwe hoch. Ich kampierte zu jener Zeit dort oben, um zu beobachten. Andrew sah keinen Grund, warum ich meine Mahlzeiten allein einnehmen sollte, und lud mich ein, ihm und den anderen Wildhütern am Lagerfeuer Gesellschaft zu leisten. Auf diese Weise bekam ich unerwartete Einblicke in die spirituelle Welt der Wildhüter und ihre Sichtweise des Universums.

Aber bleiben wir noch einen Augenblick in der Welt der Physik. Wie ich bereits erwähnt habe, vollzieht sich in Trockensavannen bei Sonnenuntergang eine spürbare Veränderung in der Atmosphäre. Die sich einstellende Temperaturumkehr schafft eine Luftschicht, die den Schall – insbesondere Niedrigfrequenzlaute – zur Erde zurücklenkt. In der Dämmerung hört man, wie alle anderen Tiere, auch als Mensch viel weiter entferntere Geräusche als in der Mittagszeit, und man bekommt ein stärkeres Gefühl von Weite.

In Sengwa gab es, wie in Etosha, zahlreiche Löwen. In der Morgen- und Abenddämmerung hallte ihr Gebrüll in den Spalten und Schluchten wider, die die verschiedenen Abschnitte der Mangwe-Ntaba-Hochfläche durchzogen. Wenn man oberhalb eines solchen Einschnitts stand, hörte es sich an, als ob ein Löwe, der über hundert Meter weiter unten war, direkt vor einem stünde. Ich verbrachte ein paar Nächte auf einem westlichen Ausbiß, wo ich hören konnte, wie die Löwen einander talauf, talab zuriefen und antworteten. Durch die Art und Weise, wie der Schall in den Spalten gebündelt wurde, konnte ich einschätzen, von welcher Seite die Rufe kamen. Zu jedem gehörten Ruf notierte ich Richtung, Zeit und ob es ein einzelner, ein Gruppen- oder Wechselruf war. Es sah ganz so aus, als ob unter mir eine Gruppe Tiere, die sich ebenfalls über weite Entfernungen mit Hilfe von Rufen organisierte, verstreut war. Doch ich gab dieses Projekt bald auf, weil ich den Ort mit einem Leoparden teilen mußte. Ich hörte seine heiseren Rufe, und am Morgen entdeckte ich seine Fußspuren neben meinem Rucksack.

Am Lagerfeuer der Wildhüter hörten wir andere Laute – Trommeln, die in der Ferne schlugen. Die Männer brachten Todesfälle, Geburten oder Gebete ins Spiel. »Kure kwemeso nzeve dzinonzwa«, sagte Andrew. Wo Augen nichts sehen, können die Ohren hören. Die Wildhüter beratschlagten untereinander, von welchem Dorf das Trommeln wohl kommen könnte und um welchen Anlaß es sich handeln möge. Rhythmus und Tageszeit sagten ihnen, daß die Geister der Ahnen angerufen wurden. Daß jemand gestorben war. Daß die Angehörigen verstört und bestürzt über den Verlust waren. Daß sie eine Erklärung verlangten.

»Diese Ahnen«, fragte ich. »Wie sind sie?«

Die Antwort auf diese Frage variierte von einer Nacht zur anderen und von einem Informanten zum anderen. Die Geister der Vorfahren konnten, so scheint es, in Tier- oder Menschengestalt auftreten, aber die Gestalt, in der sie sich zeigten, war letztlich nicht so wichtig, denn Tiere, Geister und lebende Menschen verwandelten sich ineinander und waren kontinuierlich im Fluß. Das Trommeln ging die ganze Nacht weiter, ein und derselbe Rhythmus, gleichmäßig wie der Herzschlag. Der Beweis dafür, daß sowohl Geister der Ahnen als auch lebende Menschen zugegen waren, beharrlich, geduldig. Es kam mir vor, als würden die Leute durch die Trommeln sprechen, und das Trommeln durch die Leute, und es war wie das Auf-und-Ablaufen der Gezeiten, die das Meer zum Land und das Land zum Meer bringen.

Für ein paar Tage tauschte Andrew seine Funksitzungen mit einem Kollegen und half mir, das Verhalten eines mit Funk ausgestatteten Elefanten aus nächster Nähe zu filmen. Wir kletterten zum Fuß des Tafelbergs hinunter und robbten im Busch herum. Andrew brachte mir bei, wie man sich im Gegenwind von Rhinozerossen und im Rückenwind von Elefanten hält. Eines Tages wurden wir wegen dieser Verhaltensregeln stundenlang im Kreis herumgescheucht, und ich sagte mir, daß es sich so anfühlen müsse, wenn man als kleines Tier ums Überleben kämpft. Allerdings gibt es nicht viele Tiere, die einen so schlechten Geruchssinn haben wie wir Menschen. Um diesen Mangel wettzumachen, trugen wir in kleinen Beuteln Asche vom Lagerfeuer mit uns herum. Schüttelte man den Beutel, staubte Asche heraus, woran man die Windrichtung ablesen konnte.

Meine Versuche, einen unserer mit Funk ausgestatteten Elefanten zu filmen, blieben im großen und ganzen so erfolglos, wie die der anderen Forscher. In Sengwa seien die Elefanten einfach zu scheu, erklärte uns Rowan. Man könne einen Elefanten schon verjagen, indem man irgendein anderes Tier in seiner Nachbarschaft aufscheucht. Die Impalas auf der Lichtung, die Paviane in den Bäumen ringsum, die Riedböcke in der Schwemmebene und die Regenpfeifer und Warzenschweine am Rand der Wasserstelle dürften aber nichts von der Gegenwart eines Menschen merken. Denn sobald auch nur einer alarmiert ist – ob akustisch, optisch oder olfaktorisch durch Gerüche, wird er in einer Kettenreaktion die anderen aufscheuchen, bis sich die Information zum betreffenden Elefanten fortgesetzt hat. Diese Lektion saß.

Die Wildhüter führten diese Vernetzung noch weiter und dehnten sie auch auf die Ahnengeister aus, die in bestimmten Tieren verkörpert waren, zwischen denen wir herumrobbten. Es gab so viel gleichzeitig zu bedenken, daß wir Außenstehenden uns niemals gefahrlos ohne die Hilfe der Wildhüter bewegen konnten, auch wenn sie uns noch soviel beizubringen versuchten. Wir brauchten immer ihre Hilfe, und wir werden sie immer brauchen.

In der Nacht erzählten wir uns Geschichten.

Der Meistererzähler war eindeutig Andrew. Er konnte uns so in Angst und Schrecken versetzen, daß uns jedes einzelne Haar auf dem Kopf zu Berge stand. Oder er setzte aufgestautes Gelächter, Wut oder auch Mitleid frei, von dem man gar nicht wußte, daß man es unterdrückte. Er war fähig, aus sich herauszugehen und sich sozusagen von hinten anzuschleichen, um seine eigenen Schwächen mit einer Meisterschaft zu präsentieren, daß man trotz aller Höflichkeit lachen mußte. Er schoß im Licht der Laternen herum, die in den Bäumen hingen, und agierte dramatisch, während wir anderen völlig gebannt zusahen und zuhörten. Sein Redefluß schien nie zu versiegen. Manchmal, wenn wir tagsüber durch den Feldstecher Tiere beobachteten, erzählte er mir währenddessen, was er über sie wußte. Und immer fand er in dem, was sich vor unseren Augen abspielte, irgend etwas Komisches, Pathetisches oder einfach Spannendes.

Eines Abends erzählte Andrew uns ein Erlebnis, das ihn zu der Überzeugung gebracht hatte, daß die einzelnen Bereiche in der Natur wie ein genau ausgeklügeltes Kontrollsystem funktionierten, das das Ganze im Gleichgewicht hielte. Ich bat ihn um die Erlaubnis, diese Geschichte hier abdrucken zu dürfen. Auf meinen Wunsch hat er sie niedergeschrieben, damit alles seine Richtigkeit hat:

Im Dezember 1984 war ich im Ntaba Mangwe Camp auf Patrouille. Am 16. Dezember stand ich früh auf und ging bis gegen halb elf Streife. Als ich ins Camp zurückkam, entdeckte ich ein Eichhörnchen, das sich in einem Moskitonetz in meiner Hütte verfangen hatte. Ich befreite es und band es an einen Wandpfosten in der Hütte, während ich auf meinen Freund

John wartete, der auf einer anderen Route als ich ebenfalls Streife gegangen war.

Das Eichhörnchen hatte uns viel Ärger gemacht, es hatte unsere Mehlsäcke aufgerissen und andere Lebensmittel aufgefressen. Wir hatten alles versucht, um das Eichhörnchen loszuwerden, aber bisher waren alle unsere Tricks fehlgeschlagen. Außer an diesem Tag, als ich es in dem Moskitonetz gefunden hatte.

John kam gegen elf Uhr, und ich zeigte ihm das Eichhörnchen. Er packte es und wollte es töten, aber ich hinderte ihn daran. Ich sagte ihm, ich wüßte eine bessere Art, das Eichhörnchen zu bestrafen, und er war einverstanden und überreichte mir das kleine Tier. Ich brachte das Eichhörnchen in die Küche, nahm ein brennendes Holzstück und verbrannte ihm das Maul und die Füße, aber nur gerade so viel, daß es nicht daran sterben würde, und dann ließ ich es frei. Das Eichhörnchen rannte in meine Hütte zurück und kletterte zum Strohdach hinauf. Da wir dachten, das sei Strafe genug, ließen wir es auf dem Dach, und das Eichhörnchen blieb dort den ganzen Tag und einen Teil des nächsten Morgens.

Am Nachmittag gingen John und ich im Sengwa River schwimmen in der festen Überzeugung, wir hätten das Problem endlich gelöst, das uns tagelang zu schaffen gemacht hatte. Als ich genug gebadet hatte, zog ich meine Patrouillenschuhe an und band die Schnürsenkel fest zu, damit kein Staub auf meine sauberen Füße kam. John und ich gingen zum Camp zurück, setzten uns hin und unterhielten uns.

Als es Zeit zum Kochen wurde, machte ich mich daran, alles zusammenzusuchen, was ich für das Essen brauchte. Ich ging in die Hütte, um Mehl zu holen, und als ich zum Dach hinaufschaute, sah ich das Eichhörnchen, das sehr still, aber am Leben war, und ich sagte: »Endlich haben wir dich.« Ein paar Minuten später fühlte ich einen scharfen Schmerz in meinem linken Fuß und dachte, eine glühende Kohle sei in den Stiefel geraten, ohne daß ich es gemerkt hatte. Ich versuchte den Stiefel auszuziehen, aber bevor ich es geschafft hatte, spürte ich zwei weitere scharfe Stiche. Als ich den Stiefel endlich herunterziehen konnte, war nichts zu sehen, aber der Schmerz wurde sehr schnell schlimmer, und später merkte ich, daß ich von einem Skorpion gestochen worden war. Ich fing an zu brüllen und das Gesicht zu verzerren, so schlimm war der Schmerz.

Mein Freund John übernahm das Kochen, und ich saß da und dachte nach und überlegte mir, wie ich den Schmerz wieder loswerden könnte. Mein Freund versuchte mich mit Worten zu trösten, aber ich mußte daran denken, wie grausam ich zu dem Eichhörnchen gewesen war. Ich dachte, die drei Skorpionbisse seien eine Strafe für das, was ich dem Eichhörnchen angetan hatte. Während ich darüber nachgrübelte und zu der Überzeugung kam, daß es mir recht geschah, weil ich das Eichhörnchen auch bestraft hatte, spürte ich ein Kratzen, als ob jemand mit Sandpapier über meine nackten Füße fahren würde. Ich schaute auf meine Füße hinunter und sah eine kleine, schwärzliche Schlange darüberkriechen, und ich sprang auf und schleuderte die kleine Schlange zwei oder drei Meter weit von mir weg. Wir beschlossen, die Schlange nicht zu töten und waren sehr traurig bei dem Gedanken daran, warum mir so etwas passiert war. Wir redeten später darüber und sahen ein, daß wir dem Eichhörnchen etwas sehr Böses angetan hatten.

Ich konnte die ganze Nacht nicht schlafen, weil die Skorpionenbisse so sehr schmerzten. Am nächsten Morgen stellte ich fest, daß ich kaum gehen konnte, und mein Freund John mußte für mich die Streife übernehmen. Gegen Mittag ließ der Schmerz ein wenig nach, und wir dachten alle darüber nach.

Während meine Freunde wieder auf Streife gingen, blieb ich im Camp zurück und lag auf meinem Strohbett. Ab und zu ging ich nach draußen und wusch ein paar Töpfe und Teller ab, was mich große Mühe kostete. Das Eichhörnchen war immer noch auf dem Dach. Ich merkte nicht, wie es vom Dach herunterkletterte, sondern stellte nur fest, daß es gegen zehn vor elf am 17. Dezember 1984 nicht mehr da war. Der Schmerz in meinem Bein verschwand fast zur selben Zeit, als das Eichhörnchen heruntergeklettert sein mußte, und ich habe mich immer gefragt, wie ich dieses Erlebnis wohl einordnen sollte.

»Und was war es deiner Meinung nach?«, fragte ich.

»Ich glaube, der Skorpion und die Schlange haben dem Eichhörnchen geholfen, mich zu bestrafen«, sagte Andrew einfach.

Das Verhalten von Löwen wurde oft als Bestrafung von Menschen angesehen. Derselbe Gedanke war mir damals in Etosha gekommen: Mag es nun wahr sein oder nicht, wenn einem ein Löwe eine ganze Nacht lang ins Auge blickt, erscheint einem eine solche Interpretation gar nicht so weit hergeholt. Die Wildhüter hatten alle irgendwann Erfahrungen dieser Art gemacht. Zaccheus, der älteste Wildhüter, beschrieb mir ein Ereignis, das mehrere von ihnen häufig erwähnt hatten. Hier seine schriftlich festgehaltenen Worte:

In der Nacht, als ich im Patrouillen-Camp von Ntaba Mangwe war, hatte ich einen wundersamen Traum.

Ich träumte, daß ich einen Löwen auf der östlichen Seite unseres Camps brüllen hörte, etwa hundert oder zweihundert Meter weit weg.

Ich konnte den Löwen im Traum richtig sehen. »Ich will Frieden an diesem Ort, ich will keinen Lärm, geh und sag es den anderen«, bedeutete mir der Löwe. Am nächsten Morgen erzählte ich den Traum meinen Kollegen und sah auch die Spur dieses Löwen.

Diesen Traum hatte er nach einer Zeit, in der sich die Wildhüter untereinander schrecklich gestritten hatten, und am Nachmittag vor dem Traum hatte es eine besonders schlimme Auseinandersetzung gegeben. Als Zaccheus am Morgen aufwachte, dachte er, bis seine Gefährten sich regten, über den Traum nach. Dann fragte er, ob einer von ihnen in der Nacht etwas gehört hätte. Nein, niemand hatte etwas gehört. Dann erzählte Zaccheus von der Stimme und der Botschaft des Löwen und sagte: »Kommt mit nach draußen!« Und sie folgten ihm, und überall um die Hütte herum waren Löwenspuren. Danach gab es keinen einzigen Streit mehr unter den Wildhütern im Ntaba Mangwe Camp.

»Und anderswo?«, fragte ich.

»Wir waren einfach friedlich.«

An einem anderen Abend erzählte Andrew eine zweite Geschichte, und am nächsten Morgen schrieb er sie für mich auf.

In den Sechzigern und Siebzigern bestellten die Leute Felder in den Bergen von Mutoko. Die Berge dort sind hoch, und die Hänge von vielen Bäumen bestanden. In diesen Bergen lebten unzählige Pavianhorden. Zahllose Höhlen, in denen Leoparden und Hyänen hausten, sind in fast jeder Felsgruppe in den Bergen zu finden. Die Alten und auch die Jungen von Kasine achteten diese Höhlen sehr. Manche der Höhlen sind nach Menschen oder Tieren benannt, die einst in ihnen gelebt hatten. Jeder schlimme Zwischenfall, der sich in diesem Gebiet zutrug, wurde den Ältesten angelastet, deren Aufgabe es einerseits war, den Geistern zu sagen, was die Menschen brauchen, und ihnen andererseits aber auch für alles Gute zu danken, das geschah. So beispielsweise für eine gute Ernte oder lang ersehnte Regenfälle. In manchen Höhlen gibt es Brunnen, die kristallklares Wasser führen, und die meisten Leute, die ihre Felder in der Nähe haben, bewässern ihre Ernte damit.

In diesen Bergen hat mein Vater einst Felder bestellt, genau wie der Vater von Paidamoyo. Paidamoyo war ein Mann um die Dreißig, aber unverheiratet. Als Unverheirateter lebte er bei seinem Vater. Sein Vater besaß eine Schrotflinte, mit der Paidamoyo Paviane verscheuchte. Genau dieses Gewehr war es gewesen, das Paidamoyo einst zum Einhändigen gemacht hatte, denn man hatte ihm seine Linke amputieren müssen. Er hatte sie sich schwer verbrannt, als er Schießpulver herrichten wollte. Seit er damals seine Hand verloren hatte, benutzte er eigentlich kein Gewehr mehr.

Eines Tages war Paidamoyo mit seiner Schwester auf dem Feld seines Vaters, um die Paviane in Schach zu halten. Die Paviane kamen und stürmten das Feld. Paidamoyo und seine Schwester jagten die Affen, aber die Eindringlinge verließen das Feld nicht. Vielmehr sprangen sie weiterhin von Baum zu Baum. Schließlich war es Zeit, nach Hause zu gehen, aber die Paviane wollten nicht weichen. Paidomoyo wußte, daß die Paviane, wenn sie sich nicht weit vom Feld entfernten, am nächsten Morgen bei Tagesanbruch wieder über die Ernte herfallen würden.

Paidamoyo sagte sich, daß es besser sei, nicht nach Hause zu gehen, und so schliefen die beiden Geschwister in einem kleinen Unterschlupf . . . Am nächsten Tag kamen die Paviane, und Paidamoyo tat sein Bestes, um sie zu verjagen, aber sie blieben. Als die Paviane genug hatten, machten sie sich davon und ließen ein riesiges Männchen zurück, das mit dem Rücken zu ihm auf einem Felsen saß. Paidomoyo, der eine Chance witterte, unbemerkt an das Tier heranzukommen, packte seine Axt und schlich sich an den Pavian heran. Schließlich war er nur noch einen Meter von ihm entfernt, und noch immer machte der Pavian keine Anstalten zu fliehen und schaute sich auch nicht um. Doch als er mit der Axt zuschlagen wollte, wirbelte das Tier herum, packte die Axt und warf sie weg. Er stürzte sich auf Paidamoyo und biß und trat ihn. Paidamoyo versuchte mit allen Mitteln, den Pavian zu töten, aber es gelang ihm nicht. Der Pavian riß ihm Stücke aus dem Fleisch und ließ ihn schließlich bewußtlos liegen. Paidamoyos Schwester, die den Kampf mit angesehen hatte, lief nach Hause und rief die Ältesten zusammen.

Die Ältesten kamen und fanden Paidamoyo nur noch flachatmend. Sie brachten ihn schnell ins Krankenhaus, und er mußte ungefähr zweieinhalb Monate dort bleiben. Während er im Krankenhaus war, befragte sein Vater die Geister, weil dies das erste Mal war, daß so etwas geschehen war. Die Geister sagten, es sei eine Strafe für das, was Paidamoyo getan hatte. Als die Geister gefragt wurden, was denn geschehen sei, sagten sie, Paidamoyo habe an dem Tag und in der Nacht, als sie in jenem Unterschlupf waren, mit seiner Schwester Geschlechtsverkehr gehabt.

Die Paviane waren gekommen, um diese Sache ans Tageslicht zu bringen. Paidamoyos Schwester gab zu, daß ihr Bruder sie dazu gezwungen und ihr gesagt habe, sie solle niemandem etwas davon erzählen. Die Schwester hatte nichts gesagt, weil sie mit dem Tod bedroht worden war, für den Fall, daß sie den Mund aufmachen würde.

Als Paidamoyo aus dem Krankenhaus zurückkam, mußte er einen Ochsen und ein paar hundert Dollar für seine Untat bezahlen. Er gab sogar zu, daß er es getan hatte. Auf diese Weise haben alle im Dorf davon erfahren.

Heutzutage sind die Böden in den Bergen ausgelaugt. Nur sehr wenig Leute bewirtschaften noch Felder in den Bergen, weil es mühsam ist, die Ernten nach Hause zu bringen, und auch, weil die Zivilisation Einzug hält. Paidamoyo lebt nicht mehr; er kam im Krieg um, als die Freiheitskämpfer von seiner bösen Tat erfuhren und ihn töteten.

Das ist eine wahre Geschichte.

Diese Geschichte rief eine lange, nüchterne Diskussion auf shona hervor. Ich entschuldigte mich und ging schlafen.

Die Ergebnisse unseres Sengwa-Projekts, für deren Analyse wir Jahre brauchten (und vieles ist noch immer nicht vollständig ausgewertet), scheinen unsere Vermutungen über die Elefanten zu bestätigen, zeigen aber auch, wie ungeheuer vielschichtig die Dinge sind, die es noch zu lernen gibt. Elefantenindividuen sind nicht nur durch das Zusammenleben und unmittelbare gemeinsame Erfahrungen – einschließlich ihrer Rufe – verbunden, sondern auch durch ihren unterschiedlich genetisch bedingten Verwandtschaftsgrad. Das Verhalten dieser Tiere zu beobachten war ein pausenloses Abenteuer, denn ich wußte nie genug, um alles zu erklären, obwohl ich die Funkortungsdaten zur Verfügung hatte. Wenn ich einen Bullen allein an einem Wasserloch beobachtete, nahm ich ihn als Individuum wahr, hegte aber den Verdacht, daß er Teil einer Gemeinschaft war. Wir wußten zu wenig über die Gemeinschaftserfahrungen der männlichen Elefanten, und Sengwa brachte uns in dieser Hinsicht nicht weiter, da wir nur Kühe mit Sendern ausgestattet hatten. Wenn ich eine Familie beobachtete, nahm ich jeden Elefanten als einen Knoten in einem Netz von Beziehungen wahr. Wenn ich Computeraufzeichnungen von gleichzeitig stattfindenden Wanderungen völlig getrennter Familienteile sah, nahm ich nicht nur Individuen, sondern auch Gruppen als solche Knotenpunkte wahr. Wenn ich die Gebiete, in denen die Familien sich gerade bewegten, mit jenen verglich, in denen Rowan und die Wildhüter sie zehn Jahre früher gefunden hatten, begannen wir, die Zusammenhänge im Leben der Elefanten zu begreifen. So wie bei uns Menschen steckt auch in jedem Elefanten viel, viel mehr, als auf den ersten Blick zu sehen, zu hören oder gar zu verstehen ist.

Mein Anteil an dem Projekt war wissenschaftlich gesehen einfach. Beobachtungen, wie wir sie vom Ntaba Mangwe aus und zweimal im Monat während der Flüge mit Debbie machen konnten, hatten bewiesen, daß unsere Funkstandorte zuverlässig waren und Informationen über die Zusammensetzung und das Verhalten der mit Funk ausgestatteten Familien lieferten. Dabei stellte sich heraus, daß es neben den Tieren, die wir mit Sendern versehen hatten, viele nicht gekennzeichnete Herden gab. Folglich konnten wir nicht behaupten, daß die Rufe, die wir dokumentiert hatten, über große Entfernungen funktionierten, selbst wenn das oft die einfachste Erklärung für die koordinierten Bewegungen war, die sich aus unseren Funkdaten von zwei getrennten Familien ergeben hatten.

In der ersten Zeit auf dem Ntaba Mangwe machten die Wildhüter und ich es uns zur Routine, ihre Funkortungsergebnisse mit der Karte abzugleichen.[8] Wir zogen eine Karte von Sengwa auf ein Brett auf und markierten mit zwei Nadeln die Standorte der Funkantennen. Wir banden an jede Nadel einen etwa sechzig Zentimeter langen Faden. Mit einer der Nadeln als Zentrum zogen wir einen Kreis und zeichneten Fünf-Grad-Intervalle am Rand der Karte ein. Dann markierten wir einen zweiten, äußeren Kreis, dessen Zentrum die andere Nadel war – wobei wir in beiden Fällen Norden mit null Grad gleichsetzten.

Um einen Elefanten zu orten, stellte sich der betreffende Wildhüter an den Sockel eines großen Turms, auf dessen Spitze eine Richtantenne montiert war. Die Antenne war auf die sechzehn verschiedenen Sendefrequenzen der Halsbänder der einzelnen Elefanten eingestellt. Der Wildhüter wählte eine dieser Frequenzen und entschied sich so für einen bestimmten Elefanten, dem er nun folgen würde. Er setzte einen Kopfhö-

8 Laura und ich hatten diese Technik von Rowan gelernt.

rer auf, der über ein langes Kabel mit der Antenne verbunden war. Dann drehte er langsam an einer Kurbel, wodurch zugleich die Antenne auf der Turmspitze und die Nadel eines großen Kompasses ausgerichtet wurde, den er vor sich hatte. Wenn die Antenne sich allmählich in Richtung des Elefanten bewegte (der im allgemeinen nicht zu sehen war), hörte der Wildhüter über Kopfhörer die ersten Pieptöne. Jetzt drehte er die Kurbel nur noch ganz, ganz langsam. Je genauer die Antenne in Richtung des Elefanten zeigte, desto lauter wurden die Pieptöne, und von der Nadel auf dem Kompaß konnte der Wildhüter die Himmelsrichtung ablesen, in der sich das sendende Halsband samt Tier befand: In diesem Fall waren es 247°.

Während der eine Wildhüter in dieser Weise auf dem Ntaba Mangwe beschäftigt war, machte ein anderer in der Funkstation des Instituts sieben Kilometer weiter südlich dasselbe und erhielt eine leicht abweichende Richtung. Jeder der beiden Beobachter wußte jetzt die Richtung des Elefanten, aber nicht die Entfernung zu ihm. Jetzt nahmen sie über Funk Kontakt auf und tauschten ihre Ergebnisse aus. Dann strafften sie auf dem Brett die Fäden von beiden Antennen in Peilrichtung. Der Punkt, in dem die Schnüre sich kreuzten, gab uns den exakten Standort des Elefanten an. Es dauerte immer ungefähr eine Stunde, bis wir alle Elefanten lokalisiert hatten.

Mit der Zeit entwickelte Russ ein Computerprogramm, das die Elefanten automatisch ortete, wenn wir ihre Peilungen eintippten, und Bill konzipierte ein passendes Programm, das die Positionen auf der Karte einzeichnete. Das ersparte uns die Schnuraktionen, allerdings war der Teamgeist auf dem Ntaba Mangwe nie besser gewesen, als in der Zeit des rein mechanischen Schnürestraffens. Zu jener Zeit war die Lokalisierungsarbeit lebendig und faszinierend und lieferte rechtzeitig Antworten auf ein ständig sich wandelndes Rätsel. Die Wildhüter hatten viele Ideen, was da draußen vor sich gehen könnte, und kletterten zwischen den Funksitzungen an die Ränder der Hochebene, um mit Hilfe des Feldstechers ihre Vermutungen zu bestätigen. Sobald die Kartographierung automatisch in der Station erfolgte, wurde die Arbeit auf dem Ntaba Mangwe zur reinen Routine. Das erscheint mir erwähnenswert, nachdem heutzutage die primäre Erfahrungsebene immer mehr aus der Mode kommt und durch sekundäre Erfahrung ersetzt wird – Beherrschung des Computers, der nur ein analytisches Werkzeug ist.

Es war jedoch der Computer, der es uns möglich machte, die Ereignisse der einzelnen Tage in größere Zusammenhänge zu setzen und über diese Zusammenhänge zu spekulieren – sei es über die Bindungen, die unter den Elefanten existierten, sowohl unter geographischen Aspekten oder aus evolutionärer Sicht. Beispielsweise lernten wir eine Menge über die Beziehungen zwischen den drei Elefanten, die wir vom Ntaba Mangwe aus am häufigsten sahen – Babe, die mit Funk ausgestattete Crooked Tusk und Computer. Alle drei Familien konzentrierten ihre Aktivitäten auf die Murere-Pools. Babe und Crooked Tusk und ihre Familien waren bei ungefähr der Hälfte unserer Sichtungen zusammen, aber wir sahen keine von beiden jemals mit Computer und deren Familie. Doch was bedeutet eigentlich zusammen?

Um genau zu sein: Bei fünf von zehn Sichtungen waren Babe und Crooked Tusk nur ein paar Elefantenlängen voneinander entfernt. In vier oder fünf der Fälle, bei denen sie nach dieser Definition zusammen waren, zählte die Gruppe dreißig bis fünfunddreißig Tiere; einmal waren es sogar sechzig. Wenn nur eine der beiden gesichtet wurde, betrug die Gruppengröße sechzehn bis zwanzig Tiere im Fall von Babe und zwölf bis vierundzwanzig Tiere bei Crooked Tusk. Wenn wir beide zusammen sahen, stellten wir folgendes fest: 1. Wenn diese große Gruppe sich spaltete, wurde jede Untergruppe von einer mit

Funk ausgestatteten Kuh angeführt. 2. Die Zahl der Tiere, die mit ihr gingen, war jedesmal in etwa dieselbe. 3. Selbst wenn die Gruppen getrennt waren, konnten wir sie oft gleichzeitig oder nur wenige Minuten hintereinander sehen. 4. Wenn es den Anschein hatte, daß beide Kühe in derselben Gruppe waren, hielten sie sich teils in der einen, teils in der anderen Ecke der Gruppe auf, jeweils mit unterschiedlichem Verhalten. 5. Wenn sie sich trennten, agierte jede Familie als eigenständige von der anderen Familie getrennte Einheit.

Diese Beobachtungen veranlaßten uns zu der Schlußfolgerung, daß Crooked Tusk und Babe zwar Mitglieder derselben Bond Group, aber nicht derselben Familie waren.

Mit Hilfe der Funkortung gelang es uns, Babe vierhundertmal zu lokalisieren, Crooked Tusk vierhundertdreiundsechzigmal und Computer einhundertneunundneunzigmal. Die drei Tiere hatten fast genau dieselben Streifgebiete, aber Babe und Crooked Tusk waren nie weiter als zwei Kilometer voneinander entfernt und bewegten sich gemeinsam auf dieselben Orte zu, während Computers Wanderungen von den anderen unabhängig waren.

Robs genetische Tests bekräftigten unsere Vermutungen. Die Analyse der Mitochondrien-DNA zeigte, daß alle drei Tiere möglicherweise mütterlicherseits dasselbe Erbe hatten. Bei der Analyse der Nukleus-DNA kam heraus, daß Babe und Crooked Tusk enger miteinander verwandt waren als mit Computer.

Ich schließe daraus, daß es für Elefanten mehrere Arten von »wir« gibt. Da ist zunächst die Familie, deren Mitglieder alles gemeinsam machen. Dann gibt es die Bond Group, deren Mitglieder zwar nahe beieinander bleiben, aber nach Familien getrennte Verhaltensweisen beibehalten – zum Beispiel die Familien von Crooked Tusk und Babe. Schließlich gibt es noch die Clans, deren Mitglieder Gebiete gemeinsam nutzen, sich aber unabhängig voneinander darin bewegen. Computers Familie gehörte zum selben Clan wie Crooked Tusk und Babe, hatte aber sowohl eine andere Familie als auch eine andere Bond Group.

Bei verschiedenen Aufgaben innerhalb des Projekts wechselten wir einander ab. Ich brachte mehrere Perioden unten in der Station zu, wo ich die Funkortung von der dortigen Antenne aus übernahm, Daten in den Computer eingab und auf Disketten sicherte. Eine meiner Aufgaben bestand darin, die Qualität der Daten zu prüfen, die vom Ntaba Mangwe hereinkamen. Eines Tages, während einer Periode, in der ein erfahrener älterer Wildhüter und ein unerfahrener jüngerer zu den Beobachtern gehörten, war ich nicht zufrieden. Die Zahlen, die der jüngere Mann über Funk durchgab, endeten zu oft mit null oder fünf. Ich vermutete, daß er auf- und abrundete, anstatt die genauen Peilungen durchzugeben.

Bei unserem letzten Funkkontakt an jenem Tag sagte ich ihm, daß und warum ich seine Peilungen anzweifelte. Er bat mich, meine Botschaft an seinen älteren Kollegen durchzugeben. Dieser erwiderte ärgerlich: »Soll das heißen, daß Sie nicht zufrieden mit unserer Arbeit sind?«

Ich hatte einen schweren Fehler gemacht. Der Funkkanal zwischen der Station und dem Ntaba Mangwe konnte von jeder Person im Nationalparksystem mitgehört werden. Durch meine Kritik, die als persönlicher Hinweis gemeint war, hätte der Betreffende an entsprechender Stelle in Ungnade fallen können. Ich hatte den Arbeitsplatz des jungen Wildhüters aufs Spiel gesetzt.

Die ganze Nacht über quälte ich mich damit herum, und schließlich stand ich noch vor Tagesanbruch auf und fuhr zum Ntaba Mangwe, um mit den Wildhütern zu reden, ehe die erste Funksitzung begann. Kaum war ich auf dem Ntaba Mangwe angekommen, stellte sich heraus, daß der junge Mann vielleicht ein bißchen leichtfertig mit Zahlen umging, aber nicht mit menschlichen Beziehungen. Er kam zu mir herausgerannt, noch bevor ich den Motor abgestellt hatte. »Es ist in Ordnung«, sagte er und ließ mich gar nicht erst zu Wort kommen. Es war für ihn ganz offensichtlich, daß ich die einstündige Fahrt auf mich genommen hatte, um mich zu entschuldigen. Ich hielt ihm meine Hand hin, und er nahm sie mit seinen beiden Händen. Jetzt tauchte der ältere Wildhüter aus der Schlafhütte auf, hellwach und mit ernstem Gesicht. Nachdem er ein paar Worte in Shona mit seinem Kollegen gewechselt hatte, verzieh auch er mir. Ich wendete den Wagen und fuhr zur Station zurück.

Nach diesem Tag half mir der jüngere Wildhüter, wo immer er konnte, und stellte mich seiner Familie vor. Seine Frau wurde eine meiner engsten Freundinnen unter den Sengwa-Frauen. Später, als ich wieder zu Hause war, erhielt ich Briefe von den beiden, in denen sie mich Ambuya nannten, die Anrede für eine ehrenwerte ältere Verwandte oder Großmutter.

Kurz nach diesem Zwischenfall, dieselben Wildhüter hatten wieder Dienst, ergab sich für Rob, Laura, den Wildhüter Zaccheus und mich eine Gelegenheit, nachts auf den Ntaba Mangwe zu fahren. Wir mußten einen Sonnenkollektor kontrollieren, der nicht richtig auflud. Ich stand hinten im offenen Lastwagen und hielt mich an einer Stange hinter dem Führerhaus fest, um das Gleichgewicht zu halten. Es war dunkel; ich übersah einen herunterhängenden Ast, und als wir darunter durchholperten, traf er mich hart am Kopf. Niemand merkte etwas von dem Unfall, denn wir hatten alle genug damit zu tun, uns festzuhalten. Ich wischte mir im Dunkeln mit meinem freien Arm übers Gesicht, und der Arm wurde naß, also wußte ich, daß ich blutete, aber ich war überzeugt, daß es nur eine oberflächliche Wunde sein konnte. Als der Lastwagen oben angekommen war und wir die Wildhüter begrüßt hatten, wandte ich mich jedoch vorsichtshalber an Rob, der eine Taschenlampe hatte, und bat ihn, mir ins Gesicht zu leuchten. Er tat es. Es war tatsächlich nicht schlimm, Laura tupfte die Wunde ab, und wir wandten uns anderen Dingen zu.

Doch die Wildhüter nahmen meine Verletzung ernster. Als sie meine Wunde sahen, fingen sie sofort wie aus einem Mund zu stöhnen an.

Ich sagte: »Ach, so schlimm ist es doch gar nicht«, aber sie stöhnten weiter im Chor, immer und immer wieder. Während wir an der Batterie und dem Sonnenkollektor arbeiteten, hörte ich einzelne von ihnen weiterstöhnen. Als wir fertig waren, fuhren wir zurück, um am nächsten Tag rechtzeitig wieder an unseren Arbeitsplätzen zu sein. Auf der Fahrt hinunter stöhnte Zaccheus, der mit mir hinten auf dem Lastwagen stand, noch mehrere Male.

Ich funkte am nächsten Morgen zum Ntaba Mangwe hinauf und redete mit dem jungen Wildhüter. Als er seinen Sendeknopf drückte, hörte ich eine Stimme im Hintergrund stöhnen. Es muß der erfahrene Wildhüter gewesen sein, den ich erst kürzlich so vor den Kopf gestoßen hatte.

Meine Wunde verheilte, und es gab kein weiteres Stöhnen in meiner Gegenwart. Aber ich mußte immer wieder darüber nachdenken, was geschehen war. Offensichtlich war nicht nur ich verletzt worden, sondern wir, unsere Familie im weiteren Sinn, und es hätte noch schlimmer kommen können, und immer wenn wir an unseren gemeinsamen Schmerz dachten, gaben wir Laute von uns, die uns unsere Verbundenheit in Erinnerung riefen.

Vielleicht lag in dieser Reaktion mehr als Mitgefühl. Vielleicht lag Angst darin oder gar Entrüstung, falls meine Verletzung das gemeinschaftliche Wohl meiner afrikanischen Freunde und das gute Verhältnis zu den Ahnengeistern gefährdet hätte. Vielleicht konnte keiner von uns einen Unfall haben, ohne daß die Gruppe darunter litt und gemeinsam in Schwierigkeiten war.

Ich lernte also, daß meine amerikanische Art, andere Menschen als völlig getrennt von mir zu erfahren, keineswegs auf alle Welt übertragbar ist. Ich war mit den Menschen verbunden, die zu stöhnen anfingen, als ich mich verletzt hatte. Es war die Erinnerung an ihre mich einschließende Reaktion, nicht die eigentliche Verletzung, die mich später zum Weinen brachte, als ich, in meiner amerikanischen Isolation allein auf mich gestellt, in den Spiegel blickte und eine kleine Narbe auf meiner Stirn sah.

Wir.

KAPITEL 10

Zaccheus

Der vierte Donnerstag im Monat war Zahltag in Sengwa, ein Tag, an dem sich alle Angestellten von Sengwa im Institut versammelten. Unsere Funkhelfer kamen in der Nacht davor vom Ntaba Mangwe herunter; Männer, die Streife gegangen oder auf Wilderer-Patrouille gewesen waren, kehrten in die Station zurück. Das Gelände draußen leerte sich, abgesehen von den paar ausländischen Forschern, die hinausgingen, um die Funksitzungen zu übernehmen.

Die Wildhüter und sonstigen Hilfskräfte, der Pumpenmann und die Tee-Boys, der Buchhalter und der Institutsverwalter tauchten alle um sieben Uhr dreißig im Hauptgebäude des Instituts auf, trugen saubere, gebügelte Militäruniformen und kleine Schottenkäppis auf den Köpfen. Sie begrüßten einander steif und förmlich mit knappen Verbeugungen und ernsten Gesichtern. Mr. Coulson, in gebügelten Khakishorts, ging zu seinem Büro; die Wildhüter – außer dem, der am Funkgerät der Station saß – und die anderen Hilfskräfte, zusammen dreißig Mann, waren alle in dem großen, unmöblierten Wildhütersaal versammelt. Unser Team benahm sich wie immer, trug lockere Kleidung und schwang lockere Reden und saß locker an den Computern, in die wir unsere Funkdaten eingaben. Aber ein wenig betroffen waren wir doch über die plötzliche Distanz zu unseren afrikanischen Freunden. Der Zahltag wirkte wie eine Szene aus einem alten rhodesischen Historienspiel, in dem für uns einfach kein Platz war.

Die Wildhüter durchlitten bangend die ersten Stunden, in

218

denen die Worte acht Uhr, neun Uhr, zehn Uhr, eingebettet in die verschiedenen afrikanischen Sprachen, im Patio widerhallten. Immer wieder kamen Männer aus dem Wildhütersaal, um zum Himmel aufzuschauen. Mittlerweile traf eine große Anzahl Menschen, von denen ich die meisten noch nie gesehen hatte, aus den Communal Lands, dem Gemeinschaftsland jenseits des Forschungsgebiets ein und ließ sich auf dem Rasen nieder. Der entlegene Ort, als den ich Sengwa bisher erlebt hatte, verwandelte sich an diesem Tag unvermittelt in eine kleine Stadt, so wie man es von Bildern kennt, wenn Flüchtlinge sich zur Essensausgabe versammeln. Ein paar Frauen in Lumpen und Kinder, die ein paar Bananenbüschel und Körbe zum Verkauf anboten, waren zu sehen; aber die meisten waren mit leeren Händen gekommen. Es waren Dutzende, Alte wie Junge, die laut miteinander und mit den Sengwa-Angestellten redeten und uns mißtrauisch beäugten, als ob wir hier gar nichts verloren hätten. Ich fühlte mich unbehaglich. Woher waren sie gekommen?

Um zehn Uhr dreißig kündigte ein Dröhnen und Glitzern am Himmel das Flugzeug an, das das Geld aus der Stadt brachte. Ian kam aus dem Büro gerannt und fuhr in seinem Landrover – den er selten mit zur Station brachte – in einer Staubwolke davon. Eine halbe Stunde später kam er in Begleitung eines anderen Mannes wieder, und die Zeremonie begann. Ein Angestellter nach dem anderen wurde in die Bibliothek gerufen, wo der Dienstleiter des Instituts und der Buchhalter aus Harare saßen. Ein feierliches Zeremoniell umgab das Errechnen der Stundenzahl und die Auszahlung des Geldes. Wenn ein Angestellter wieder zur Tür herauskam, konnte man von seinem Gesicht ablesen, wie die Begegnung mit der Obrigkeit verlaufen war. Der eine sah zerknirscht aus, der andere fing den Blick eines wartenden Freundes auf. Alle machten ehrfürchtige Gesichter, wenn schon nicht aufgrund der soeben erfolgten Begegnung, dann zumindest wegen der Verantwortung für den braunen Umschlag, den sie gerade entgegengenommen und in ihre Tasche gesteckt hatten. Ich saß auf der Treppe vor dem Büro und versuchte, das alles zu verdauen. Gehörte dieses Land nicht den Shona, den Ndebele und den Tonga? Anscheinend nicht – jedenfalls nicht, wenn Zahltag war.

Nur ein Mann unter den Dutzenden, die im Büro verschwanden, tauchte völlig unbeeindruckt wieder auf. Es war Zaccheus, der große, sehr dunkle, sehr ernste hauptverantwortliche Wildhüter. Ich glaube, daß jeder von uns, aus welcher Kultur er auch stammte, in Zaccheus ein moralisches Vorbild sah: Falls es jemals zu so etwas wie dem Jüngsten Gericht kommen würde, bei dem eine Umschichtung der Macht nach den Richtlinien des Allerhöchsten stattfinden würde, dann könnte man Zaccheus in vorderster Reihe antreffen, soviel stand für mich fest.

Lange bevor ich Zaccheus kennenlernte, hatten die Dinge, die ich von den Ökologen des Parks und den Managern in Harare über ihn hörte, meine Neugier geweckt. Es hieß, daß Zaccheus sich als Hirtenjunge im Dienste seines Vaters unter eigener Regie botanisches Wissen erworben hatte, indem er die Pflanzen um das grasende Vieh herum untersuchte und ihre verschiedenen Formen und jahreszeitlichen Veränderungen registrierte. Jahre später, als Wildhüter in Sengwa, machte ihn ein kanadischer Botaniker zu seinem Assistenten. Was er lernte – zunächst waren es nichts als lateinische Namen –, gelangte direkt und ohne den Umweg über Notizbücher in seinen Kopf und verknüpfte sich dort mit bereits vorhandenem Wissen. Pflanzenspezialisten im ganzen Land betrachteten ihn allmählich als wandelndes Lexikon. »Es ist eine Schande, daß er nicht befördert wurde«, sagten die Ökologen an jenem Tag, an dem ich zum erstenmal von ihm hörte. Aber Zaccheus hatte keine Beförderung gewollt. Er wollte in Sengwa bleiben.

Zaccheus' persönliche Qualitäten waren so ungewöhnlich wie seine enormen Fähigkeiten als Naturkundler. Er war von beängstigender Unbescholtenheit, die manchmal als Heiterkeit zutage trat und manchmal als Sturheit. An einem Tag arbeitete er im gestärkten Khakihemd seelenruhig vor sich hin, am nächsten war er ein feuerspeiender Vulkan. Grundsätze bedeuteten ihm alles. Es war ganz und gar nicht ungewöhnlich, daß er etwas stoppte, das bereits in vollem Gange war. »Der Mann ist eine Nervensäge ersten Ranges«, sagte Ian eines Tages zu mir, als er von einer Auseinandersetzung mit Zaccheus zurückkam. Ich musterte Ian scharf und was ich in seinem Gesicht erkennen konnte, war Respekt. Zaccheus wurde von einem inneren Licht geführt, das von nichts und niemandem ausgelöscht werden konnte. Welcher Kultur wir auch angehörten, wir alle spürten, daß er einfach unbestechlich war.

Er war der einzige unter den Wildhütern, der ein Büro im Institut hatte – ein Privileg, das er seinen Botanikkenntnissen zu verdanken hatte. Das Büro war ein kahler, kalkweißer Raum mit einer Reihe von Regalen und einem riesigen Holzschreibtisch mit einer einzigen Schublade. Auf den Regalen hatte Zaccheus eine Pflanzensammlung untergebracht, die er ständig erweiterte. Der Schreibtisch war immer leer. Die Schublade, die er mit einem Schlüssel öffnete, enthielt genau zwei Bücher. Das eine war die Bibel, mit deren Lektüre er viel Zeit verbrachte, und das andere ein kleines Buch über Simbabwe, geschrieben von einer australischen Gastforscherin. Das war Zaccheus' persönliche Habe. Die Botanikbücher standen in der Bibliothek unter Verschluß.

Als wir Freunde wurden, besuchte ich Zaccheus manchmal in seinem Büro, an Tagen, an denen wir beide nur ein paar Dinge auf der Station zu erledigen hatten. Es war ein wenig dreist von mir, denn im allgemeinen fand ich ihn in Gedanken oder in ein Buch vertieft. Aber er hieß mich trotzdem willkommen.

Manchmal zeigte er mir, was er gerade las, und mit der Zeit wählte er mehrere Gedichte aus dem australischen Buch aus, die er für mich kopierte.

Zum Beispiel:

Die Toten, sie sind niemals fortgegangen.
Sie sind in den Schatten, die ringsum dunkeln,
Sie sind in den Schatten, die bei Tagesanbruch verblassen.
Die Toten sind nicht unter dem Boden.
Sie sind in den Bäumen, die im Wind erzittern,
Sie sind in den Wäldern, die weinen,
Sie sind in den Wassern der Flüsse,
Sie sind in den Wassern, die schlafen.
Sie sind in der Menge, sie sind in Haus und Hof.
Die Toten sind nie tot.

Die Toten, sie gehen niemals fort.
Sie sind in der Brust der Ehefrau.
Sie sind in den Angstschreien der Kinder
und im Scheit, der Feuer fängt.
Die Toten sind nicht unter dem Boden.
Sie sind im Feuer, das nur leise glimmt,
Sie sind im Gras, wie vergossene Tränen,
Sie sind im Fels, über den der Wind geht,
Sie sind in den Wäldern, sie sind in Haus und Hof.
Die Toten sind nie tot.

»Ist das wahr?«, fragte ich Zaccheus.

»Es ist wahr.«

Ich hatte gedacht, daß Ndebele und Shona die Geister ihrer Ahnen nur in bestimmten Tierarten erkennen. Aber man kann den Glauben anderer Leute niemals in Worte fassen, und es gibt solche und solche Wahrheiten. Meine eigenen Überzeugungen ändern sich von Tag zu Tag. Wenn ich Gedichte lese, bin ich oft erstaunt, an was ich alles glaube.

Ich begegnete Zaccheus einen Monat nach meiner Ankunft in Sengwa zum ersten Mal. Als Fahrer des Pritschenwagens war er in anderen Teilen des Reservats beschäftigt gewesen, hatte Straßenarbeiter und Kies transportiert und bei der Instandhaltung der Wege geholfen. Aber als unsere Geländearbeit etwa zur Hälfte getan war, wurde er uns eines Tages als Helfer zugeteilt.

Meine Freude über die Aussicht, mit ihm zusammenzuarbeiten, verwandelte sich augenblicklich in Besorgnis, als er schließlich kam. Er sah nicht gut aus – seine Augen waren gelb, und er hatte tiefe Furchen zwischen den Brauen. Ich nahm ihn beiseite, um ihn zu fragen, ob alles in Ordnung sei, weil es mir widerstrebte, einen kranken Mann arbeiten zu lassen. Nein, es gehe ihm nicht gut, sagte er, denn er habe einen Alptraum gehabt. Und da ich seinen Zustand bemerkt hatte, war sein Traum auch zu meiner Angelegenheit geworden, und er erzählte ihn mir.

Er hatte geträumt, er sei auf der Farm seiner Familie in den Communal Lands jenseits von Bulawayo und versuche verzweifelt, seinen zweiten Sohn vor dem Ertrinken zu retten. Seine Anstrengungen waren vergeblich. Als er aufwachte, fand er sich in Sengwa wieder, weit weg von seiner Familie, die ihn offensichtlich brauchte. Er sprang in heller Panik auf und schrieb beim Schein einer Kerze einen besorgten Brief an seine Frau. Noch vor Tagesanbruch – zu einer Zeit, in der das Herumlaufen der Löwen wegen äußerst gefährlich ist – war er im Dunkeln die sechs Kilometer zum nächsten Laden marschiert und hatte den Brief dem Busfahrer anvertraut. Dann war er die acht Kilometer zurückgegangen und war rechtzeitig angekommen, um uns bei der Arbeit zu helfen.

»Wann werden Sie Nachricht von Ihrer Frau bekommen?« fragte ich.

»Wenn ich Glück habe, in zwei Monaten.«

Ich fragte ihn, ob es keinen schnelleren Weg gebe, Nachrichten zu erhalten.

»Es gibt keinen schnelleren Weg«, sagte Zaccheus.

Zaccheus sagte, er sei nicht krank. Und so verbrachten wir – Laura, Rob, Zaccheus und ich – den Tag damit, auf dem Matakenya Vlei Ausschau nach Elefanten zu halten. Vlei wird wie die erste Silbe von flehen ausgesprochen und ist ein schönes Wort für eine breite Wiese oder Ebene mit hohem goldenen Gras, das sich sanft im Wind wiegt. Wir benutzten Ameisenhügel, wie sie genannt werden (in Wahrheit sind sie von Termiten gebaut), als Ausguck. Solche Ameisenhügel sind harte, spitz zulaufende Konstrukte, zwei bis fünf Meter hoch, mit breiter Basis und unverwüstlicher Spitze. Letztere sieht aus wie ein schlanker, oben leicht abgeknickter Finger vom Umfang und der Größe eines menschlichen Oberkörpers. Es ist eine richtige Herausforderung, diese Spitzen zu erklimmen, und das Sitzen da oben ist nicht gerade bequem – am Ende schlingt man seine Beine um den Untersatz, damit nicht das ganze Körpergewicht auf dem Allerwertesten lastet. Die meisten Vleis bieten jede Menge Ameisenhügel mit einer Vielzahl von Ausblicken, und falls man sich je verirrt, kann man sich mit dem Wissen retten, daß das oberste Viertel der Spitze eines Ameisenhügels nach Norden zeigt. Im Umkreis von hundert Metern auf vier Ameisenhügeln postiert, beobachteten wir – Laura, Rob, Zaccheus und ich –, wie eine große Elefantenherde langsam vorüberzog, die über das Vlei zwischen unserem Standort und der Sengwa-Schwemmebene verstreut war. Die Sicht war durch die flimmernde Luft leicht verzerrt. Jener Tag war ein Experiment: Ich wollte herausfinden, wie sich Ameisenhügel als Aussichtsplattformen eignen.

Danach sahen wir Zaccheus zwei Monate lang nicht, aber ich dachte immer wieder an ihn. Zwei Monate sind eine lange Zeit, wenn man in Angst und Sorge lebt und so machtlos ist, wie Zaccheus es war. Ich fragte Andrew, der ihn abends im Compound treffen würde, ob er okay gewesen sei. »O ja, er arbeitet an den Straßen in der Nähe der Nordgrenze.« Dann sah ich eines Morgens den Pritschenwagen unten in einer Seitenstraße halten, und eine schlanke Gestalt kam auf uns zugerannt. »Ich wollte Ihnen erzählen, daß der Brief von meiner Frau gekommen ist«, sagte Zaccheus, als er bei uns war. »Unser Sohn hat sich von dem Unfall erholt, der an dem Tag passiert ist, als ich den Traum hatte. Er ist aus dem Krankenhaus nach Hause gekommen, und die Gefahr ist gebannt.«

Am folgenden Sonntagnachmittag hatte ich mir vorgenommen, nach einer Elefantin namens Lutya Ausschau zu halten, die einen guten Teil ihres Daseins im oder um den Kove River herum verbrachte. Da der Zusammenfluß des Kove mit dem Sengwa nahe bei der Hütte lag, die wir Amerikaner bewohnten, sagte ich mir, daß es kein großes Risiko bedeuten würde, wenn ich auf eigene Faust auf Suche ginge. Aber ich traf Zaccheus in der Station, und als er von meinem Plan hörte, bot er mir seine Hilfe an.

Es war ein wunderbarer Nachmittag. Obwohl der Kove ein kleiner, schmaler Wasserlauf ist, führt er im Gegensatz zu den großen Flüssen das ganze Jahr über Wasser. Am Zusammenfluß sahen wir fünf rote Ibisse, die in einem breiten Tümpel mit kaum fingertiefem, lauwarmem Wasser standen und darauf warteten, daß ihnen daumenlange Fische zwischen die Beine sprangen. Unser Pfad führte zuerst auf der einen, dann auf der anderen Seite eines dünnen Rinnsals entlang, dessen völlig klares, warmes Wasser zauberhaft über blaßbraunen, zuckerfarbenen Sand rieselte. Dann führte mich Zaccheus zwischen den engen, glatten, grauen und von Flechten bedeckten Wänden der Schlucht hindurch, die feucht und kühl über uns aufragten. Wir hielten inne, um ehrfürchtig einen milchiggrünen Tümpel zu betrachten, der sich unter einer Felswand ausdehnte, ein Krokodilsnest, das sich nur wenig von dem angrenzenden Flachwasser unterschied. Nach einer Weile kletterten wir einen Erdwall an der Ostseite der Schlucht hinauf und wandelten zwischen Feigen- und Trichelia-Bäumen, umgeben von Warzenschweinen, Pavianen und Buschböcken, die sich ebenfalls lautlos bewegten. Dunkle Silhouetten im grellen Sonnenlicht und helle Gestalten, die sich gegen die dunklen Schatten abzeichneten. Winzige smaragdgrüne Vögel, Bienenfresser genannt, blitzten auf und verschwanden in dem Geflecht aus Sonnenlicht und Schatten. Als wir zum Rand der Schlucht hinaufschauten, sahen wir einen Fischadler, der wie ein regloser Wächter die Welt von einem toten Ast im Wipfel eines Baumes aus beobachtete. Unter den Blicken des Adlers bewegte sich Zaccheus lautlos voran, bald aufrecht, bald geduckt, mit zusammengezogenen Brauen, den Unterkiefer vorgeschoben, auf Umrisse und Bewegungen achtend, und ich stolperte hinter ihm her.

Wir fanden die Elefanten nicht. An der Ostgrenze des Reservats erklärten wir unsere Mission für beendet und nahmen eine Abkürzung zur Station zurück. Unterwegs hielten wir an, um uns an einem flachen Wasserlauf mit sandigem Untergrund zu erfrischen. An seinen von niedrigem Gras bedeckten Ufern wuchsen in den Schattenflecken unter einer Reihe kurzer, hellgrüner, weidenähnlicher Bäume große Farne. Ich fühlte mich ganz in meine Kindheit zurückversetzt, hockte mich an das eine Ufer, zog meine Schuhe aus und tauchte meine Füße in das fließende, lauwarme Wasser.

Ich hatte ganz vergessen, daß Zaccheus zurückmußte, daß die Wildhüter in dunklen, kleinen Hütten ohne Wasser und Elektrizität lebten, daß der Sonntagnachmittag ihre einzige Freizeit war, in der sie ihre Wäsche waschen, die Hütte saubermachen, Briefe schreiben, Essen kochen, Freunde außerhalb der Station besuchen und alle ihre privaten Angelegenheiten erledigen konnten. Ich fing ein neues Gespräch an.

»Dieser Traum mit Ihrem Sohn – haben Sie in Ihrem Leben noch mehr solche Träume gehabt, Träume, in denen Botschaften vorkommen, die Ihnen etwas mitteilen, das Sie wissen sollen?«

»O ja«, sagte er. »Ich habe oft solche Träume.«

»Das ist wunderbar«, sagte ich.

»Es ist wunderbar«, sagte er.

Ich fragte: »Woher kommen Träume?«

»Sie sind von Gott«, sagte Zaccheus, und ein ungewohntes Lächeln breitete sich auf seinem Gesicht aus. Ich hatte das Gefühl, daß der Satz weitergehen müßte: »... den ich kenne, durch diese Träume.«

Wir verstummten und freuten uns an den Lichtpunkten, die im goldenen Sand auf dem Grund des Baches tanzten. Tiefe Stille umgab uns, aber mir brannte eine Frage auf der Zunge. Voreilig machte ich den Mund auf.

»Zaccheus.«

»Ja.«

»Wenn etwas geschieht, das der Vorstellungswelt Ihrer Leute fremd ist, wie sprechen Sie dann mit ihnen darüber?«

Jetzt geschah etwas höchst Seltsames. Zaccheus antwortete mir schreiend.

»DANN ERZÄHLST DU EINFACH, WAS PASSIERT IST!«

Ich zuckte zusammen – er hatte losgebrüllt, als wäre sein Gesprächspartner weit weg, aber ich saß direkt neben ihm, und es waren auch nur wir beide hier. Ich blickte vorsichtig hoch, darauf gefaßt, etwas Unerhörtes, Überirdisches oder zumindest einen wutschnaubenden Zaccheus zu erblicken, aber was ich sah, war nichts von alledem. Ich sah ein verändertes Gesicht, zwei wilde, brennende Augen, die mich unter zusammengezogenen Brauen anstarrten. »DU ERZÄHLST EINFACH, WAS DU GESEHEN HAST!«

Seine Stimme löste irgendwo in der Ferne ein leises Echo aus, und mein Herz machte einen Sprung. Ich senkte den Blick, als wollte ich ins Wasser schauen, und sagte mit zitternder Stimme: »Ja, natürlich.« Nach einem langen Augenblick holte ich Luft und schaute wieder auf.

»Sie müssen einfach erzählen, was passiert ist«, sagte Zaccheus jetzt mit seiner normalen, ruhigen Stimme. Sein Gesicht war immer noch streng. »Nur Gott weiß, was es bedeutet.« Dann setzte er noch einmal an, diesmal ohne zu orakeln, sondern vielmehr in eigener Sache: »Katypayne – können wir jetzt gehen?«

Ich fand meine Sprache wieder. Der Nachmittag war vergangen, wir hatten Zaccheus' ganze freie Zeit verplempert, jetzt brach die Nacht herein, und mit ihr kamen die gefährlichen Löwen. Zaccheus wartete, bis ich meine Schuhe angezogen hatte, dann setzte er sich sehr schnell in Bewegung und schlängelte sich geschmeidig, lautlos und flink durch die Büsche. Ich lief hinter ihm her, ungeschickt und geräuschvoll, ich mußte mich anstrengen, um mit ihm Schritt zu halten.

Meine Freundschaft mit Sibanda, einem älteren Ndebele, war von ganz anderer Art als die mit Zaccheus. Sibanda war ein geselliger Bursche, der eine besondere Vorliebe für Ausländer hatte. Als er sah, daß wir uns bemühten, Shona zu lernen, bestand er darauf, daß wir auch Ndebele lernen müßten, und stellte uns Aufgaben – es wurde viel gelacht in unseren täglichen Übungsstunden, die er mit großer Ausdauer abhielt. Klug und freundlich, wie er war, nahm er uns alle in seine Gemeinschaft auf, half uns, wann immer es in seiner Macht stand, und setzte uns für seine eigenen vielfältigen Belange ein.

Eines Tages, als er gerade die Bibliothek kehrte, bat ich ihn, mir etwas über einen Vogel zu erzählen, den ich in einem Buch abgebildet gefunden hatte. »Nein, ich kann in Büchern nichts mehr erkennen«, sagte er. Ich bot ihm an, meine Brille auszuprobieren. Zufällig hatte sie die richtige Stärke – er erzählte mir aufgeregt, was er sah. Daraufhin entgegnete ich, daß ich ihm seine Brille bezahlen würde, wenn er zum Augenarzt ginge, um sich eine verschreiben zu lassen.

Dieses Angebot führte im Institut zu einer Reihe verzwickter Abmachungen – von den Angestellten erntete ich schiefe Blicke für meine Großzügigkeit, und in der Tat hatte ich keine Ahnung, was ich dadurch ausgelöst hatte. Sibanda nahm sich frei und reiste in die Stadt Gweru. Er brachte den Kostenvoranschlag eines Optikers mit nach Hause: Die Brille könne für 110 simbabwische Dollar angefertigt werden.

Von Z$ 110 (was 55 US-Dollar entspricht) hätte ein ganzer Haushalt mehrere Monate leben können; der Preis für die Brille war maßlos. Sollte ich lieber bis zu unserer Abreise warten und ihm dann meine eigene Brille überlassen, um so das Preisproblem zu umgehen? Aber meine Brille war sicherlich nicht optimal für seine Augen. Also gab ich Sibanda die geforderte Summe, und er nahm Urlaub und blieb zehn Tage der Station fern, so daß Joe Furunga während dieser Zeit seine Arbeit machen mußte.

Gweru war mit einem Privatfahrzeug etwa in einem halben Tag zu erreichen, eigentlich nur ein Kurztrip, wie ich dachte. Aber Sibandas Reisen spielten sich vermutlich folgendermaßen ab: Er ging nach Hause, um sich mit Essen, Wasser und Kleidung für die Reise einzudecken. Wenn die Leute von seinem Vorhaben hörten, erteilten ihm viele von ihnen Aufträge, die er unterwegs erledigen sollte. Er ging die sechs Kilometer bis zum nächsten Laden bei Tageslicht, da nachts die Löwen unterwegs sind. Dort wartete er bis in die Nacht hinein auf einen Bus und einen Fahrer. Wann genau der Bus erscheinen würde, war stets ungewiß, denn es gab viele Unwägbarkeiten. Während er warten mußte, machte er es sich in der Menge bequem – zwischen Leuten mit Hunden, Hühnern, Ziegen und Körben voller Feldfrüchte, die auf dem Betonsockel vor dem geschlossenen Laden zusammengekommen waren. Wenn der Bus dann endlich kam, quetschten sich alle hinein, packten die Sitzlehne vor sich, murmelten ein Gebet – denn Busunfälle gehören zu den häufigsten Unfallarten und fordern oft Menschenleben. Und dann begann eine wilde und gefährliche Fahrt, die in halsbrecherischem Tempo durch die Schlaglöcher der Erdstraßen führte. Vielleicht mußte er umsteigen und eine zweite Nacht warten. In der Stadt angekommen, würde er nach Verwandten, nach Lebensmitteln, nach einem Rastplatz suchen, alles im Tausch gegen kleine Gefälligkeiten. Die Reise würde der ohnehin schon langen Liste eine ganze Reihe weiterer Verpflichtungen hinzufügen, die er alle im Kopf gespeichert hatte, und er würde versuchen, ein paar davon zu erledigen, bevor er nach Hause zurückkam. Was den Optiker anging – aber meine Phantasie reichte nicht aus, um mir vorzustellen, welche Probleme es beim Optiker geben könnte.

Sibanda tauchte nach zehn Tagen – als Beweis, daß die Reise tatsächlich stattgefunden hatte, mit einer Brille auf der Nase – wieder in der Station auf. Er sagte, daß er damit gut lesen könne. Er benutzte sie jedoch nur in meiner Gegenwart. Ein paar Wochen lang trug er sie in seiner Overalltasche herum, aber, so erklärte er mir, er habe Angst, daß sie herausfallen würde, wenn er sich vorbeugte, um den Generator in Betrieb zu setzen. Er wollte sie lieber zu Hause in Sicherheit wissen – ob in der winzigen Wellblechkuppel, die er in der Station bewohnte, oder in seinem Dorf in den Communal Lands, das nicht weit davon entfernt war. Auf jeden Fall bin ich sicher, daß das Geld für die Brille nicht vergeudet war, selbst wenn er sie lediglich für Tauschgeschäfte benutzte.

Anfang Oktober war es an der Zeit, Sengwa zu verlassen.

»Wenn wir von der Streife zurückkommen, werden Sie fort sein«, sagte Zaccheus zu mir.

Während der zehn Tage, an denen sie Streife gingen, übernachteten die Wildhüter in Buschcamps. Sie holten ihr Trinkund Waschwasser aus Löchern, die sie an bestimmten Stellen im trockenen Flußbett gruben. Sie schliefen erhöht auf Pritschen, die sie aus aneinandergereihten, mit Lianen verbundenen Stöcken errichtet und mit Flußgras gepolstert hatten. Manche der Männer konnten sich nur schwer mit dem unbequemen Leben in den Buschcamps anfreunden, aber für andere war es der schönste Teil ihrer Arbeit in Sengwa. Zaccheus gehörte zu diesen letzteren. Er lud mich ein, sein Team auf einem Kontrollgang zu begleiten.

Ich nahm die Einladung an meinem letzten Tag an. Zu diesem Zeitpunkt hatten Bill, Lillie, Rob und Laura Sengwa bereits verlassen. Loki, Russ und ich waren für weitere drei Wochen geblieben, weil wir herausfinden wollten, ob die Wanderungen der Elefanten sich bei Regen ändern würden. Aber es hatte nicht geregnet – es regnete seit sechs Monaten nicht. Es war nur immer heißer und heißer geworden, und unsere Daten waren gleichzeitig immer schlechter geworden; irgendwie schien die Hitze unsere Funkortung zu beeinträchtigen, so daß die Elefanten plötzlich angeblich an allen möglichen und unmöglichen Stellen auftauchten. Wir selber waren ebenfalls wie gelähmt und benommen von der Hitze und Dürre, und wir brachten kaum die Energie auf, uns um die Technik zu kümmern. Wir erledigten einfach, was anfiel, während uns die Zeit davonlief. Plötzlich blieben uns nur noch vier Tage, und die meisten Wildhüter waren draußen auf Streife.

Ich hatte meine persönlichen Sachen am Vortag zusammengepackt. Russ und Loki hatten die Inventarisierung und das Verpacken der Ausrüstung übernommen. Am frühen Morgen schliefen sie beide noch. Also fuhr ich vor Tagesanbruch allein zu der Ansammlung von Strohhütten unter dem Ntaba Mangwe. Zaccheus, Joe Furunga, Mbanga und Mariba begrüßten mich herzlich. Sie versorgten mich mit Tee und heißer Milch, und wir gingen vom Fuß des Steilhangs aus in zwei getrennten Teams los.

Im Manyoni-Tal stießen Joe, Zaccheus und ich auf eine große Herde Impalas, die sich über die Bohnen hermachten, die in rauhen Mengen auf dem Boden lagen. Es waren die Früchte der Acacia albida (die heute Faidherbia albida heißt), ein begehrter Leckerbissen für viele wilde Tiere in Sengwa. Ein paar Tage zuvor hatten Andrew und ich beobachtet, wie zwei Elefantenbullen sich immer wieder gegen die Stämme derselben Bäume warfen und sie schüttelten, bis die Bohnen ihnen auf Kopf und Rücken prasselten. Hunderte von Impalas hatten in der Nähe gewartet. Als die Elefanten weitergegangen waren, um andere Bäume zu schütteln, stürzten die Impalas sofort hinüber, um die übriggebliebenen Bohnen zu fressen. Jetzt waren wir wieder auf Impalas gestoßen, die von einer Elefantenernte profitierten.

Auf der Westseite des Flusses begegneten wir einem Rhinozerosweibchen, das auf einer kleinen Wiese in Tiefschlaf gefallen war. Ihr Kopf war riesig im Vergleich zu ihrem Körper, ihre Beine kurz und dick. Sie schien noch sehr jung zu sein. Das Horn zum Himmel gereckt, lag sie mit ihrem riesigen Kinn genau dort auf dem Pfad, wo wir vorübergehen mußten. Zaccheus lächelte vor Entzücken über ihren gesunden, unschuldigen Schlaf und ging, kaum zwei Meter von ihr entfernt, leise um sie herum. Joe und ich folgten ihm, und wir setzten unseren Weg fort.

Als wir zum Feldcamp zurückkehrten, hörten wir Stimmen. Mbanga und Mariba standen zwischen den strohgedeckten Bungalows und reckten die Hälse zum Himmel, der eine seltsame, dicklich graue Schwere hatte. Bald vernahmen wir ein langes Donnergrollen. Riesige Tropfen klatschten auf den Boden, einer nach dem anderen, wobei jeder einen dumpfen Aufprall verursachte und dabei eine kleine Staubfontäne auslöste. »Gott hat Ihr Gebet erhört«, sagte Zaccheus zu mir. Ich fragte mich, wann ich ihm von diesem Gebet erzählt hatte.

Kaum waren die ersten Tropfen gefallen, als im Westen ein Regenbogen am Himmel erschien. Dann mischte sich das Lachen der Männer in das Prasseln der Regentropfen. Der Regen wurde stärker und mit ihm das Gelächter. Ich mußte eiligst aufbrechen, denn die Straßen würden sich bald in Schlammwüsten verwandeln und unpassierbar werden. Die Streifengänger würden noch ein paar Tage länger im Ntaba Mangwe Camp bleiben. Unser Abschied war kurz. »Gott segne Sie und Ihre Familie, bleiben Sie gesund und schreiben Sie mir.« Dann brandete das Gelächter von neuem auf. Ich schaffte es mit Mühe zur Station zurück, wo der Regen mit kurzen Unterbrechungen bis zum Abend anhielt und die Luft mit einem unbeschreiblichen Geruch erfüllte.

Am nächsten Morgen war ich schon vor Tagesanbruch wach. Der Himmel war noch nie so klar gewesen und die Erde noch nie so satt. Ich beschloß, noch einen letzten Gang ganz allein zu machen, ehe wir abfuhren. Ich sprang in den Lastwagen und fuhr zur Sengwa-Kreuzung hinunter, einem Ort, an dem das Flußbett immer Wasser führt und wo jetzt wahrscheinlich Elefanten, Büffel, Kudus, Impalas, Affen, Paviane und Warzenschweine beim Trinken anzutreffen sein würden.

Der Tag war noch nicht angebrochen, als ich die Kreuzung erreichte, aber alles war klar und rein und wartete auf das Licht. Am Fluß war kein Tier zu sehen – sie müssen alle im Wald sein, sagte ich mir. Ich entschied mich dafür, ein Stück den Fluß hinaufzugehen und mich zu bedanken, dann umzukehren und zurückzufahren. Ich stieg aus dem Lastwagen aus und ging auf der befestigten, regennassen, sandigen Ostseite Richtung Norden, während ich den Bäumen und dem Himmel, dem Sand, dem Fluß, den Tieren in ihren Verstecken und der Stille der anbrechenden Dämmerung Lebewohl sagte.

Ich war so voller Begeisterung und Dankbarkeit, daß ich nicht genau hinsah: das Licht, das das Flußbett ausfüllte und ihm Gestalt verlieh, erschien mir wie eine Verstärkung meines innerlichen Lobgesangs. Ich war fast einen Kilometer nördlich der Kreuzung angekommen, als mein Blick auf ein Storchenpaar im Flachwasser in der Mitte des Flußbettes fiel. Auf dem etwa hundert Meter entfernten Westufer hinter den beiden erhaschte ich eine Bewegung. Eine große Löwin reckte und streckte sich, als wäre sie eben aus einem Schläfchen erwacht, und gab beim Aufstehen ein Knäuel jüngerer Löwinnen frei, die halb unter ihr geschlafen hatten. Eine zweite, eine dritte und eine vierte Löwin standen auf und reckten sich, eine nach der anderen. Sie wandten sich dem Fluß zu und schauten zu mir herüber.

Ich ging weiter Richtung Norden, als ob ich sie nicht bemerkt hätte. Aus dem Augenwinkel sah ich, daß die Löwinnen auf dem Westufer nun auch Richtung Norden gingen, mir gegenüber und genau in meinem Tempo, das für sie sehr langsam war.

Ich warf einen Blick auf meine Uhr und versuchte so zu tun, als sei ich völlig mit mir selbst beschäftigt. »Ich glaube, ich gehe jetzt lieber zurück«, sagte ich laut, wandte mich um und trat den Rückweg an. Aus dem Augenwinkel sah ich, wie die Löwinnen auf dem Westufer innehielten, sich umdrehten und in südlicher Richtung weitergingen, genau wie ich. Zwanzig Minuten lang gingen wir so in meinem Tempo zu beiden Seiten des Flußbetts weiter. Als Choreographin dieser Art Tanz war ich von einer gewissen Ehrfurcht erfüllt. Allerdings hatte ich auch Angst, denn ich wußte nicht, wie die Begegnung ausgehen würde, nachdem ich ja am Ende auf die Seite der Löwinnen überwechseln mußte, um zum Lastwagen zu kommen.

Ungefähr hundert Meter nördlich der Kreuzung kamen die Löwinnen an eine kleine Anhöhe, die Überreste eines verlassenen, zertrampelten Ameisenhügels. Sie drängten sich auf dem Gipfel zusammen und standen dort in aufrechter Körperhaltung, Augen und Ohren nach oben gerichtet. Als hielten sie mich an einer imaginären Leine, bewegte ich mich in einem hundert Meter großen Bogen, von der Ostseite über den Fluß hinunter bis zum Lastwagen, um sie herum. Die Löwinnen beobachteten mich von ihrem Ausguck aus. Als ich sicher im Lastwagen saß, sah ich, daß jede von ihnen einmal mit dem Schwanz peitschte. Ich winkte ihnen aus dem Fenster zu und fuhr weg.

Ich kam bei Sonnenaufgang in der Station an. Russ und Loki beluden schon das andere Fahrzeug. Ich half bei den letzten Handgriffen, und dann fuhren wir los.

»Abake babonana baza bonana«, rief ich jedem Mopane-Baum und jedem Straßenabschnitt zu, während wir daran vorüberratterten und -holperten. Zaccheus hatte uns dieses Ndebele-Sprichwort gelehrt: Das Auge, das einmal etwas gesehen hat, wird es wiedersehen.

KAPITEL 11

Die Tiere sind der Motor

Sengwa hatte mich bis an die Grenzen meines Fassungsvermögens erfüllt. Ich hatte das Gefühl, daß in mir kein bißchen Platz mehr für andere Dinge war. Aber das würde sich ändern müssen, denn für vieles von dem, was ich in Sengwa so sehr genossen hatte, gab es in der Welt, in die ich jetzt zurückkehrte, einfach kein Gegenstück. Meine ganze Sengwa-Zeit über hatte ich geahnt, daß sich Unerfreuliches zusammenbraute, das mit den Dingen in Zusammenhang stand, die mir so lieb und teuer waren, und daß ich eines Tages mit diesen Problemen konfrontiert sein würde.

In den Jahren, die der Geländesaison in Sengwa vorausgingen, war eine heftige internationale Kontroverse über die Frage entbrannt, auf welche Weise die afrikanischen Elefanten vor dem Aussterben bewahrt werden könnten. Der Streit traf empfindlich den weltweiten Handel, mit dem Ergebnis, daß bis zum Jahr 1989 insgesamt einhundertelf Nationen an dem Entscheidungsprozeß beteiligt waren. Es gab Wissenschaftler, die von ihrem Fachgebiet in die Politik überwechselten, um für das zu kämpfen, was ihnen am Herzen lag; Forscher, die sonst vielleicht zusammengearbeitet hätten, bezogen nun Stellung gegeneinander. Joyce Poole machte sich zur Wortführerin der Vertreter des in Ostafrika, also in Kenia, Uganda und Tansania, vertretenen Standpunkts. Sie plädierte dafür, die afrikanischen Elefanten ebenso wie ihre asiatischen Artgenossen als gefährdete Art einzustufen, wodurch jeglicher Handel mit Elefantenprodukten illegal sein würde. Rowan Martin vertrat die Haltung, die in den südafrikanischen Ländern (Simbabwe, Südafrika, Namibia, Botswana und anderen) vorherrschte. Seiner Meinung nach sollte der Handel mit Elefantenprodukten gefördert und legal betrieben werden, streng überwacht und reglementiert. Der Streit zwischen den beiden Parteien erreichte seinen Höhepunkt 1989 bei der berühmten Konferenz von Lausanne. Ich war zu Hause in Ithaca und hörte mir die Diskussion im Radio an.

Das Treffen fand unter der Schirmherrschaft des Washingtoner Artenschutzabkommens (engl. International Trade in Endangered Species CITES) statt, dem internationalen Bündnis, das festlegt, welche Tier- und Pflanzenarten als schützenswert eingestuft werden. Kurz vor dem Treffen hatte die Ivory Trade Review Group, ein unabhängiges Expertengremium, ihr alarmierendes Untersuchungsergebnis veröffentlicht, das besagte, daß die Zahl der afrikanischen Elefanten zwischen 1979 und 1989 von 1,3 Millionen auf 625000 gesunken war. Die Verluste wurden zum größten Teil der Wilderei in Ostafrika zugeschrieben. Unterstützt wurde die Wilderei vom florierenden internationalen Elfenbeinhandel (die Hauptabnehmer waren Japan und Hongkong), von lokaler Korruption und einem Zusammenbruch der Kontrollmechanismen auf der gesamten Handelsroute. Immer mehr Elfenbein wurde aus Afrika herausgeschmuggelt, und die Stoßzähne wurden dabei zunehmend kleiner. Das bedeutete, daß immer jüngere Elefanten getötet wurden, was wiederum vermuten ließ, daß die meisten älteren Elefanten der betreffenden Populationen bereits verschwunden waren. Viele Experten befürchteten, daß die Elefanten in Ostafrika kurz vor der Ausrottung stünden.

Die Hiobsbotschaft der Ivory Trade Review Group wurde von der kenianischen Regierung mit einer spektakulären Aktion beantwortet: ein loderndes Feuer, das vor laufenden Fernsehkameras mit illegalem Elfenbein im Wert von drei Millionen Dollar gefüttert wurde. Ein paar Wochen später setzte sich die ostafrikanische Position in der CITES-Kommission mit überwältigender Mehrheit durch. Die afrikanischen Elefanten wurden auf die Liste der gefährdeten Arten gesetzt. Damit wurde jeglicher Elfenbeinhandel illegal. Ich stieß damals einen Seufzer der Erleichterung aus.

Aber die Lausanner Entscheidung ärgerte die südafrikanischen Staaten. Der größte Teil der afrikanischen Savannenelefanten lebte in diesen Ländern, relativ unbehelligt von Wilderei und in Populationen, die immer mehr in Territorien zusammengedrängt wurden, die zu klein waren, um ihnen ausreichend Nahrung zu bieten. Südafrika und Simbabwe hatten eine Infrastruktur entwickelt, die ein alljährliches Abschlachten und Verarbeiten von Tausenden von Elefanten ermöglichte. Elefantengemetzel in periodisch wiederkehrenden Abständen gehörten in diesen Ländern mit zu den Aufgaben der Nationalparks; Elefantenprodukte brachten jährlich Millionen von Dollars ein, die zum Teil wiederum für den Unterhalt der Parks verwendet wurden. Die Tierwelt kann in Entwicklungsländern oft nur überleben, so die CITES-Delegierten der südafrikanischen Länder, wenn sie für ihren Unterhalt selber aufkommt.

Außerdem, so argumentierten sie, befinde sich ein guter Teil der Elefantenhabitate im südlichen Afrika nicht in Nationalparks, sondern in den Communal Lands, dem Lebensbereich der armen Landbevölkerung. Mit dem Ansteigen der Einwohnerzahl schoben sich die Siedlungen immer weiter in Elefanterrain vor; die Leute bestellten Felder dort, wo sie von Elefanten geplündert wurden, und hin und wieder kam jemand zu Tode, wenn er seine Felder verteidigen wollte. Das verursachte weitere Probleme, die nicht mit Geld aus der Welt zu schaffen waren.

Um diesen Problemen entgegenzuwirken, hat Simbabwe

vor kurzem ein innovatives Programm entwickelt, das auf Einkünften aus dem Elfenbeinhandel basiert. Der Erlös aus der Elefanten-Ernte – durch Culling-Aktionen und Jagdtourismus – sollte teilweise dafür verwendet werden, die Landbevölkerung für durch Elefantenüberfälle erlittene Ernteverluste zu entschädigen. Auf diese Weise würden die Leute die Elefanten nicht nur als Plage, sondern auch als Geldquelle betrachten. Es wäre ein Anreiz für sie, der Wilderei zu widerstehen, die zwar kein aktuelles Problem darstellte, aber eines, das in der Zukunft zu erwarten war. Die simbabwischen Politiker waren entsetzt über das Elfenbeinverbot, denn ohne Einkünfte wäre die lokale Initiative, die sich sonst entwickeln könnte, zum Scheitern verurteilt. Das Land zwischen den geschützten Gebieten würde für Elefanten zunehmend unsicherer werden, und die Streifgebiete der Elefanten würden immer mehr zerstückelt.

Ich konnte mich einer gewissen Logik in diesem Argument nicht verschließen, aber ich wußte zuviel über Elefanten, um einen Plan gutheißen zu können, der die Tiere immer wieder den Verlusterlebnissen aussetzt, die das Culling mit sich bringt. Elefanten leben, genau wie Menschen, empathisch: Sie machen sich die Erfahrungen anderer zu eigen. Und es gibt keine Möglichkeit, dieses Verhalten zu ändern. Wie auch immer man den Elfenbeinhandel beurteilt, eines steht fest: Elefantenelfenbein durch Culling zu ernten bedeutet, den überlebenden Elefanten ernsthaften psychischen Schaden zuzufügen. Mag der Konflikt zwischen den Elefanten und den Menschen in den Siedlungen auch noch so dramatisch sein: Wer versucht, die Größe einer Elefantenpopulation durch Culling zu kontrollieren, nimmt in Kauf, daß der Selbsterhaltungstrieb der überlebenden Tiere gebrochen wird. Das zumindest war mein Eindruck. Ich glaube nicht, daß Elefanten fähig sind, die Erfahrungen ihrer Familiemitglieder und sonstiger Artgenossen zu ignorieren.

Dieser Eindruck wurde von allen geteilt, die mit Elefanten

arbeiteten, besonders auch von Leuten, die selber Cullings organisiert hatten. Als Reaktion auf ihre Eindrücke modifizierten sie das Culling-Verfahren im Lauf der Jahre, bis man schließlich dazu überging, alle Individuen zu vernichten, die zum Zeitpunkt der Tötungsaktion in einer Gruppe zusammengewürfelt waren. Das jedoch, wenn auch als barmherzige Geste gemeint, war nicht barmherzig genug. Denn wie unsere Studien zeigen, unterhalten Elefanten Beziehungen auch über die physischen Grenzen hinaus. Das jedoch kann kein noch so »einfühlsames« Culling-Programm berücksichtigen.

Mein Unbehagen hinsichtlich der Einstellung Simbabwes zu seinen Elefanten ließ mir keine Ruhe, als wir für unser Geländeprojekt in Sengwa ankamen. Ich beschloß, mich über die Umstände zu informieren, unter denen ein Culling für notwendig erachtet wurde und wollte wissen, wie diese Aktionen ablaufen. Als ich von einem Workshop mit dem Titel »Management des Hwange-Ökosystems« hörte, der in der Woche vor unserer Halsband-Aktion stattfinden sollte und an dem, wie ich erfuhr, hauptsächlich Ökologen und Leiter von Nationalparks teilnahmen, fragte ich an, ob ich ebenfalls teilnehmen durfte.

Das Treffen wurde im Konferenzraum eines eleganten Hotels abgehalten, der Hwange Safari Lodge, die auf ein halbbewaldetes Gebiet im Hwange National Park hinausging. Die Sitzungen begannen mit Präsentationen über die Wechselwirkungen zwischen Boden, Wasser, Feuer, Frost, Pflanzen und Tieren – von Termiten bis Elefanten – in trockenen Ökosystemen. Die Referenten waren bekannte Forscher und ganzheitlich orientierte Denker. Sie beschrieben einen komplexen Aspekt nach dem anderen: Ich kritzelte mit, so schnell ich konnte. Am zweiten Tag stand das Management im Zentrum des Interesses. Mit einer guten Portion Galgenhumor brachten simbabwische Parkleiter ihre Frustration zum Ausdruck, während sie Berichte über ihre Aktivitäten vorstellten. Sie waren naturwissenschaftlich ausgebildet und mit elf hochgesteckten Zielen betraut worden. An vorderster Stelle stand die Erhaltung der Vielfalt des Ökosystems. Aber es fehlte ihnen an Zeit, Personal und Ausrüstung, um die Dinge gemäß ihrer eigenen wissenschaftlichen Standards zu handhaben.

Die nun folgenden Zitate basieren auf Notizen, die ich machte, während die Redner über Dinge sprachen, die mit dem Culling zu tun hatten. Mr. M.L. Nchunga, der leitende Zoologe des Department of Wildlife and National Parks in Botswana, sagte, sein Hauptziel sei es, dafür zu sorgen, daß die Nationalparks sich selber finanzierten. Das war auch eines der Ziele von Simbabwe, und Rowan Martin antwortete: »Zweihundert US-Dollar pro Quadratkilometer kostet es jährlich, das Nationalparkgelände instand zu halten, beziehungsweise vierhundert Dollar, sofern schwarze Rhinozerosse darauf leben. Wir haben 45000 Quadratkilometer geschütztes Gebiet in Simbabwe. Wir haben mehr Elefanten im Land als jemals zuvor. Wie viele und welche Gebiete sollen wir behalten?« Hinter Rowans vordergründiger Frage stand eine zweite, wesentlich tiefergehende: Wie viele Elefanten sollen wir töten, in welchen Abständen und wo, um all das zu bezahlen? Fast 25000 Elefanten waren in Simbabwe zwischen 1981 und 1988 getötet worden, was einen Erlös von mehr als dreizehn Millionen US-Dollar bedeutete.[9]

War die Geldnot eine treibende Kraft bei der Entscheidung Simbabwes, Elefanten weiterhin zu cullen? Rowan und Ian hatten mir in Sengwa den Eindruck vermittelt, daß das Hauptargument dafür ökologischer Natur sei. Ich war froh, als jetzt eine

9   Aus »Elephant Management in Simbabwe«, einem 1989 vom Department of National Parks and Wildlife Management zusammengestellten Bericht. Ich erhielt eine Kopie davon in besagtem Workshop, zitiere aber hier aus der aktualisierten Version von 1992.

Debatte über die These angekündigt wurde, daß »eine Park-politik, die darauf abzielt, große natürliche Fluktuationen in Pflanzen- und Tiergemeinschaften zu verhindern, der Erhaltung der biologischen Vielfalt abträglich ist«. Ich saß wie gebannt auf der Kante meines Stuhls und wartete auf kompetente Beiträge zum Für und Wider des Elefanten-Cullings unter ökologischen Aspekten. In den entsprechenden schriftlichen Abhandlungen zu diesem Thema ist zu lesen: »Es wird erwartet, daß die Debatte darauf abhebt, inwiefern die Erhaltung ökologischer Prozesse dem Erhalt einzelner Pflanzen- und Tiergemeinschaften vorzuziehen ist; eine grundlegende Klärung des Konzepts der Anpassungsfähigkeit von Ökosystemen liefert; die möglichen Konsequenzen des Nichteingreifens in ausgewiesenen Schutzgebieten untersucht; die Konflikte hervorhebt, die sich möglicherweise zwischen dem Laissez-faire-Ansatz einerseits und den Strategien und Zielvorstellungen für Schutzgebiete andererseits ergeben; auf die Gefahren hinweist, die darin liegen, die Zahl einer bestimmten Spezies in einem dynamischen Umfeld konstant halten zu wollen.«

Der angesehene Savannen-Experte Dr. Brian Walker eröffnete die Debatte. Er vergeudete keine Zeit mit anderen Tieren, sondern kam sofort auf die Elefanten zu sprechen. Er ratterte zunächst eine Liste von Fragen herunter, die es zu bedenken gebe, bevor mit dem Culling begonnen werden könne. Welche Beweise gibt es dafür, daß Habitate durch Cullings irreversibel geschädigt werden? Wie verläuft die Regenerationskurve der Habitate, wenn man den Streß auf die Elefanten reduziert? Sind Sie sicher, daß das Culling den vorausgesagten Effekt hat? Welche anderen Maßnahmen müssen im Zusammenhang mit dem Culling getroffen werden? Wie läßt sich feststellen, daß das Culling erfolgreich war?

Walker erinnerte seine Kollegen an frühere Debatten über weitgreifende natürliche Fluktuationen – Jahre oder sogar

Jahrzehnte andauernde Veränderungen von Beständen hinsichtlich ihrer Größe. Das Auftreten solcher Fluktuationen widerspricht jeglicher Vorstellung von Statik in der Natur und spricht somit auch gegen Bestrebungen, eine derartige Konstanz künstlich erreichen zu wollen. Walker sagte: »Ich glaube, das Meeting hat erwiesen, daß es keinen ökologischen Grund für das Culling gibt.«

Ich wartete darauf, daß jemand seinen Eindruck korrigieren und den entgegengesetzten Standpunkt vertreten würde, aber das war nicht der Fall. Ganz im Gegenteil – Dr. David Cumming vom World Wildlife Fund Multispecies Project, ein vorsichtiger, pragmatischer, angesehener Denker, sagte ruhig: »In den letzten fünfzehn Jahren haben wir in Simbabwe das Culling aus rein ästhetischen Gründen betrieben.« Dann ergriff Mr. Nchunga wieder für Botswana das Wort: »Unsere Cullings haben rein wirtschaftliche Gründe und keine ästhetischen oder ökologischen.« Rowan Martin war vielleicht etwas verunsichert durch diese Eingeständnisse, denn er sagte: »Wir haben keine festgefahrenen Positionen . . . Wir befinden uns in einer Ruhephase . . .« Womit er eine Ruhephase in der langen Geschichte des Cullings in Simbabwe meinte. Das Meeting versandete jetzt gleichfalls in einer Ruhephase. Die Debatte wurde nicht wieder aufgenommen. Dr. Walker sagte: »Die Parkmanager müssen sich ihre Ziele selber setzen. Wir Außenstehenden können das in diesem Meeting nicht für sie tun. Wir sollten hier nicht die Wortführer sein.«

Als das Plenum wieder zusammentrat, hatte sich nichts geändert. »Die Grundlage für unsere Entscheidung ist die Ästhetik«, verkündete Rowan. Ich nehme an, er bezog sich weniger auf die Gesamtstrategie als auf die Angewohnheit, regional bedeutsame Entscheidungen spontan zu treffen. In seinem Buch »The Fate of the Elephant« zitiert Douglas Chadwick Rowan folgendermaßen: »Die Leute werden ständig mit Bildern vom wilden Afrika gefüttert und machen sich daher keine Vorstellung, daß wir kaum noch wirklich ursprüngliche Gebiete haben, schon gar nicht in Simbabwe. Management ist also notwendig. Die Frage ist nur, ob wir unsere Maßnahmen nach den Bedürfnissen der Elefanten richten, oder ob wir tun, was den Menschen gefällt. Mir persönlich ist ein schöner Akazienwald mit einigen Elefanten lieber als eine von Elefanten verwüstete Landschaft, und ich kann damit leben, wenn ein paar Elefanten ins Gras beißen müssen, um dieses Ziel zu erreichen.«

Wie also sollte Hwange geführt werden? Die Schlußrunde war einer etwas abgehobenen Diskussion über das Prinzip des adaptiven Managements gewidmet. Unter Berücksichtigung der Einzigartigkeit jedes einzelnen Ökosystems konzipieren die Parkmanager ihre Maßnahmen so, daß sie aus ihnen lernen können. Sie beobachten zahlreiche Aspekte des Ökosystems und die Verhältnisse, die sich darin einstellen, und untersuchen die Folgen ihrer eigenen Eingriffe auf der Grundlage der oben genannten Basisdaten. Ein adaptives Management führt zu einer immer größer werdenden Ansammlung von Kenntnissen, die für den bestmöglichen Umgang mit einem bestimmten Ökosystem notwendig sind.

Die simbabwischen Parkleiter hatten genau das zu tun versucht, aber das ist eine komplexe und kostspielige Aufgabe. Die Parkverwaltung sagte für die Zukunft stärkere finanzielle Unterstützung zu, und die Parkleiter bestätigten erneut ihr Engagement für ein adaptives Management, so daß Entscheidungen auf der Grundlage sorgfältig geprüfter Informationen getroffen werden konnten, und nicht aus spontanen »ästhetischen« Erwägungen.

Rowan kündigte jetzt eine fünfzehnminütige Pause an. Danach, sagte er, würden wir einen kurzen Bericht über das neue Tiernutzungsprojekt CAMPFIRE erhalten – das Communal

Areas Management Programme for Indigenous Resources. Dieses Programm hatte zwar nichts mit Parkmanagement zu tun, aber der Bericht sollte dem Meeting am Schluß eine versöhnliche Note geben, da CAMPFIRE und der Workshop denselben Sponsor hatten, nämlich die U.S. Agency for International Development.

Der Gedanke, daß wir uns nun mit einem ganz neuen Thema beschäftigen würden, war ermüdend. Ich ging nach draußen und überquerte einen weiten Rasen bis zu jenem Maschendrahtzaun, der uns Menschen vor den wilden Geschöpfen auf der anderen Seite schützte. In den zehn Minuten, die ich für mich allein war, bekam ich nichts Wildes zu sehen. Ich gönnte mir noch zwei Minuten, um mich gegen den Zaun zu stemmen und meinen Rücken zu strecken, der ganz steif war von den vier Tagen, die ich nun schon sitzend verbrachte, dann kehrte ich zum Meeting zurück.

Brian Child, der junge, energiegeladene Organisator von CAMPFIRE, erklärte das Programm als einen Versuch, den Status zweier benachteiligter Populationen zu verbessern – den der wilden Tiere und den der eingeborenen Bevölkerung –, indem man der letzteren half, die erstere in akzeptabler Weise wirtschaftlich zu nutzen. Die eingeborene simbabwische Bevölkerung leidet bis heute unter den Folgen der Kolonialisierung durch die Europäer. Damals waren sie von ihrem fruchtbaren Land vertrieben und in Gebiete abgedrängt worden, in denen der Boden kaum genug zum Leben hergibt. Die Menschen vegetieren am Rand der Gesellschaft dahin, müssen das Land mit wilden Tieren teilen, die eine Gefahr für sie darstellen, ihre Ernten zerstören und deren Nutzung als Einnahmequelle ihnen verboten ist. Mit dem Einverständnis der Zentralregierung hebt CAMPFIRE diese Beschränkung nun für einige ausgewählte Gemeinschaften auf, indem diesen die Möglichkeit in Aussicht gestellt wird, an der behördlich geregelten

Nutzung von Wildtieren, insbesondere von Elefanten, beteiligt zu werden.

Dr. Child pries dieses Projekt auch in anderen Ländern an, um Verbündete für einen Antrag zu gewinnen, den Simbabwe auf dem CITES-Gipfel von 1992 unterbreiten wollte und der darauf abzielte, den Handel mit Elefantenelfenbein wieder zu erlauben. Durch eine sorgfältige Kontrolle der Elefantenpopulationen, so argumentierte er, könnten auch andere afrikanische Staaten ihre arme Landbevölkerung unterstützen und so den Ressentiments entgegenwirken, die viele Eingeborene gegen die Nationalparks hegten. Wenn das Verhältnis auf diese Weise verbessert würde, würden die Menschen und Regierungen Afrikas es niemals zulassen, daß ihre Elefantenarten ausgerottet würden.

Brians Bericht hob die Stimmung der Konferenzteilnehmer. Getränke wurden herumgereicht, und seine Kollegen klopften ihm auf den Rücken, nannten ihn ihren Goldjungen und ihr Zugpferd vor dem Siegerwagen. Es war auch kein Geheimnis, daß die Ideen, die er propagierte, ursprünglich von Rowan stammten. Rowan nahm Glückwünsche entgegen und sagte zuversichtlich: »Die Tiere sind der Motor, der die Demokratisierung von Simbabwe antreibt.«

Sieben Monate später, als ich nach der Sengwa-Expedition wieder zu Hause war, unterhielt ich mich mit sechs jungen Ökologen – drei meiner vier Kinder, meiner Schwiegertochter und zwei Freunden, die zu Besuch waren. Alle sechs hatten schon von CAMPFIRE gehört: Es wurde in diversen amerikanischen Instituten als ein Programm präsentiert, das den Beweis erbringen könne, daß »die Nutzung von Wildtieren eine tragfähige Entwicklung zu fördern imstande sei«. Mit anderen Worten: Der Erlös aus der Verwertung von Wildtieren kann den Lebensstandard einer wachsenden menschlichen Bevölkerung dauerhaft anheben, ohne den Wildtierbestand zu gefährden. Bei dieser Neuigkeit wurde mir ganz schwindlig. CAMPFIRE war erst drei Jahre alt, und das Programm war in wenigen Pilotprojekten mit sehr gemischten Erfolgen getestet worden. Aber die akademische Welt liebt integrative Konzepte und fragt nicht nach der Realität.

Ich für meinen Teil verbrachte schlaflose Nächte wegen CAMPFIRE. Die mitreißende Popularität des Projekts bedeutete, daß ausländische Einrichtungen es vielleicht sponsern würden, ohne die Schwächen dieses Ansatzes genau unter die Lupe zu nehmen. Aus biologischer Sicht heraus verhieß das Programm, daß frei umherstreifende Wildtierpopulationen ausgebeutet werden könnten und dennoch dem Menschen unbegrenzt als Ressource dienen würden. Ich bezweifelte das. Wenn der Elfenbeinhandel wieder freigegeben wurde, so sagte ich mir, würde die Wilderei in Ostafrika zunehmen, angeheizt durch dieselbe Korruption wie zuvor, und im südlichen Afrika würde das Culling wieder praktiziert werden. Ich dachte mir ein Motto für die Speisekarte eines »Wildlife Utilization and Sustainable Development Restaurants« aus: Wie hätten Sie es denn gern – gewildert oder gecullt?

Die Welt richtete ihr Augenmerk auf die Wilderei, mir aber machte das Culling zu schaffen. Ich mißtraute der Wissenschaft, in deren Namen diese Prozedur gerechtfertigt wurde. Es braucht viel Zeit und Geld und Arbeit, um die Größe und Struktur einer wandernden Population richtig einstufen zu können. Und die Beweggründe, die zu einem Culling führten, waren, wie ich in Hwange gelernt hatte, oft ökonomischer und nicht wissenschaftlicher Natur. Culling würde in »Enklaven regional begrenzten Überschusses« praktiziert werden – in jenen Schutzgebieten etwa, in denen sich die Elefanten, zusammengedrängt durch die rasch fortschreitende menschliche Besiedlung der umliegenden Landschaft, zwangsläufig in großer Zahl versammeln. Was innerhalb kleiner Gebiete als Überschuß erscheint, kann, in größerem Zusammenhang betrachtet, auch Mangel bedeuten. Für Nachschub sorgende Populationen könnten dahinschwinden, aber weil diese Populationen oft nur zeitweilig bestehen, könnte man denken, daß sie sich einfach irgendwo anders aufhalten. Unterdessen würden noch mehr Menschen kommen, um von der Einnahmequelle zu profitieren, und so »verschwinden die Tiere in einem schwarzen Loch«, sagte mein Sohn John grimmig. Selbst wenn ich für das Culling sein könnte, würde mir diese Dimension des Plans Sorgen machen.

Im Ausland stieß CAMPFIRE auf Zustimmung, weil die Organisation gesellschaftspolitisch fortschrittlich auftrat, aber auch hier hatte ich meine Bedenken. Vor zehn Jahren noch, mit der Erklärung der Unabhängigkeit, hatte die neue Regierung eine Umverteilung von Grund und Boden zugunsten der Bewohner der Communal Lands versprochen. Was war aus diesem Versprechen geworden? Das CAMPFIRE-Programm, das über Wildtiere finanziert werden sollte, würde die eingeborene Bevölkerung auf nicht kultivierbarem Land halten. Ich mußte an die amerikanischen Indianer denken.

Rowans Statement – Wildtiere sind der Motor, der die Demokratisierung von Simbabwe antreibt – klang mir noch in den Ohren. Was wollte er damit sagen? Im Frühling hielt er einen Vortrag an der Cornell University über die Wildtiernutzungsbestrebungen in Simbabwe, die er auch bei dieser Gelegenheit als einen wichtigen Schritt zur Demokratisierung beschrieb. Mit seiner Erlaubnis machten wir eine Video-Aufnahme. Der Vortrag enthielt eine Passage, die die Vermutung nahelegt, daß der Fortschritt, den er im Sinn hatte, in erster Linie ein Fortschritt in den Augen der landbesitzenden weißen Simbabwer war.

Viele Leute, wie beispielsweise ich und ein großer Kreis von Menschen in Simbabwe, waren sich, als das Land die Unabhängigkeit erhielt, darüber im klaren, daß etwas getan werden mußte. Wir hatten phantastische Wildtier-Ressourcen in den Communal Lands, aber damit ging es schnell bergab, als die menschliche Bevölkerung immer rascher anwuchs. Und ich glaube, viele von uns hatten kein gutes Gefühl, wenn sie an das dachten, was wir während der Kolonialzeit getan hatten. Wir hatten die Menschen in den Communal Lands einfach als lästige Störfaktoren in unserem Leben betrachtet. Das waren die Leute, die in den Nationalparks illegal auf die Jagd gingen, und es war ganz in Ordnung, sie einfach mitten in der Nacht aus ihren Häusern zu zerren oder mit Drahtschlingen zu fangen oder mit einem Stück Kududeder auszupeitschen. Weil wir uns im Besitz des Heiligen Grals wähnten, konnten wir nichts Schlimmes in diesen Dingen sehen. Und wir erkannten, daß mit den Achtzigern eine neue Ära angebrochen war und daß manches von diesem Verhalten mehr als inakzeptabel war.

Falls die alte Einstellung, die hier wiedergegeben worden ist, die Norm war, hat sich in der Tat ein großer Schritt in Richtung Demokratisierung vollzogen. Aber sollen Wildtiere nun den Preis für den weiten Weg bezahlen, den diese Bewegung noch zurücklegen muß?

Meine Ansichten hierzu waren negativ und reaktiv, verbittert und verwirrt. Wenn ein Kollege sagte: »CAMPFIRE ist doch endlich ein Hoffnungsschimmer für die Zukunft«, antwortete ich darauf: »O nein, da liegt etwas ganz furchtbar im argen.« Tatsächlich gab es keinen Lösungsvorschlag zu der drängenden Elefantenfrage, an dem nicht irgendwo ein Haken war. Die Ostafrikaner, die auf ein Elfenbeinverbot setzten, machten sich dadurch von ausländischem Geld und ausländischen Entscheidungen abhängig, um ihr nationales Erbe zu bewahren. Die betroffene Bevölkerung wurde nicht genügend einbezogen, so daß die Schutzgebiete niemals sicher sein würden, sagte ich mir. Und was würden die Ostafrikaner mit ihren »Elefantenüberschuß-Enklaven« machen, wenn das Verbot tatsächlich griff? Nein, auch hier waren wir zu keiner befriedigenden Antwort gekommen. Es gab offensichtlich keine Lösung, bei der alle Aspekte der Wirklichkeit berücksichtigt wurden.

Ich hatte bereits in Sengwa vorausgesehen, daß es so kommen würde. Als unser Projekt dem Ende zuging, hatte ich mit Bangen an meine Rückkehr nach Amerika gedacht. Mir graute vor Gesprächen, die mich zu einer Stellungnahme bezüglich wirschaftlicher Perspektiven zwingen würden. Man würde von mir verlangen, die Managementstrategien Simbabwes entweder zu verteidigen oder zu attackieren, und meine Unfähigkeit, eine gute Alternative präsentieren zu können, würde mich unglücklich machen. Ich sah meiner Rückkehr in die Staaten schweren Herzens entgegen.

KAPITEL 12

Freunde in der Ferne

Loki, Russ und ich fuhren unsere beiden Fahrzeuge nach Harare und ließen den alten Landcruiser dort; er sollte repariert und als Geschenk nach Sengwa zurückgeschickt werden. In dem anderen Wagen fuhren wir Richtung Süden, ließen mit dem Passieren der Grenze ein rückständiges, armes Land hinter uns, in dem alles in gemächlichem Tempo vonstatten geht, und brausten auf der Schnellstraße nach Südafrika hinein. Am zweiten Tag erreichten wir Johannesburg. Dort hatten wir Freunde, die uns in ihrem Haus herzlich aufnahmen, uns ein erfrischendes Bad einließen, Essen und Wein auffuhren und sich unsere Geschichten anhörten. Am Ende des Abends krochen wir unter Steppdecken, die unsere Gastgeberin selber genäht hatte. Wir bekamen eigene Zimmer und konnten beruhigt schlafen, denn das Haus war von einer dicken Backsteinmauer umgeben, die oben mit Glasscherben bestückt war, um uns, wie unsere Gastgeberin erklärte, vor schwarzen Eindringlingen zu schützen.

Ich war erschöpft, aber die mit Glasscherben bewehrte Mauer ging mir nicht aus dem Sinn. Im Geiste suchte ich nach den Stimmen und Gesichtern von Sengwa, aber sie kamen einfach nicht. Ich stellte mir vor, wie sie sagten: »Ihr habt uns verlassen. Wenn wir zurückkommen, seid ihr nicht mehr da.« Ich fiel in einen dumpfen, kummervollen Schlaf.

Früh am Morgen schreckte ich mit klopfendem Herzen hoch, schluchzend und noch in einem bedrückenden Traum gefangen: Ich hatte die ganze Nacht mit Zaccheus und seiner

Frau neben einem Mopane-Feuer gekniet. Wir hatten abwechselnd ihren Sohn gehalten. Jetzt lag er im Arm seiner Mutter. Ich streckte meine Hände aus, und die Eltern reichten mir ihr Kind. Ich sah ihre Gesichter dicht vor meinem, sehr ernst. Als ich das Kind entgegennahm, hatte ich plötzlich eine Empfindung, als wäre es heilig. Dieses Gefühl war so überwältigend, daß ein Schluchzer aus meiner Brust hervorbrach und ich davon aufwachte.

Ich weinte herzzerreißend und lange Zeit, ohne reden oder denken zu können – ein stummer Anfall. Ich weinte, so lang ich konnte, aber es war nicht lange genug. Ich mußte aufstehen, weil mein Flugzeug in die Staaten bald ging. Es war zu spät, um umzukehren. Und außerdem: Was wäre mit meiner Rückkehr gewonnen?

Meine Leute zu Hause begrüßten mich so herzlich wie nur irgend möglich, aber lange Zeit war ich wie gerädert, so hart traf mich der Kulturschock. Ich stellte naive, unangebrachte Fragen, zum Beispiel: »Wo fahren diese Autos bloß alle hin?« Einer der Hauptgründe für mein Unbehagen war die Erinnerung an jenen Traum. Es schien mir, als ob in ihm meine Sengwa-Erfahrungen eingeschlossen seien und ich diese auf meinem Weg nach Hause hinter mir gelassen hätte.

Der Traum wog schwer in meinem Herzen. Der kleine Junge, von dem ich geträumt hatte, war arm; im Vergleich zu ihm war ich unvorstellbar reich. Er würde in den Communal Lands aufwachsen; ich dagegen stellte rings um meine gut fünf Hektar Land, die einst den Cayuga-Indianern gehört hatten, Schilder auf: PRIVATBESITZ! BETRETEN STRENGSTENS VERBOTEN. Der Junge würde mit anderen Kindern hinter den Ochsen seines Vaters hergehen; ich fuhr in meinem Privatwagen zu den Quäkerversammlungen, um über unsere Glaubensgrundsätze zu diskutieren: Einfachheit, Frieden, Gemeinschaftlichkeit. Er würde um Regen beten, während mein Radio für Leute, die nichts anderes als Unterhaltung erflehten, die Botschaft verkündete: »Morgen strichweise Regen.«

Nach und nach fand ich zu meinen Freunden und meiner Familie zurück, kam aber an mich selbst nicht heran. Ich brachte meinen Leuten den Shona-Gruß (»Mir geht es gut, wenn es dir gutgeht«) bei; aber ich hatte vergessen, wie ich es anstellen sollte, mich im Kreis meiner eigenen Bekannten und Familienangehörigen wohl zu fühlen.

Da ich mystische Deutungen anderer Leute fürchtete, beschloß ich, meinen Traum für mich zu behalten. Aber er ließ mir keine Ruhe, und schließlich erzählte ich ihn einer Freundin. Sie sagte: »Was verlierst du dabei, wenn du eine Botschaft an denjenigen schickst, für den er bestimmt war?« So hatte ich es bisher nicht gesehen. Ich setzte mich hin und schrieb einen Brief an Zaccheus.

Zwei Monate später traf ein Antwortbrief ein. Zaccheus' Frau hatte in der Zeit, in der ich den Traum gehabt hatte, einen Sohn geboren:

Ich weiß nicht, was Ihr Traum bedeutet, aber Gott weiß es, und er wird Ihnen eines Tages die Bedeutung offenbaren ... Sie sind schon die dritte, die einen solchen Traum von dem Kind hatte – ein heiliges Kind. Zwei Leute aus meinem Dorf haben, bevor meine Frau niederkam, geträumt, daß sie ein heiliges oder ein einflußreiches Kind zur Welt bringen werde. Seien wir geduldig, und warten wir ab, was Gott tut. Ich hoffe, er wird uns die Erklärung für den Traum geben, den er Ihnen geschickt hat.

Ich frage mich, wie oft die Leute in den Ndebele-Dörfern solche Träume haben. Für mich war es das einzige Mal.

In den Monaten nach unserer Abreise aus Sengwa kamen weitere Briefe. Der erste enthielt die Nachricht, daß unsere Freunde uns vermißten und uns ihre Gebete und guten Wünsche schickten. Dann schrieben mehrere Wildhüter, daß Wilderer in Sengwa eingedrungen sind und Rhinozerosse getötet haben. Die meisten von ihnen waren Sambier, die mit der Fähre über den Sambesi River kamen und auf ihrem langen Weg nach Süden von ganzen Banden ortsansässiger Widersacher beim Schmuggeln unterstützt wurden. Denn ein einziges Rhinozeroshorn war so wertvoll, daß sein Verkauf einer ganzen Reihe von Leuten jede Menge Geld einbrachte. Der Zeitpunkt dieser Raubzüge ließ vermuten, daß ein Insider beteiligt war: Das erste Rhinozeros war einen Monat nach unserer Abreise getötet worden, genau zu dem Zeitpunkt, als die Funkortung beendet wurde und alle Beobachter vom Ntaba Mangwe herunterkamen. Die nachfolgenden Überfälle fanden immer einen Tag nach dem monatlichen Zahltag statt, wenn die meisten Sengwa-Angestellten freihatten.

Ein Wildhüter von der angrenzenden Chiriza Safari Area, Vater mehrerer Kinder und enger Freund vieler Sengwa-Leute, wurde bei einem Zusammenstoß mit Wilderern getötet. Die restlichen Wildhüter in Chiriza und Sengwa bemühten sich verzweifelt, die Situation unter Kontrolle zu bekommen, hatten aber kaum Hoffnung. »Wir kennen uns selber nicht mehr aus«, schrieb mir einer von ihnen. Die gefährlichen und frustrierenden Einsätze gegen die Wilderei fanden vor allem nachts statt – manchmal an zwei oder drei Nächten hintereinander. Die Männer warteten, eng zusammengekauert, ohne Licht oder Feuer im Unterholz, um ihren Aufenthaltsort nicht zu verraten. Sie fürchteten sich einerseits vor gefährlichen Wildtieren und Schlangen und litten andererseits unter der Angst, möglicherweise einen Wilderer zu fangen, den sie kannten und der sie in Loyalitätskonflikte stürzen würde. Es dauerte nicht lange, und ich erhielt einen Bericht über eine dreitägige Suche, an deren Ende es genau zu dieser Situation kam:

Einer der Wilderer bekam Angst und warf die Säcke weg, die er mit sich schleppte, außerdem ließ er Schuhe, Overall und ein Paar Socken fallen. Bald wurde es dunkel, und wir gingen für ein paar Minuten zur Station zurück und patrouillierten dann in der Nacht am Zaun entlang. Am nächsten Morgen hielten wir am Zaun nach Fährten Ausschau und entdeckten eine Spur in der Nähe des Corner Store. Wir Wildhüter verfolgten die Spur in den Park zurück . . . Sie führte uns an eine Stelle, an der die Wilderer sich offensichtlich aufgeteilt hatten. Einer von ihnen war barfuß weitergegangen. Wir gingen diesen Fußabdrücken nach und stießen auf ein Paar Schuhe. Ein paar Meter hinter der Stelle, an der wir die Schuhe entdeckt hatten, fanden wir einen Sack, eine Axt, einen Fünf-Liter-Plastikbehälter und einen typischen Sengwa-Hut. Aus dem Sack ragten drei große Rhinozeroshörner. Wir machten den Sack auf und fanden folgendes vor:

1 Campingzelt
1 selbstgefertigtes Messer
1 Tasse
1 Löffel
1 Regenmantel
22 Gewehrkugeln
1 Satz Leuchtmunition
3 Rhinozeroshörner

Dann rollten sie das Zelt auseinander und stellten fest, daß es mit dem Namen des Bruders von einem der Wildhüter gekennzeichnet war. Bei ihm zu Hause fanden sie beide Männer mit einem Schnellfeuergewehr und vier Rhinozeroshörnern. Nachdem die Männer gestanden hatten, wurden sie zur Forschungsstation gebracht und von dort aus vermutlich vor Gericht gestellt.

Der Bruder des Wildhüters wurde jetzt von Männern gefangengehalten, die zuvor seine Freunde gewesen waren. Aber Vertrauen, das sich über viele Jahre hinweg entwickelt hat, löst sich oft nicht mit einem Schlag in Luft auf, und einer der Bewacher legte, ohne darüber nachzudenken, sein Gewehr am Fuß des Funkturms nieder, auf dem der Gefangene saß, und ging für einen Augenblick ins Institut hinein. Der Wilderer hob das Gewehr auf und schoß sich damit in den Kopf.

Durch diese Tat verringerte er die Schande, unter der nicht nur er selber, sondern auch seine Familie und seine Freunde zu leiden gehabt hätten. In einer Welt, in der menschliche Beziehungen an oberster Stelle stehen, hatte er mit einem Schlag eine ganze Menge Leute verraten. Ich fragte mich, ob er, wie Paidamoyo, die Vorstellung gehabt hatte, daß er nicht nur von der menschlichen Gemeinschaft, sondern auch von den Tieren bestraft werden würde. Aber irgendwie hatte ihn auch die Welt im Stich gelassen, denn Armut ist Ausdruck eines gesellschaftlichen Mißstands. Und der völlig überzogene Preis für Rhinozeroshörner in arabischen und fernöstlichen Ländern, wo man Dolchgriffe und Aphrodisiaka daraus macht, ist ebenfalls ein Zeichen für ungerechte Verhältnisse.

Als ob das nicht alles schlimm genug gewesen wäre, wurde Simbabwe kurz darauf von einer erbarmungslosen Dürre heimgesucht, so daß die Ernte mehr oder weniger ausfiel und die Nutztiere in verschiedenen Teilen der Communal Lands verhungerten, in denen die Familien der Wildhüter das Land zu bewirtschaften versuchten. »Ach, was sollen wir nur tun?« schrieb mir ein Wildhüter und legte ein Foto von seiner Frau bei, die mit bekümmerter Miene auf einem vertrockneten Maisfeld stand.

Manchen Leuten gelang es, eine kleine Ernte einzubringen; aber dafür hatte es sie auf andere Weise schwer getroffen. Sibanda entschuldigte sich, daß er mir kein Foto von seiner Familie schicken könne, wie er es eigentlich vorgehabt hatte. Aber ein Elefant habe seine Frau getötet. Er schrieb mir, weil er mich um einen Gefallen bitten wollte. Ob ich ihm wohl ein paar Muscheln und Regenbogenperlen schicken könne?

Es würde das dritte Mal sein, daß wir Geschenke austauschten. Das zweite Mal geschah es am letzten Tag des Funkortungsprojekts. Sibanda war mit einer schweren Last auf dem Rücken zur Station gekommen – dem einzigen Ding, von dem er glaubte, daß ich es genauso schätzen würde, wie er seine Brille. Als ich sah, was er angebracht hatte, kamen mir die Tränen. Er schenkte mir seine Trommel.

Zu sagen, daß uns die Musik verband, ist noch untertrieben. Ich liebte es, ihn tanzen zu sehen, diesen kleinen alten Mann in seinem blauen Overall, und ihm gefiel es, wie ich mich von dem Trommeln, Tanzen und Singen mitreißen ließ. Er glaubte mir sofort, als ich ihm sagte, daß ich mir wünschte, in meinem nächsten Leben als Musikerin wiedergeboren zu werden.

Seine Trommel besteht aus einem hohlen Baumstamm. Sie ist ungefähr sechzig Zentimeter hoch und hat einen Durchmesser von dreißig Zentimetern. Man sieht ihr an, daß sie schon eine ganze Weile häufig benutzt worden ist. Sie ist mit einem Stück schmutziger Kuduhaut bespannt, die an einer Reihe Zapfen befestigt ist, welche in die Wände des Zylinders gebohrt sind. Weiter unten verengt sich die Trommel zu einem zehn Zentimeter hohen und fünfzehn Zentimeter dicken offenen Hohlfuß. In diesem Bereich ist die Trommel durch die anhaftenden Überreste eines alten Termitenhügels, die bezeugen, daß das Instrument jahrelang auf dem Erdboden herumgestanden hat, extrem schwer. Diese tierischen Bestandteile erinnern mich daran, daß einige der Lieder, zu denen die Trommel gespielt hatte, an jene Ahnengeister gerichtet gewesen waren, die in Tierleibern wiederverkörpert sind.

Jetzt blickte ich traurig auf die Trommel, völlig benommen

von der Nachricht über den Tod von Sibandas Frau. Ich suchte bei Freunden nach einem adäquaten Geschenk. Meine Freundin Elizabeth bot mir eine Sammlung von Meeresschnecken, Tritonshörnern und Kammuscheln an, die sie bei einem Urlaub in Florida gesammelt hatte; zwei andere Freundinnen, die beide Nancy heißen, stifteten Halsketten aus bunten Perlen. Ich schickte schließlich alles nach Sengwa. Mein Herz war mir schwer, während ich diese hübschen Sachen einpackte und an Sibandas Familie und an die aus dem Lot geratenen Verhältnisse dachte, durch die Elefanten zu Angreifern wurden.

Nach sechs Wochen kam ein Brief von Sibanda. Nachdem er seinen Dank zum Ausdruck gebracht hatte, bat er mich um weitere Muscheln: »Besonders so kleine runde, wie Sie sie mir geschickt haben. Außerdem bitte ich um noch mehr Perlen, ein paar durchsichtige ohne Farbe und noch mehr von diesen regenbogenartigen und richtig blaue. Ich brauche diese Dinge für die Ahnengeister ...«

Später erfuhr ich, daß diese Bedeutung der Muscheln aus jener Zeit herrührt, als die Ndebele noch die südafrikanische Küste bewohnten. Als sie von dort vertrieben wurden, gingen ihnen all die Dinge verloren, die ihr Universum definiert hatten. Ihre Geister sehnen sich immer noch nach dem Meer. Muscheln helfen den Ahnen dabei, die Erinnerung an ihre Herkunft wachzurufen.

Während die Sengwa-Leute mit den vielen Problemen zu kämpfen hatten, arbeiteten Bill, Russ und ich an jenen Daten, die wir mit nach Hause gebracht hatten. Unsere Gedanken kreisten ständig um die Vielschichtigkeit des Lebens der Sengwa-Elefanten. Eines Tages kam ein Brief von Rowan, in dem er uns Neuigkeiten über sie mitteilte. Er hatte eine Aktion gestartet, um die Elefanten von den schweren Funkhalsbändern zu befreien, die ihnen die Hälse wund scheuerten, und sie durch leichtere Markierungshalsbänder zu ersetzen. Bei vierzehn Elefanten ging alles gut, aber bei zweien verlief die Aktion ohne Erfolg – bei Computer, die nicht gefunden wurde, und bei Lutya, die bei der Aktion starb. Rowan schrieb: »Sie ging beim ersten Pfeil nicht zu Boden, weshalb wir nach zwanzig Minuten einen zweiten Pfeil auf sie abschossen. Fünf Minuten nach dem zweiten Pfeil stürzte sie, fiel aber ungeschickt mit dem Kopf voran einen Abhang hinunter, und ihr Rüssel wurde unter ihrem linken Stoßzahn eingequetscht. Mike Kock spritzte ihr das Gegenmittel, als er ihre Situation überblickte, aber es war zu spät.«

Dieser Unfall war unvermeidbar gewesen, wie es immer so schön heißt – niemand war schuld daran. Und doch wußte ich, daß es unser Fehler gewesen war, denn schließlich hatten wir Lutya, der scheuen Leitkuh, die vom Sengwa-Institut flußaufwärts im schönen Kove River lebte, das Halsband umgelegt.

KAPITEL 13

Gemetzel an heiliger Stätte

Bill, Russ und ich teilten uns ein riesiges Büro in einem ehemaligen Stall neben dem Ornithologischen Institut der Cornell University. Jeder von uns arbeitete an unterschiedlichen Aspekten der Datenanalyse, teilweise auch von zu Hause aus, was zur Folge hatte, daß es Zeiten gab, in denen niemand genau über den Stand des gesamten Projekts Bescheid wußte. Um dieser Uninformiertheit abzuhelfen, trafen wir uns regelmäßig mittwochs nachmittags. Am Mittwoch, den 27. Oktober 1991, war ich eine halbe Stunde zu spät dran; als ich hereinkam, standen die Männer über Russ' Computer gebeugt und kämpften mit den Ergebnissen, die die Frage aufgeworfen hatten, ob unsere Daten koordinierte Wanderungen bei den Sengwa-Elefanten zeigten oder nicht. Koordiniert auf höherer Ebene, als man würde feststellen können, sofern die Bewegungen innerhalb sich überschneidender Streifgebiete nur zufällig wären. Aber als ich hereinkam, hielten sie inne, schauten auf und kamen schnell zur Tür, um mich zu begrüßen. Irgendwie fand ich das komisch.

Ich sagte: »Was ist los?«

»Schlechte Nachrichten«, sagte Bill. »Ich hab Rowan gestern angerufen, weil ich ihn bitten wollte, eine Empfehlung für mich zu schreiben. Und nachdem wir das geregelt hatten, hat er gesagt: ›Ich sitze an einem schwierigen Brief für Katy‹. Ich hab gesagt: ›Ja und? Worum geht's?‹ Und da hat er mir erzählt, daß sie die Elefanten in Sengwa gecullt haben.«

»GECULLT?«

Wir gingen in eine Ecke des Raums, in der ein paar Stühle standen. Normalerweise fühlte ich mich in der weitläufigen Scheune äußerst wohl; jetzt allerdings fröstelte es mich.

Das Department of National Parks and Wildlife Management hatte Anfang September eine Culling-Aktion gestartet, bei der ein Drittel der Sengwa-Population vernichtet wurde. »Sie haben zweihundertneunundvierzig Elefanten erwischt, darunter vier von unseren mit ihren Familien. Jabula, Miss Piggy, Friday und noch eine. Mufambo, hat er, glaube ich, gesagt, aber vielleicht war es auch Munyama. Es war im dichten Busch, sie mußten schnell entscheiden, sie haben von einem Hubschrauber aus geschossen. Sie haben ein paar Mitglieder einer Familie erwischt und dann das Halsband gesehen, aber da war es schon zu spät, und sie mußten die ganze Familie niedermetzeln.«

Wir atmeten alle tief durch und saßen ganz still. Dann fragte ich Bill und Russ, wie sie zu dieser Nachricht stünden. Bill sagte, er sei nicht überrascht, es sei ja nicht das erste Mal, daß Rowan in Sengwa gecullt hätte, und er habe davon gesprochen, daß er es wieder machen würde. Bill fand, es sei eine schäbige Art, mit Kollegen umzugehen – er hätte uns wenigstens konsultieren oder informieren können; aber Rowan hätte sich sowieso nicht davon abbringen lassen, durch niemanden. Simbabwe sei ein armes Land, ein Land mit Problemen, von denen wir uns keine Vorstellung machen könnten. Und Rowan sei schlau, sehr schlau. Und wir könnten ohnehin nichts an seinen Entscheidungen ändern. Die Sengwa-Elefanten seien seine Angelegenheit, nicht unsere.

»Das finde ich nicht«, sagte ich.

Einen Augenblick herrschte Schweigen. »Ich weiß, wie dir zumute ist«, sagte Russ.

»Mir geht's auch nicht anders, verdammt«, sagte Bill. »Mich läßt das auch nicht kalt.«

»Was meinst du dazu, Russ?«, fragte ich.

Russ sagte, er habe dem, was Bill gesagt hätte, im Augenblick nichts hinzuzufügen. Er sei, soweit er sehen könne, mit Bill einer Meinung.

Eine Kluft hatte sich zwischen uns aufgetan. Auf der einen Seite saßen sie, meine Freunde, die ich seit zwanzig Jahren kannte, und schauten auf ihre Arbeit, ihre mit Daten vollgestopften Computer; sie konnten sich auf eine Universität, eine Tradition, einen ganzen Troß zuarbeitender Institutionen stützen, die ihnen halfen, ihre kniffligen, komplexen Probleme bei der Datenanalyse zu lösen. Ihnen gegenüber auf der anderen Seite saß ich, wie gelähmt von der Nachricht über dieses Massaker.

Russ ergriff wieder das Wort, sagte, er könne sich keine Alternative zum Culling vorstellen, und insofern stimme er wohl auch hierin mit Bill überein.

Wir stießen unsere Stühle zurück. Wir umarmten uns, um keine bösen Gefühle aufkommen zu lassen, dann gingen wir auseinander. Ich wandte mich zur Tür, sie kehrten zu Russ' Computer zurück. Da müssen wir irgendwie durch, wollten unsere Gesten sagen. Wir kennen uns, seit meine Kinder klein waren, sagte ich mir selber. Wir müssen da durch; wir sind wie eine Familie. Doch als ich auf halbem Weg zur Tür war, äußerte Bill noch einen Gedanken: »Das wird die Arbeit in Sengwa viel leichter machen. Wenn es nächstes Jahr ein Culling in derselben Größenordnung gibt, wird die Sengwa-Population so klein sein, daß wir jede Familie mit einem Sender ausstatten können.«

Nein! schrie eine wütende Stimme in mir, als ich mich aus der Scheune hinaustastete, denn obwohl es früh am Morgen war, drang kein Licht durch die Fenster über dem großen Tor. Ich schlüpfte durch die kleine Seitentür, die auf den grasbewachsenen Hang hinausging.

Das Gras lag grün und frisch im strahlenden Sonnenlicht, der Tag glühte in den Farben des Herbstes, aber ich warf mich auf den Boden und schluchzte laut vor Kummer und Wut über das vergeudete Blut, das zerstörte Leben und das entweihte Heiligtum – ich hämmerte mit Händen und Füßen auf den Boden und brach in lautes Schreien aus.

Als ich ins Büro zurückkam, standen meine Freunde instinktiv auf und boten mir ihre Hilfe an. Russ brachte mich mit seinem Wagen nach Hause. Bill fuhr in meinem Auto hinterher, damit ich es hatte, wenn ich es brauchen würde.

Während wir die sieben Meilen durch Hügel und Täler fuhren, spürte ich Russ' Blick auf mir, ein Blick, aus dem unendliches Mitgefühl sprach, aber ich wies ihn zurück. Dein Mitgefühl gilt einer Person, die keinen Kontakt mehr zur wirklichen Welt hat. Aber ich trauere um die wirkliche Welt, und ich will nicht getröstet werden.

Als ich in mein Haus kam, zog ich die Tür hinter mir zu und ging schnurstracks durch die beiden vorderen Räume nach hinten in mein Schlafzimmer. Noch bevor ich auf das Bett fiel, sah ich die untere Sengwa-Schwemmebene vor mir. Hier lag Jabula neben ihrem Tümpel, ein massiger, regloser Haufen, mit Blut beschmiert und bespritzt, und der ganze Tümpel war rot. Dort neben ihr lagen auf einem Haufen andere verschieden alte Elefanten übereinander; einige davon waren bereits tot, andere lagen auf der Seite, hoben und verlagerten hilflos ein Bein, schlenkerten mit dem Rüssel, versuchten aufzustehen, fielen wieder um, stöhnten. Und hier der kurvende, ratternde, stinkende Hubschrauber; Männer, die zielten, schossen und brüllten, während um sie herum noch nicht verstümmelte oder angeschossene Elefanten im Kreis rannten, in den stauberfüllten Busch hineinstürmten, um sofort wieder herauszurennen. Immer wieder zurückgerufen von ihrem Drang zu helfen; bei jedem Auftauchen erneut in bellende Schreie ausbrechend, vor

Kummer, vor Entsetzen, vor Angst und Fassungslosigkeit – die Augen weit aufgerissen und weiß, die Wangen überströmt von Temporin, während sie mit behutsamen Rüsseln erneut Köpfe und Körper untersuchten, in Ohren, Münder, Augenhöhlen, Vulven griffen, über Blut-, Dung- und Urinlachen verharrten und auf ihren eigenen Tod warteten, so wie es als Akt der Barmherzigkeit im Culling-Protokoll vorgeschrieben war . . .

Ich stand hilflos daneben und gab einen gewaltigen, bellenden Verzweiflungsschrei von mir; er kam tief aus meiner Kehle, er füllte mein Schlafzimmer mit einer gespenstischen, brüchigen Frauenstimme: »Erbarmen!«

Erbarmen! Mein eigenes Bellen versetzte mich in einen stinkenden Raum, viele Treppen über einer fernen Stadt, zu später Stunde am Ende eines zermürbenden Tages. In dem Gestank mischten sich Schweiß und kalter Rauch mit ungelösten Problemen, Erschöpfung, Mühsal, unumgänglichen Zwängen. Ich stand in dem Raum und fühlte mich doppelt so groß wie sonst. Schweigend flehte ich um Gnade. Drei müde, graugesichtige Männer, die ich kannte und doch nicht kannte, drehten sich in ihren abgewetzten gelben Ledersesseln zu mir um. Sie schauten durch mich hindurch, als ob ich Luft wäre. »Sie sind in einer besonders schwierigen Zeit gekommen«, sagte einer von ihnen. »Sie brauchen nichts zu sagen. Wir verstehen Ihre Sorgen. Wir würden sie gerne mit Ihnen teilen, wenn wir uns diesen Luxus erlauben könnten – aber jetzt, guten Tag.« Ich ging rückwärts hinaus, lautlos, um sie nicht noch mehr zu stören. Sturköpfe wie wir hatten nichts zu diskutieren.

Ich schlief ein und erwachte erst mitten in der Nacht, und als ich die Augen aufmachte, lag ich – zu meiner Erleichterung – zu Hause in meinem Bett. Ich schloß die Augen und träumte von neuem. Beim Aufwachen schrieb ich folgende Zeilen in mein Tagebuch:

264

Ein Wachtraum in den frühen Morgenstunden: Ich griff in meine Gebärmutter (so wie ein Tierarzt es bei einer Kuh tut), mit hochgeschobenem Ärmel – ich bin beide Personen zugleich – und zog ein Paar Hoden heraus, gesund, eigroß und eiförmig, kein Blut; ich schleuderte sie in den Papierkorb im Wohnzimmer, wobei ich dachte: das ist nicht der geeignete Ort für sie; sie werden bald anfangen zu gammeln ... Die Operation verlief ganz sachlich: Ich tat etwas, das getan werden mußte.

Ich schlief wieder ein.

Als ich am nächsten Morgen erwachte, fühlte ich mich seltsamerweise frisch und erholt. Anscheinend hatte meine Psyche die Dinge während der stürmischen Nacht selber in die Hand genommen. Vielleicht hat sie, weil sie sich selber in Gefahr wähnte, schnell eingegriffen. Sie hatte die widersprüchlichen Elemente voneinander getrennt und sich so bis zur Morgendämmerung über Wasser gehalten.

Der Träumende hat selber oft eine Ahnung, was sein Traum bedeutet oder nicht bedeutet. Ich glaube, meine »Hoden« standen nicht für irgendwelche Personen. Selbst wenn sie auf den ersten Blick Personen meinten, so gab es doch eine Symbolik, die einzig und allein in mir selbst begründet war. Ich glaube, die Hoden und die Gebärmutter standen für einander widersprechende Einstellungen in mir, die sich gegenseitig blockierten und in jenem Moment unvereinbar waren. Es waren weniger die männlichen Kollegen gemeint, die ich hinausgeworfen hatte, als vielmehr die Verpflichtung, das tolerieren zu müssen, was sie tolerierten.

Gluck hat in seiner grandiosen Oper von der Priesterin Iphigenie – zu einer völlig anderen Zeit und kraft der Barmherzigkeit einer anderen Psyche – einen ähnlichen Konflikt dargestellt. Iphigenie, die den Dolch bereits über den Kopf ihres Opfers (und das erschaudernde Publikum weiß im Gegensatz zu ihr, daß es sich um ihren eigenen Bruder Orest handelt) erhoben hatte, hält inne. Eine Gruppe junger Priesterinnen stürzt vor, ermahnt sie, die Bluttat zu erfüllen und die Aufgabe zu vollenden, die der König ihr gestellt hat. »Zurück, Barbarinnen!« schreit Iphigenie die Priesterinnen an. »Achtet meine Schwäche!«

Allein gelassen mit meinem Kummer und mit dem Unverständnis, das man mir entgegengebracht hatte, blieb ich ein paar Monate zu Hause und ließ mich nur im Labor blicken, wenn Bill und Russ konkrete Fragen an mich hatten. Sie nahmen die Hauptlast der Arbeit auf sich und respektierten und verziehen meine Abwesenheit.

An den Tag, an dem die Nachricht von dem Culling kam, waren wir dabei gewesen, eine Präsentation für eine Konferenz über das Verhalten von Tieren vorzubereiten. Es handelte sich um ein Plakat mit dem Titel »Vokalisierungen und Wanderungen bei wildlebenden Afrikanischen Elefanten«. Das Plakat zeigte unsere Methoden und erläuterte die vorläufigen Ergebnisse unserer Arbeit in Simbabwe. Mit ein paar Photos hatte ich es noch anschaulicher gestaltet. Es entstand ein übersichtliches Diagramm, aus dem genau abzulesen war, wann welcher von uns mit einem Sender ausgestattete Elefant während der dreimonatigen Datenerhebung grollende Rufe von sich gegeben hatte. Und es gab ein Spektrogramm, in dem die Vokalisierungen einer besonders redegewandten Elefantin abgebildet waren – Laute, von denen wir glaubten, daß es Östrus-Rufe waren. Bill sollte eine Computerdemonstration auf einem großen Beamer kommentieren, in der gezeigt wurde, wie zwei Elefantenfamilien ihre Bewegungen miteinander koordinieren. Die mit Sendern ausgestatteten Elefanten waren auf einer Karte der Sengwa Wildlife Research Area durch einen rosa- und einen orangefarbenen Punkt dargestellt. Mit einem Tastendruck konnte man die Elefanten zum nächsten Standort verschieben, an dem sie drei Stunden später aufgetaucht waren. Ein paar Minuten nur dauerten im Zeitraffer die Elefantenwanderungen, die wir über Monate hinweg aufgezeichnet hatten. Man konnte genau sehen, wie zwei Elefantenfamilien zeitgleich Richtungskorrekturen vornahmen, die es ihnen ermöglichten, ein großes Gebiet abzuweiden, ohne dabei um dieselben Büsche rivalisieren oder den Hörbereich der anderen Familie verlassen zu müssen.

Die Elefantin, die so eindringlich rief, war Jabula. Die Elefantenfamilien, die ihre Bewegungen aufeinander abstimmten, waren die von Miss Piggy und Lutya. Alle waren bei der Culling-Aktion umgekommen, und mit ihnen auch ihre Familien. Von den Tieren, die unsere Theorien über die Kommunikation der Elefanten so anschaulich hatten werden lassen, war keines mehr am Leben. Farbige Punkte auf einem Bildschirm und eine Reihe unsicherer Hypothesen waren alles, was von ihnen übriggeblieben war.

In der Nacht, in der ich den Traum hatte, fuhren Bill und Russ auf die Konferenz. Zwei Tage nachdem ich meine Hoden hinausgeworfen hatte, saßen sie vormittags neben unserem Poster, zeigten den anwesenden Kollegen, wie wir unsere Daten gesammelt hatten und diskutierten über unsere Ergebnisse und deren Beweiskraft. Sie kamen zufrieden nach Hause, denn eine Reihe von Leuten war sehr interessiert gewesen, einige geradezu begeistert. Sie brachten mir Visitenkarten von befreundeten Kollegen, die es bedauert hatten, daß ich nicht da gewesen war.

Ich hatte jenes Wochenende damit zugebracht, im Sumpf hinter meinem Haus herumzuwandern und nach Anzeichen für den nahenden Winter zu suchen. Ich fand sie am Himmel, in den Farben der Blätter, in dem veränderten Verhalten des Wildes und der Vögel, der Eichhörnchen, Backenhörnchen und

Honigbienen. Ich spaltete Holz und brachte es mit dem Schubkarren zu meiner kleinen Hütte hinaus. Dort schürte ich im Holzofen ein Feuer und nahm begierig den süßen Rauch und den Duft der Fichtenholzwände auf, die beim ersten Feuer des Winters einen besonderen Duft verströmten. Neben dem Ofen in dem Lehnstuhl sitzend, den mein Vater immer benutzt hatte, suchte ich in den Regalen nach Büchern, die mir die Zeit vertreiben würden. Und ich stieß auf eine seltsame Mischung von Stimmen. Insbesondere erinnere ich mich an eine Reihe von Walgedichten, geschrieben von kleinen Kindern.

Ein Babywal ist da
Sucht überall in der Welt
Und findet ein Zuhause
Wie schön auf der Welt zu sein.
(von William Lopez)

Da schwamm er auf dem Boden des Meeres,
frei und unabhängig, und es war von Herzen schön.
(von Karen Marcotte)

Die Männer töten den Wal
Sie verschwenden den Großen Wal nicht
Außer seiner Schönheit
(von Margaret Rakas)

Ich hatte meine Freude auch an anderen Autoren, besonders an den unschuldigen und bitterbösen. Ich las mit Genugtuung die Worte des Dichter-Soldaten Wilfred Owen, der eine Leiche in der Unterwelt sprechen läßt: »Du bist der Feind, den ich getötet habe, mein Freund.«

Ich stimmte mit dem Dichter Hölderlin in seine Klage ein:

Aber Freund! wir kommen zu spät. Zwar leben
   die Götter,
Aber über dem Haupt droben in anderer Welt.
. . .
Traum von ihnen ist drauf das Leben. Aber das Irrsal
Hilft, wie Schlummer, und stark machet die Not
   und die Nacht,
Bis daß Helden genug in der ehernen Wiege
   gewachsen,
Herzen an Kraft, wie sonst, ähnlich den Himmlischen
   sind.

»Du meinst, auf Grasbetten«, sagte ich laut, »Betten, die auf
Stöcken in strohgedeckten Lehmhütten errichtet sind. Ich kenne die Menschen, die du meinst«.

Ein kleine Gruppe Rehe lebte in der Nähe meiner Hütte.
Sie waren an meine Gegenwart gewöhnt wie ich an ihre. An
manchen Tagen schliefen sie dicht neben der Hütte. Das war
für mich eine große Ehre und ein Trost in jenen schweren Tagen.

Die Wochen vergingen, und Rowans schwieriger Brief kam
nicht. Ich rief wiederholt in seinem Büro in Harare an und bekam jedesmal gesagt, daß er fort sei. Schließlich schickte ich
ihm eine schroffe Aufforderung, er möge von sich hören lassen. Nicht, daß es irgend etwas ändern würde, was immer
er auch zu sagen hatte. Das Culling war geschehen. Mein
Wunsch, mehr zu erfahren, war eine hilflose Geste, weil ich
nicht bekommen konnte, was ich wollte.

Der Brief kam kurz vor Weihnachten. Über die vier mit Sendern ausgestatteten Elefanten, die bei der Culling-Aktion getötet worden waren, schrieb Rowan:

Ich weiß, daß Sie erschüttert über den Verlust dieser Tiere sind (ich habe mehrere Anrufe in diesem Sinne erhalten). Wir alle hier bedauern, daß Ihre Tiere in das Culling einbezogen worden sind. Es ist jedoch nicht das erste Mal, daß so etwas passiert – ich schätze, wir haben mittlerweile über 75 Prozent aller Tiere getötet, die in Sengwa jemals markiert wurden, und es wird bestimmt nicht das letzte Mal gewesen sein.

Es sei unzumutbar schwierig, schrieb Rowan, bei einem Culling bestimmte Tiere ein- oder auszuschließen. Aber es sei »vorzuziehen, unter den Herden nur minimal zu selektieren – unsere Beweggründe würden einer Überprüfung nicht standhalten, wenn wir verlangten, daß bestimmte Herden eher verschont werden sollten als andere.«

Die zweihundertfünfzig getöteten Elefanten machten ein Drittel einer Population aus, die sich schnell vergrößert hatte. Es gab Anzeichen dafür, daß das starke Wachstum hauptsächlich auf Zuwanderungen aus den umliegenden Gebieten zurückzuführen gewesen war. Deshalb würde es 1992 mit ziemlicher Sicherheit ein weiteres Culling geben, »um die Population auf 300 Tiere herunterzubringen«.

Das Culling entsprang unserer Sorge um den Erhalt der Habitate in Sengwa, insbesondere der Acacia-tortilis-Waldung, die sich gerade regeneriert. Wir sind bestrebt, die Bestandsdichte gering zu halten, um den Akazien die Möglichkeit zu geben, wieder einen Kuppelwald zu bilden.

Wir haben in Simbabwe zur Zeit über 70 000 Elefanten, und es ist fraglich, ob das Land überhaupt mehr als 40 000 tragen kann. Die maximale Anzahl, die wir jährlich cullen können, ist aufgrund praktischer Erwägungen auf

etwa 5000 beschränkt. Bei einer jährlichen Wachstums-
rate der Population von fünf Prozent bedeutet das, daß in
den nächsten 14 Jahren rund 70000 Tiere eliminiert werden müssen.

Diese beiden Abschnitte machten ungefähr ein Drittel des
Briefes aus. Der Rest lautete ähnlich. Ich nahm Rowans Worte
wie Schläge hin. Ganz im Geist eines sportlichen Ereignisses
gefangen beendete Rowan den Brief mit besten Wünschen von
ihm, seiner Frau und seiner Tochter und bat mich, seine Grüße
an Bill, Lillie, Russel, Loki, Rob und Laura weiterzugeben.

In den ersten Frühlingstagen kam dann ein Brief von Andrew.
Behutsam, respektvoll faßte er zusammen, was mit unseren
Freunden, den Elefanten, während und nach dem Culling passiert war. Sie waren auf die Schwemmebene hinausgetrieben
und von professionellen Scharfschützen getötet worden. Ein
paar Wildhüter, darunter er selber und Zaccheus, waren hinausgeschickt worden, um die Kadaver zu vermessen. Die Leiber waren an Ort und Stelle zerteilt worden, man hatte die
Stoßzähne abgeschnitten und herausgezogen, dann gemessen,
gewogen und weggefahren, um sie irgendwo sicher einzula-
gern. Die Schädel waren auf große Lastwagen geladen und zu
einer Grube in der Nähe der Station gebracht worden, später
sollten die Zähne untersucht werden. Beinknochen und Rip-
pen wurden auf einem riesigen Haufen im Mopane-Wald in
der Nähe der Sengwa North Road abgeladen. Wirbelsäulen
und sonstige Knochen wurden in zahlreiche Gräben und Gul-
lys entlang des weitläufigen Straßennetzes geworfen, um sie
zu verstopfen und so während der Regenzeit der Erosion entgegenzuwirken. All das hatte mehr als nur ein paar Tage in An-
spruch genommen.

Als ich später nach Sengwa zurückkehrte, erfuhr ich, daß

der besonders in den Nächten unerträgliche Gestank nach verwesendem Fleisch die ganze Regenzeit über und noch einige Monate in die Trockenzeit hinein angehalten hatte. Die Nächte müssen gespenstisch gewesen sein, von den Stimmen wütender Hyänen und Löwen erfüllt, die sich um die Schädel stritten, die in der Nähe der Siedlung aufgetürmt waren. Ein Jahr nach dem Culling waren immer noch Geier und Störche zu sehen, die auf den Knochen der Elefanten, die wir gekannt hatten, saßen, herumstritten und -flatterten.

KAPITEL 14
Totenglocken

»Welche Totenglocken für die, die wie Vieh krepieren?«

»Nur die ungeheure Wut der Gewehre.«

Diese Worte kamen aus dem Ersten Weltkrieg nach England zurück; der Soldat aber, der sie geschrieben hatte, kehrte nicht wieder. Jeder hat schon einmal Totenglocken für jemanden läuten hören, den er nicht kannte, und sich gedacht, daß sie für einen Menschen läuten, der es wie man selber auch mochte, wenn das Leben seinen vertrauten Gang geht. Ich beschloß, alle verfügbaren Informationen über die Elefanten zu sammeln, deren Leben durch das Sengwa-Culling so drastisch verkürzt worden war. Anfangs hatte ich nur den Wunsch, Totenglocken für sie zu finden, die ich angesichts der allgemeinen Gleichgültigkeit selbst läuten wollte. Vielleicht wollte ich es nur um meiner selbst willen tun. Aber es lohnt sich, etwas für sich selber zu tun, wenn man gerade Kummer hat oder trauert. Es würde mich aufmuntern, wenn ich mir die Akazienwälder wieder so vorstellte, wie sie waren, als ich meine grauen Freunde dort friedlich Rinde abschälen und kauen sah. Wenn ich wieder im tiefen, kühlen Schatten unter den feierlichen Trichelia-Bäumen umherging, die die Kudus perfekt getrimmt hatten und wo ich eines Nachmittags in der Dunkelheit plötzlich ein riesiges Tuch bemerkte, größer und schwerer als ein Vorhang, das langsam über meiner Schulter hin und her wehte. Und als ich aufblickte, sah ich, daß es ein Elefantenohr war. Ich würde wieder die beißend riechenden, zarten, kleinblättrigen Combretum-Büsche auf dem Lutope besuchen und mich an jenen Tag

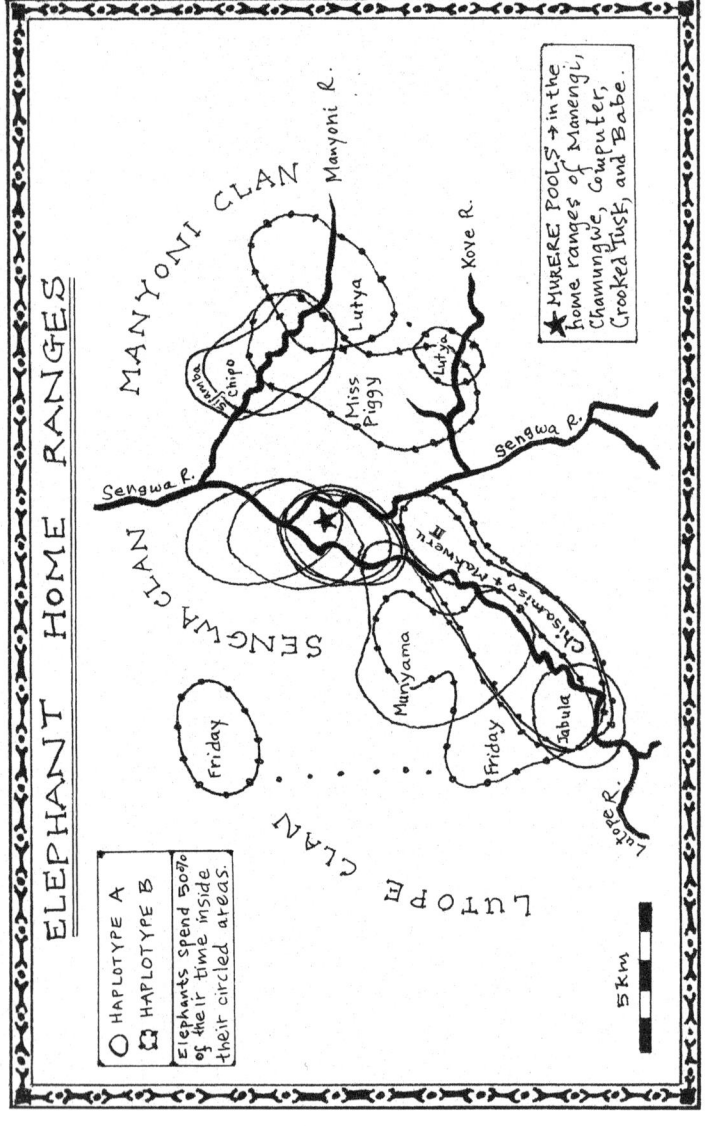

ELEPHANT HOME RANGES

MANYONI CLAN

SENGWA CLAN

LUTOPE CLAN

Manyoni R.
Kove R.
Sengwa R.
Sengwa R.
Lutope R.

Chipo
Lutya
Miss Piggy
Lutya

Munyama
Friday
Friday
Tabula

Chisomisa & Makweru

★ MURERE POOLS → in the home ranges of Manengi, Chamungwe, Computer, Crooked Tusk, and Babe.

○ HAPLOTYPE A
◇ HAPLOTYPE B

Elephants spend 50% of their time inside their circled areas.

5 Km

erinnern, an dem ich betrunkene Elefanten zufrieden umher-
torkeln sah, nachdem sie davon gefressen hatten. Ich wollte
keine lauten Glocken, sondern Erinnerungen an ein ganz normales, friedliches Leben.

Es dauerte nicht lange, bis mich dieser Wunsch tatsächlich
nach Sengwa zurückführte. Dort gab mir Ian Coulson eine Kopie des von ihm erstellten Parkberichts über die gecullten Elefanten. Er war stolz auf seinen Bericht, der, wie er hoffte, dazu
beitragen würde, die mit Sendern ausgestatteten Elefanten
nachträglich besser zu verstehen. Der Bericht enthielt Messungen, die die Wildhüter an den Kadavern vorgenommen hatten, in Spalten angeordnet, eine Spalte für jeden Messungsty-
pus und eine Zeile für jeden Elefanten. Elefanten, die gemeinsam erschossen worden waren, wurden auf derselben Seite auf-
gelistet.

Da alle Elefanten vor der Zeit starben, sehr scheu gewesen
waren und nur selten gesichtet wurden, konnten diese Informationen aus der Culling-Aktion meine Aufzeichnungen über
das Verhalten der Elefanten in mehrfacher Hinsicht ergänzen
und wurden Teil meiner Datengrundlage für die Berichte. Vielleicht wird es den Leser ebenso überraschen wie mich, daß man
so viel über den wirtschaftlichen Wert der Tiere wußte, und so
wenig über ihr Leben.

Jabula

An dem Tag, an dem sie ihr Halsband bekam, hopste, schwenkte und ratterte der Hubschrauber auf die hellgrauen Sandbän-
ke der Lutope-Schwemmebene hinunter. Die Elefanten wurden gesichtet, ein Pfeil wurde aus einem Luftgewehr abge-
schossen, das aus dem Fenster gehalten wurde, ein großer Elefant wankte, stolperte und stürzte zu Boden. Der Hubschrau-

ber landete, und drei Männer sprangen aus seinem Bauch heraus und rannten, so schnell sie konnten, über den weichen Sand hin zu dem liegenden Elefanten. Einer von ihnen war Rowan, und er war außer sich vor Freude, denn er erkannte eines seiner alten Halsbänder an dem Tier wieder: Es war Jabula.

Jabula und Rowan waren sich bei derartigen Aktionen schon dreimal begegnet. Inzwischen war sie so alt, daß sie wahrscheinlich in ein paar Jahren eines natürlichen Todes sterben würde, denn sie trug bereits den siebten und damit letzten Satz Zähne. Wenn der siebte ausfällt, wächst kein neuer nach. Rowan und sein Wildhüterteam hatten Jabula 1980, 1982 und 1984 gekennzeichnet und sie Hunderte Male lokalisiert. Sie war ein Mitglied des südlichen Clans, der seinem sehr kleinen Streifgebiet nördlich der Südgrenze des Forschungsgeländes stets treu geblieben war. Wir hatten sie, zehn Jahre nach ihrer ersten Kennzeichnung, an ihrem gewohnten Aufenthaltsort gefunden. »Sie ist eine großartige alte Matriarchin«, hatte Rowan gesagt, als er mir bei meinem ersten Besuch in Harare im Jahr 1986 die Routen ihrer Wanderungen auf seinem Computer zeigte. Als wir jetzt neben dem betäubten Tier standen, wiederholte er diese Worte noch einmal.

In den folgenden Monaten lokalisierten wir Jabula vierhundertdreizehnmal mittels Funkortung. Von allen Elefanten, die wir beobachteten, beschränkte sie sich auf das kleinste Streifgebiet, das heißt, sie verbrachte neun Zehntel ihrer Zeit in einem Umfeld von nur dreiundzwanzig Quadratkilometern. Das Zentrum ihrer Aktivitäten war ein Wasserloch, das die Elefanten in den Lehm der Lutope-Schwemmebene gegraben hatten und das gerade groß genug war, damit ein erwachsener Elefant darin baden konnte. Ganz in der Nähe gab es ein paar schöne Fleckchen mit jungen Acacia tortilis, einem dornigen Baum mit köstlich schmeckender Rinde, der Lieblingsnahrung der Elefanten.

Meistens sichteten wir Jabula beim Grasen und Baden im

Kreise ihrer ungefähr zwölfköpfigen Familie. Ihre Fixierung auf das winzige Gebiet um den Schlammtümpel herum läßt vermuten, daß es dort alles gab, was die Tiere brauchten. Aber das Verhalten ihrer Nachbarinnen, Makweru II und Chisamiso, deren Wanderungen wir ebenfalls verfolgten, zeigt, daß Genügsamkeit nicht alles ist. Diese beiden Familien verbrachten die Hälfte ihrer Zeit in einem Gebiet, das etwa so groß war wie Jabulas Streifgebiet, und die andere Hälfte in einem sechsmal so großen Areal. Womit läßt sich die unterschiedliche Beziehung dieser Elefanten zu ein und demselben Habitat erklären? Aus den genetischen Analysen, die Rob gemacht hatte, wußten wir, daß die Tiere mütterlicherseits verschiedene Erblinien hatten. Teilte Jabula ihre Ressourcen mit ihrer Familie und verteidigte sie sie gegen die Nachbarinnen?

Jabula war ein fruchtbares Weibchen gewesen. Die einhundertzweiundneunzig Mütter, die bei dem Culling getötet worden waren, hatten durchschnittlich drei Plazentanarben, aber Jabula hatten sieben. Nur fünf der gecullten Weibchen hatten ebenso viele Kälber geboren wie sie. Als sie 1980 zum erstenmal markiert wurde, säugte sie ein Kalb, ebenso 1982 und 1984 schon wieder oder immer noch. 1990 hatte sie ein großes, halbwüchsiges Kalb bei sich. Drei Wochen, nachdem sie zum viertenmal markiert worden war, entdeckte Bill Anzeichen dafür, daß sie wieder paarungsbereit war. Während Debbie und ich bei einer Bestandszählung mitflogen, suchte er über Kopfhörer Jabulas übliches Gebiet nach ihrem Lokalisierungssignal ab. Er hörte das Signal, sah aber nur eine Ansammlung von Bullen auf der Lutope-Schwemmebene – neunzehn Bullen, die meisten davon große Tiere. Debbie flog über den ausgetrockneten Fluß, suchte im Wäldchen hinter den Bullen, aber auch sie fand Jabula nicht. Am dritten Tag ging Debbie ganz tief runter, und da entdeckten sie und Bill Jabulas orangefarbenes Halsband mitten unter den Bullen.

Sie muß im Östrus sein, meinte Bill. Er kam zur Station zurück und schaute im Computer nach, ob während seiner Abwesenheit laute Rufe von Jabula hereingekommen waren. Und tatsächlich fand er eine lange Rufsequenz, ähnlich den Rufen, die ich damals in Amboseli von Zita aufgezeichnet hatte, als sie in den ersten Östrus-Tagen von einer Horde junger Bullen verfolgt worden war.

Falls Jabulas Östrus-Rufe zu einer Befruchtung geführt hatten, hat sie ihr Kalb verloren, denn das Parkpersonal fand in ihrer Gebärmutter keinen Fötus, als es zehn Monate später ihren Körper zerlegte. Sie produzierte jedoch schon wieder Milch. Vielleicht war sie an dem Tag, als Bill sie von potentiellen Paarungspartnern umringt gesehen hatte, bereits schwanger gewesen und hatte kurz darauf ihr Kalb zur Welt gebracht. Aber wenn es so war, warum hat sie dann Östrus-Rufe abgegeben? Das Kalb, das sie am Tag des Cullings säugte, müßte ungefähr ein Jahr alt gewesen sein. Es waren an jenem Tag tatsächlich mehrere kleine Kälber in Jabulas Nähe. Zwei wurden getötet, und fünf wurden gefangengenommen – zu welchem Zweck, weiß ich nicht.

Jabula scheint eine fruchtbare Stubenhockerin in einem kleinen, mit allem Lebensnotwendigen ausgestatteten Gebiet gewesen zu sein. Am 4. September 1991, dem Tag, an dem sie und ihre Familie getötet wurden, scheinen die Tiere noch an einem weiteren Fortpflanzungsereignis beteiligt gewesen zu sein. Nicht weit von ihrem heimatlichen Tümpel entfernt, in einem Rinnsal, das Kamashaboya River genannt wird, wurden dreizehn Individuen, darunter Jabula, gleichzeitig getötet. Fünf davon waren erwachsene Kühe – vier säugende Mütter und eine Schwangere. Zwei andere Elefantengruppen, jeweils aus sieben Individuen bestehend, wurden beim Tümpel niedergemetzelt, und eine dieser Gruppen bestand nur aus jungen Bullen. Zu der anderen gehörten neben mehreren Weibchen ein riesiger

Gastbulle – das zweitgrößte Tier bei jenem Culling. Die Weibchen am Tümpel waren vermutlich Mitglieder von Jabulas Bond Group, und eines von ihnen war im Östrus und wurde von dem sehr großen Bullen bewacht, während die Horde junger Casanovas in Hintergrund wartete.

Eine von fünfzehn Seiten des Parkberichts war den zweiunddreißig Tieren gewidmet, die in Jabulas Streifgebiet gecullt und eingefangen worden waren. Man hatte an jedem Tierkadaver vier Messungen vorgenommen und die Ergebnisse notiert: sieben an den Stoßzähnen, zwei an jedem ungeborenen Fötus oder Baby, drei an jedem der lebend eingefangenen Babys und dazu zwei verschiedene Darstellungen des Werts jedes einzelnen Tieres in US-Dollar. Jede Seite schloß mit einer Übersicht, über den Wert der erbeuteten Elefanten in Dollar.

Die gemessenen Werte – Gewicht, Umfang, Länge – wurden so verrechnet, daß sie in einer künstlichen Maßeinheit, dem Erwachsenenäqivalent, ausgedrückt werden konnten und somit vergleichbar wurden. Für ein Erwachsenenäquivalent hatte man einen Wert von 1,33 Dollar festgelegt. Ich nehme an, die aufgeführten Dollars waren simbabwische Dollars, zu jenem Zeitpunkt also etwa die Hälfte eines amerikanischen Dollars. Der Wert des Elfenbeins bezieht sich auf das Gewicht in Kilogramm.

Die Aufstellung für Jabulas weitverzweigte Familie ergab folgendes:

Erwachsenenäquivalent, erschossen		20.911 à $ 1,33 =	$ 27.812
	gefangen	587 à 1,33 =	$ 781
	gesamt	21.498 à 1,33 =	$ 28.592
Elfenbein, gesamt		146,088 à $ 200 =	$ 29.218

Ein Siebtel des Elfenbeins kam von dem riesigen Bullen, der den Fehler gemacht hatte, ein Weibchen in Jabulas Bond Group zu umwerben.

Friday The Thirteenth

Freitag die Dreizehnte erhielt ihren Namen wegen des Datums, an dem Rowan und Laura sie gekennzeichnet hatten und wegen der Nummer ihres Halsbands.

Sie war die kleinste mit einem Sender ausgestattete Elefantin, und auch alle anderen Tiere, die mit ihr getötet wurden, waren klein: Nur ein Weibchen hatte annähernd die Größe einer erwachsenen Kuh. Wir wußten sehr wenig über Friday. Wir sichteten sie nach der Kennzeichnung nur noch viermal, und jedesmal hatte ihre Gruppe eine andere Größe und Zusammensetzung, so daß ich annahm, sie war ein Tier, das – wie Flavia in Amboseli – keine Familie hatte. Wir sahen sie nie mit einer großen Zahl anderer Elefanten zusammen, so daß man auf eine Bond Group hätte schließen können. Zwischen ihren typischen Wanderrouten und denen der anderen Gruppen entdeckten wir keinerlei Übereinstimmung.

Wie Makweru II und Chisamiso hatte auch Freitag ein großes Streifgebiet. Sie zog von Quelle zu Quelle entlang der Wände des westlichen Samapakwa-Steilhangs, einer abschüssigen Gegend, die stark von Rhinozerossen bevölkert ist. Sie bewegte sich im Kamashaboya-Graben und über die ausgetrocknete Lutope-Schwemmebene, wo es reichlich zu fressen gibt, das Wasser allerdings knapp ist.

Fridays Herde war instabil, bestand ausschließlich aus jungen Tieren, hatte offensichtlich weder eine Kernfamilie noch entferntere Verwandte und unternahm ausgedehnte Wanderungen. Dies alles brachte mich zu der Annahme, daß diese

Tiere vielleicht die Überlebenden eines früheren Cullings gewesen sind und daß die Wanderungen, die wir aufgezeichnet haben, möglicherweise den niedrigen Status einer zerrissenen Herde widerspiegelten, einer sich ständig verändernden Gruppe von führungs- und heimatlosen Tieren. Das ist natürlich Spekulation, aber trotzdem wäre es falsch, die Sengwa-Elefanten als eine bis dahin ungestörte Population zu bezeichnen. Tatsächlich waren die Elefanten seit 1978 alle paar Jahre gecullt worden. Zersprengte Elefantenpopulationen sind heutzutage nichts Besonderes. Sie sind wie die Überlebenden in Kriegsgebieten; bemerkenswert ist nur, daß auch die übriggebliebenen Tiere ihren ehemaligen, nun zerstörten Gemeinschaften den Anschein einer Ordnung aufzuprägen versuchen. Am Tag des Cullings produzierte Friday Milch und war mit einem vierundfünfzig Kilogramm schweren männlichen Fötus schwanger. Sofern meine Vermutungen über ihren Familienstatus zutrafen, hätte ich ihr, falls sie überlebt hätte, eher eine Tochter gewünscht, denn die hätte ihr in den Jahren des Wiederaufbaus der Familie wenigstens Gesellschaft leisten können.

Ian faßte den wirtschaftlichen Wert von Fridays Familie folgendermaßen zusammen:

Erwachsenenäquivalent, erschossen		5.709 à $ 1.33 =	$ 7.593
	gefangen	174 à $ 1.33 =	$ 231
	gesamt	5.883 à $ 1.33 =	$ 7.824
Elfenbein, gesamt		35,68 à $ 200 =	$ 7.136

Munyama

Wir wollten die Verwandtschaftsbeziehungen der Elefanten aus mehreren Gründen herausbekommen. Falls zwischen bestimmten Gruppen ein naher Verwandtschaftsgrad besteht, sind es dann dieselben Gruppen, die ihre Wanderungen aufeinander abstimmen? Die immer in Hörweite bleiben, um im Notfall Verwandten zu Hilfe eilen zu können? Die Wasser- und Nahrungsquellen so miteinander teilen, daß die Ressourcen niemals aufgebraucht werden? Wie spiegelt sich das Verwandtschaftsverhältnis in Standorten und der gemeinsamen Nutzung von Streifgebieten wider? Und sind die Tiere, deren Zugehörigkeit zu einer Bond Group durch lautes Trompeten angezeigt wird, mit den Mitgliedern dieser Gruppe näher verwandt als mit Tieren anderer Familien, die sie nicht lautstark begrüßen?

Genetische Analysen von Gewebeproben sind oft nicht eindeutig. Aber die Schlußfolgerungen, die Rob aus ihnen zu ziehen vermochte, lassen einen Zusammenhang zwischen Verwandtschaftsgrad und Verhalten hinsichtlich der Streifgebiete erkennen. Das interessanteste Individuum in diesem Teil der Studie war Munyama.

Munyamas Streifgebiet war ähnlich wie das von Friday: Beide Familien bewegten sich unabhängig voneinander in weiten Kreisen im Westen und suchten die verstreuten Samapakwa-Quellen auf. Gleich nördlich von Munyamas und Fridays Streifgebieten lebten sechs andere mit Sendern ausgestattete Elefantenfamilien, die jene Samapakwa-Quellen leicht hätten erreichen können. Aber sie suchten sie, jedenfalls während unseres Überwachungsprojekts, kein einziges Mal auf. Es waren Elefanten, die in der Nähe der Murere-Pools lebten, den großen, wasserreichen Tümpeln im Einzugsbereich eines Altwasserarms, den der Sengwa River hinterlassen hatte, als er vor Jahren seinen Lauf änderte. Die Murere-Pools (abgesehen von einem, der voller Krokodile ist) sind die beliebtesten Elefantenwasser im mittleren Sengwa. Dies fand ich heraus, als ich später eine Saison im Gelände teilweise damit z brachte, an allen Wasserstellen das Elefantenaufkommen zu quantifizieren, sofern sie vom Ntaba Mungwe aus zu sehen waren.

Die Sengwa-Murere-Elefanten hatten kleine Streifgebiete, die um die Pools herum lagen und sich weiträumig überschnitten. In einigem Abstand zu diesen Tieren hatte Jabula auch ein kleines Streifgebiet, das um einen anderen Pool zentriert war. Zwei weitere Elefanten, Sijamba und Chipo, hatten kleine Streifgebiete, deren Mittelpunkt ein wasserführendes Gebiet in der Manyoni-Schwemmebene war. Alle übrigen von uns gekennzeichneten Elefanten hatten große Streifgebiete mit mehr als einem Mittelpunkt. Wenn man auf der Karte sieht, wie die verschiedenen Streifgebiete verteilt sind, könnte man zu dem Schluß kommen, daß die kleinsten sich auf Bereiche konzentrieren, in denen es sowohl reichlich Nahrung als auch genug Wasservorräte gibt. Die größeren Streifgebiete hingegen machen es notwendig, ständig weiterzuziehen, um anderswo nach Nahrung und Wasser zu suchen. An diesem Punkt stellt sich die Frage, ob die Besucher der besten Ressourcen diese regelrecht besitzen und gegen andere Anwärter verteidigen. Als ich später das Wassernutzungsverhalten studierte, konnte ich hierfür ein paar Anzeichen entdecken.

Jetzt wird es interessant, einen Blick auf das genetische Datenmaterial zu werfen. Rob machte mit den Blutproben, die er entnommen hatte, zwei Tests. Über den einen wurde das Verwandtschaftsverhältnis mütterlicherseits getestet, das sich an Übereinstimmungen in bestimmten Abschnitten der Mitochondrien-DNA ablesen läßt. Der andere Test sollte über die Verwandtschaftsverhältnisse insgesamt, sowohl mütterlicher- als auch väterlicherseits, Aufschluß geben. Er wurde mit der Nukleus-DNA durchgeführt.

Aufgrund der Ergebnisse aus den Test mit der Mitochondrien-DNA teilte Rob alle markierten Elefanten in zwei genetische Gruppen ein, die sich gegenseitig ausschlossen, obwohl die Weibchen in derselben Gruppe nicht unbedingt eng miteinander verwandt waren. Wie sich herausstellte, umfaßte Gruppe A alle Elefanten, die kleine Streifgebiete mit einer einzigen Wasserquelle als Mittelpunkt hatten. Gruppe B enthielt alle Tiere, die große Streifgebiete mit mehreren Zentren besaßen, die sich auf verschiedene Bereiche des Forschungsgebiets verteilten, sich aber nicht auf die Pools in der Hauptschwemmebene erstreckten. Zwei oder drei Clans umfaßten Familien aus beiden genetischen Gruppen.

Ich nahm an, daß die engverwandten weiblichen A-Elefanten, die die kleinsten und meiner Meinung nach besten Streifgebiete miteinander teilten, in gewissem Maß andere von ihrem Besitz ausschlossen, so daß die B-Elefanten zwangsläufig eine andere Strategie verfolgen mußten. Dabei zogen sie die Suche nach anderen Nahrungsgründen der Verteidigung eines Territoriums vor. Die weiträumigen Wanderungen der B-Elefanten erforderten eine strenge Koordination, wenn die Tiere nicht den Kontakt zueinander verlieren wollten. Miss Piggy und Lutya, beides B-Tiere, entpuppten sich als die interessantesten Beispiele für eine dauerhafte Koordinierung.

Eine Ausnahme gab es: Munyama. Wie ein B-Tier hatte sie ein großes Streifgebiet mit mehreren Zentren, das sich stark mit denen von Friday, Makweru II und Chisamiso überschnitt – alles B-Tiere. Es war seltsam, daß ihre Mitochondrien-DNA sie eigentlich als Mitglied einer A-Gruppe auswies.

Aufgrund der Ergebnisse aus Robs zweitem Test, dem Test mit der Nukleus-DNA, wurden keine Gruppierungen vorgenommen, sondern vielmehr alle erdenklichen Verwandtschaftsverhältnisse in Erwägung gezogen. Als Vergleichsstandard hatte Rob von Elefanten-Paaren einen Satz Proben genommen, bei denen feststand, daß sie eng verwandt waren – nämlich Mütter und Kälber.

Diese Proben wiesen aber so viele Schwankungen auf, daß

Rob nur fünfmal zwei gekennzeichnete Elefanten als augenfällig engverwandt einstufen konnte. Drei dieser Pärchen waren Tiere aus derselben Mitochondrien-DNA-Gruppe, und es waren Individuen, die wir wiederholt als eine Familie oder Bond Group zusammen gesehen hatten. Aber die beiden anderen Paare kamen überraschenderweise aus verschiedenen Familien, die mütterlicherseits unterschiedliche Erblinien hatten. Munyama gehörte zu diesen beiden letzteren. Wie sich herausstellte, war sie sowohl mit Makweru II als auch mit Chisamiso engverwandt – beides B-Tiere. Ihre Mitochondrien-DNA zeigte, daß sie mit Gruppe B mütterlicherseits nicht verwandt war, aber ihre Nukleus-DNA wies dennoch eine B-Verwandtschaft auf – über ihren Vater.

Man kann keine allgemeingültige Schlußfolgerung aus der Probe eines einzigen Tieres ziehen, Munyamas Geschichte führe ich daher lediglich als Kuriosität an. Sie scheint ein Spezialfall zu sein: ein Weibchen, das dasselbe Streifgebietverhalten zeigt wie ein männliches Tier mit einer anderen Erblinie mütterlicherseits. Dieses Verhalten kann sie nicht von ihrem Vater erlernt haben, da männliche Elefanten meist getrennt von den Weibchen in reinen Bullengebieten leben. Sie kann es aber auch nicht von der Mutter gehabt haben, deren Streifgebietverhalten komplett anders war. Wurde sie aufgrund einer besonderen, ererbten Sensibilität von den Elefanten in ihrer Nähe als verwandt erkannt? Es gab nur eine Munyama und die ist jetzt leider tot, aber ihr Streifgebietverhalten war hochinteressant, weil es genau diese Frage aufwarf.

An dem brütend heißen Tag, an dem Munyama gekennzeichnet wurde, gehörte ich zur Bodencrew. Die Zeit, die vergeht, bis das Betäubungsmittel zu wirken anfängt, ist von Tier zu Tier verschieden. Munyama lief, nachdem sie getroffen worden war, lange Zeit durch ein Dornengestrüpp einen ziemlich steilen Hang hinauf. Wir liefen als Bodencrew hinter ihr

her, allerdings langsam, denn wir waren mit schweren Ruck-
säcken beladen, und die Hitze wurde immer schlimmer.
Schließlich fanden wir sie, betäubt und krank aussehend, die
Augen geschlossen und auf das Brustbein gestützt. Da es schon
vorgekommen ist, daß betäubte Tiere in dieser Haltung erstickt
sind, beeilten wir uns – ungefähr ein Dutzend Leute –, sie auf
die Seite niederzudrücken. Sie stürzte schwer, und bei dem
Sturz brach ihr linker Stoßzahn ab, etwa einen halben Meter
über der Spitze.

Die Wildhüter standen andächtig über ihr, mit traurigen Gesichtern und Stimmen – dieselbe Traurigkeit, die sie auch mir
später entgegenbrachten, als der Ast mich am Kopf getroffen
hatte. »Ah!« riefen sie alle zusammen, und »ah« und »uh!« und
»arrhh!« stöhnten sie immer wieder vor sich hin, während sie
neben dem armen Tier standen. Es ging den ganzen Tag so weiter, wann immer sie an das Elefantenweibchen denken mußten. Sie nannten sie Munyama – Pechvogel.

An dem Tag, an dem wir Munyama mit einem Halsband aus-
statteten, sichtete das über ihr kreisende Flugzeug zehn weitere Elefanten, die mit ihr zusammen waren. Wir sahen sie später mehrere Male in Gruppen von zwölf oder dreizehn Tieren.
Sie war ein großes, gesundes, Milch produzierendes Weibchen
mit einem kleinen Kalb. Sie hatte vier Plazentanarben. Am Tag
des Cullings umfaßte ihre Gruppe fünfzehn Tiere. Elf davon,
einschließlich Munyama, wurden erschossen. Fünf Kälber wurden lebend eingefangen.

Der Wert, den Munyamas Familie für die Parkverwaltung
hatte, wurde in Ians Bericht folgendermaßen zusammengefaßt:

Erwachsenenäquivalent, erschossen	9.063 à $ 1,33 =	$ 12.054
gefangen	580 à $ 1,33 =	$ 771
gesamt	9.641 à $ 1,33 =	$ 12.823
Elfenbein, gesamt	56,217 à $ 200 =	$ 11.243

Miss Piggy

Miss Piggy hatte ihren Namen von Rowan erhalten. Er war hingerissen gewesen von ihren niedlichen, symmetrisch abgebrochenen, nach außen gespreizten Stoßzahnstummeln und ihren langen Wimpern.

Sie gehörte zu einer Reihe von gekennzeichneten Elefanten, die wir wiederholt miteinander gesichtet hatten, in kleinen wie in großen Gruppen. In der kleinen Gruppierung umfaßte Miss Piggys Familie immer mindestens elf Tiere; in der großen Gruppierung waren es dreiundzwanzig.

Zu meinen glücklichsten Erinnerungen gehört jener lange, ruhige Augustnachmittag, an dem ich mit Andrew zusammen Miss Piggy und ihre Familie beim Grasen auf einer saftigen Wiese in der Manyoni-Schwemmebene beobachtete. Wir saßen bequem auf dem Uferdamm im dichten Schatten eines riesigen Baumes. An seinen Stamm gelehnt waren wir nicht weit genug von den Elefanten entfernt, so daß wir nicht miteinander tuscheln konnten, ohne die Tiere zu stören, aber nahe genug, um zu sehen, was sie machten. Eine leichte Brise ging, und wir hielten uns immer hinter ihnen, damit sie uns nicht bemerkten. Ich baute eine Videokamera auf und ließ sie einfach laufen. Sie zeichnete einen langen, trägen, ungestörten Nachmittag auf.

Wir hatten uns vorgenommen, gerade Miss Piggy an jenem Nachmittag aufzuspüren, weil unsere Ortungsdaten eine interessante Beziehung zwischen ihrer Herde und der von Lutya zeigten. Über eine Woche lang hatten die beiden Familien lange Ausflüge zwischen dem Kove River und dem Manyoni River gemacht, Ausflüge, bei denen sie einen zerklüfteten, wasserlosen, buschbewachsenen Kamm namens Ncherera überqueren mußten. Sie bewegten sich mehr oder weniger simultan vorwärts, aber nicht Seite an Seite, sondern ungefähr einen Kilometer voneinander entfernt, und trafen sich nur selten an den beiden Endpunkten ihrer Ausflüge. Wir nahmen an, daß sie die Bewegungen der anderen durch Lauschen verfolgten, und ich hoffte, daß ich etwas darüber erfahren würde, wenn ich Miss Piggy einen Tag lang begleitete.

Aber nichts geschah, was darauf hätte schließen lassen, daß ihre Familie etwas anderes im Sinn hatte als das saftige Gras der Lichtung, auf der wir sie gefunden hatten. Wir lehnten also träge an unseren Bäumen, beobachteten, bis die Sonne unterging, und dann schlichen wir, immer noch unbemerkt, lautlos davon.

Es ist faszinierend, die Aufzeichnungen über die Wanderungen der beiden Familien auf einem Monitor zu verfolgen. Bei dieser Betrachtungsweise kann man den Zeitraffer einsetzen und zusehen, wie die Elefanten simultan die Marschrichtung ändern und ganz offensichtlich Anpassungen an die spontanen Launen der anderen Tiere vornehmen, eine Koordination über Distanzen von ein, zwei, manchmal drei Kilometern. Es lagen zu dieser Zeit so große Entfernungen zwischen Miss Piggy und Lutya, daß keine der beiden Familien einen direkten Nutzen aus der Nähe der anderen Gruppe gehabt haben kann. Indirekt profitierten sie vermutlich vom ungestörten Zugang zu Nahrung oder Wasser und von dem Wissen, daß, für den Fall, daß eine der beiden Gruppen Unterstützung brauchte, Verwandte in der Nähe sind. Die Anpassungen, die die Elefanten vornahmen, erinnern mich an die Art und Weise, wie auch unter Menschen Freunde und Verwandte alles nur Erdenkliche auf sich nehmen, um füreinander erreichbar zu sein.

Obwohl wir eigentlich vorgehabt hatten, in beiden Versuchsfamilien jeweils nur das größte Tier mit einem Sender auszustatten, war Miss Piggy nun das kleinste der vier erwachsenen Weibchen in ihrer Gruppe. Der Parkbericht erwähnte keinerlei Plazentanarben, was überrascht, nachdem sie ein Milchkalb bei sich hatte. An dem Tag, an dem sie sterben mußte, wurden zwei kleine Kälber aus ihrer Gruppe eingefangen und dann erschossen – eines gleich am Ort des Cullings und eines erst in der Station. Alle übrigen wurden sofort erschossen. Drei der erwachsenen Weibchen waren schwanger; darunter Miss Piggy. Sie trug einen männlichen Fötus von anderthalb Kilogramm.

Der Parkbericht schätzte Miss Piggys Familie folgendermaßen ein:

Gesamtzahl erlegter Tiere		13
Gesamt lebend gefangene Kälber		0
Erwachsenenäquivalent, gesamt	9.455 à $ 1,33 =	$ 12.575
Elfenbein, gesamt	56,963 à $ 200 =	$ 11.393

Runyanga

Runyanga bedeutet in der Shona-Sprache krumm, wie Nyanga auch. Wenn sie unter sich waren, nannten die Wildhüter die echte Crooked Tusk mit diesem Namen. Ich wußte zuerst nicht, daß sie zu den Elefanten gehörte, die beim Culling umgekommen waren. Sie stand nicht auf Rowans Liste, da wir in sie zu Forschungszwecken nichts investiert hatten. Aber in Andrews Brief las ich: »... und unsere alte Freundin, die echte Crooked Tusk.« Irgendwie war dieser Verlust fast am schwersten zu verschmerzen. Sie war in meinen Augen eine großartige Elefantin gewesen. Eine Einschätzung, zu der ich aufgrund ihres Aussehens und aufgrund ihres Verhaltens kam, teils wegen der Art und Weise, wie ihre Gefährtinnen sich ihrer Führung unterordneten, teils aber auch einfach aus dem Bauch heraus.

Was ich über ihr Leben weiß, entstammt direkten Beobachtungen – und dazu gab es reichlich Gelegenheit, denn die Leute, die ihr begegnet waren, erzählten erstaunliche Geschichten, viele davon höchst dramatisch. Crooked Tusk hatte unzählige Male Leute gejagt, die sie aufgespürt hatte; sie jagte eines Tages auch uns, als sie unter dem Ntaba Mangwe auf Nahrungssuche war. Russ, Laura und ich hatten sie und ihre Familie (die meisten Erwachsenen hatten seltsam ausgerichtete und asymmetrische Stoßzähne) einen Nachmittag lang von der Hochfläche aus beobachtet. Als wir uns zum Abstieg fertigmachten, sagte Laura: »Ich bin mal gespannt, ob sie uns auflauert.« Wir hatten kaum den Fuß des Tafelbergs erreicht, als sie herausgestürmt kam, laut trompetend, den Rüssel vorgestreckt, die Ohren abgespreizt, die Augen aufgerissen, und auf unseren Pickup zudonnerte. Laura, die am Steuer saß (ich war hinten auf der offenen Ladefläche), sagte: »Mal sehen, wie schnell sie rennen kann.« Es waren zwanzig Kilometer pro Stunde, auf einer Erdstraße, auf der auch wir nicht schneller fahren konnten. Nach zweihundertfünfzig Metern wirbelte sie herum und verschwand im Wald, aus dem sie gekommen war. »Die wollte uns einen verdammten Schreck einjagen«, meinte Laura. Und das war ihr auch gelungen.

Es war leicht, Crooked Tusk zu identifizieren. Mit ihrem wilden, gen Himmel zeigenden Stoßzahn, ihrer gewaltigen Größe und ihren siebenunddreißig Familienmitgliedern war sie unverwechselbar. Aber da sie nie mit einem Sender ausgestattet wurde, konnten wir zur Definition ihres Streifgebiets nur auf Sichtungen zurückgreifen. Diese Sichtungen, soweit sie herangezogen werden konnten, bestätigten meine Annahme, daß dominante Familien kleine Streifgebiete haben, nicht. Wir sahen Crooked Tusk auf der Südseite des Ntaba Mangwe, auf der Ostseite im Territorium von Chipo II und Sijamba und auf der Westseite im Dickicht, wo sie zusammen mit Friday und Munyama gecullt wurde. Rowan berichtete, daß er sie einmal weit im Norden gefunden hatte, außerhalb von Sengwa, auf der Rückseite des Samapakwa. »Sie hat zwei Streifgebiete«, sagte er. Wer weiß, mit wem sie wirklich verwandt war? Nichts an ihr stimmte mit dem Aussehen und den Verhaltensmustern anderer Tiere überein, und ihr Blut wurde leider nur vergossen und nicht für eine Analyse entnommen . . .

Die Erfahrungswelt der echten Crooked Tusk muß anders gewesen sein als die eines kleinen, führungslosen Tieres wie Friday, aber auch anders als die einer Leitkuh mit einem so winzigen Streifgebiet wie Jabula. Sie hatte große Macht über ihr Gefolge. Mindestens siebenunddreißig und manchmal sogar mehr Elefanten warteten auf ihre Entscheidungen. Sie besaß den Status einer Matriarchin und verfügte, so nehme ich an, über einen entsprechend großen Erfahrungsschatz. Vermutlich hatte es etwas mit ihrer eigenwilligen Einstellung den Menschen gegenüber zu tun, die sie immer wieder überzeugend, aber ohne Schaden anzurichten, zum Ausdruck brachte.

Sie war riesig und alt und hatte kein Kalb bei sich. Sie trug mehr Elfenbein mit sich herum als alle anderen Weibchen, die bei dem Culling getötet worden waren. Unter den Shona-Frauen gibt es ein Sprichwort, das von ihrem Mitgefühl für die Elefanten zeugt, die den ganzen Tag den Kopf hochhalten müssen. »Macht es dich nicht müde«, sagt eine Frau zur anderen, »so ein schweres Kind und so schwere Brüste zu tragen?« Die andere antwortet: »Nzou haire merwi nenyanga dzayo« – Der Elefant beklagt sich auch nicht über seine schweren Stoßzähne.

Als ich nach dem Culling wieder nach Sengwa kam, war der erste, der mir begegnete, ein Wildhüter namens Timothy Chifamba Dube, ein ernster, sensibler junger Mann, der mir durch seine ungewöhnlich scharfsinnigen Beobachtungen und Einsichten aufgefallen war, als er mir ein paar Tage bei der Beobachtung der Elefanten vom Ntaba Mangwe aus assistiert hatte. Timothy wollte sofort auf das Culling zu sprechen kommen. Während er mir davon erzählte, senkte er den Blick. Ich mußte daran denken, daß Timothys Frau einmal von einem ins Institutsgelände eingedrungenen Büffel schwer verletzt worden war, und ich sagte: »Aber wenigstens muß es doch eine Erleichterung für Sie sein, daß Crooked Tusk tot ist.«

»O nein«, sagte Timothy. »Nein. Nein. Crooked Tusk war wunderbar. Wir mochten sie sehr. Wir sind überhaupt nicht froh, daß sie tot ist, nein, überhaupt nicht. Nein – es tut uns leid. Sie war ein großartiger Elefant.« Er schaute jetzt zu mir hoch, und unsere Blicke begegneten sich, und es lag ein schmerzlicher Ausdruck in seinen Augen, als ob er fragen wollte, was für ein Mensch ich eigentlich war.

KAPITEL 15

Erkunden und graben

Ja, was für ein Mensch war ich eigentlich? Kaum habe ich Timothys vermeintlichen Gedanken niedergeschrieben, da wird mir klar, daß es eine der Fragen ist, die ich mir auch selbst gestellt und die mich schließlich nach Sengwa zurückgeführt hat.

Es war keine bewußte Frage, sondern etwas, das aus dem Bauch heraus kam. Unterbewußt ahnte ich, daß es mir nicht gutging, weil es Sengwa nicht gutging. Wir waren vom selben Blut, und etwas davon war vergossen worden. Sengwa hatte für mich gestöhnt, als ich verletzt gewesen war; jetzt war Sengwa verletzt. Ich mußte schleunigst zurück.

Es ist seltsam, wie man von unbewußten Motiven getrieben wird. Das ganz bewußte Verhalten ordnet sich etwas viel tiefer Liegendem unter, das man weder sich selber noch anderen erklären kann. Um meine Anwesenheit in Sengwa zu rechtfertigen, brauchte ich ein neues Forschungsprojekt, aber was für mich daran am meisten zählte, waren die Beziehungen, die daraus entstehen würden. Die Tiere durften nicht gestört werden; die Menschen mußten respektiert werden. Nur bei wenigen Projekten gibt es von vornherein solche Prioritäten. Meine Suche konzentrierte sich schließlich auf ein rein beschreibendes, naturgeschichtliches Projekt, das ich mit meinen eigenen Ersparnissen finanzieren mußte. Gut, sagte ich mir, das ist die Erfahrung, die ich mache. Eines Tages hörte ich in einer Quäkerversammlung einen jungen Mann sagen: »Wenn ich die komplizierten Teile loslasse, kann vielleicht das Einfache wachsen.«

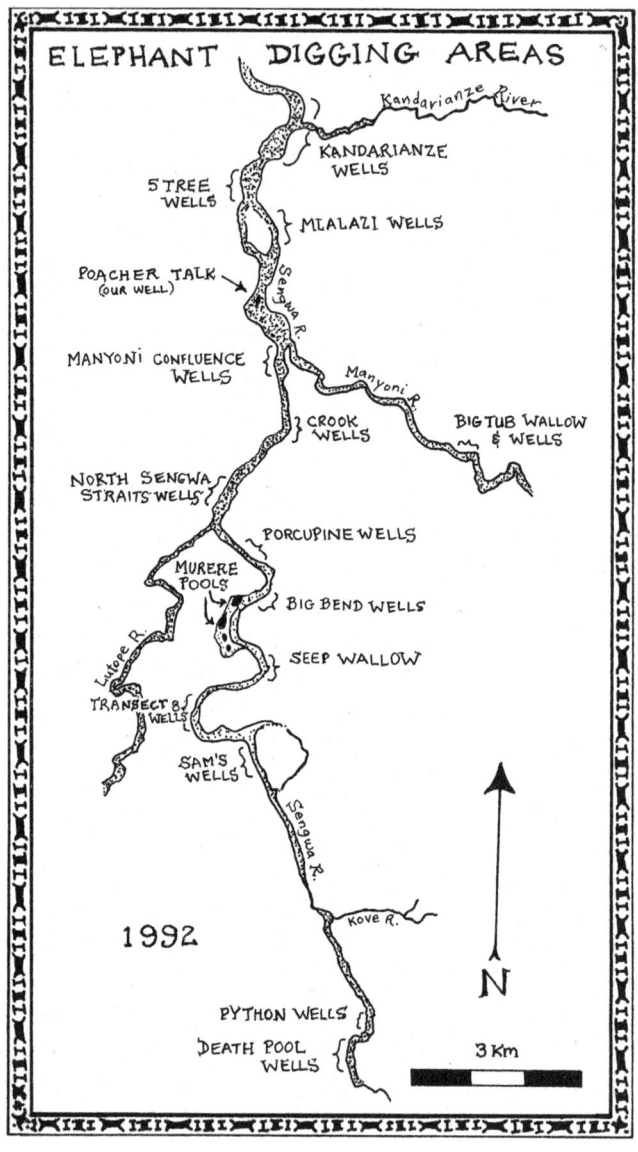

In der Zeit nach dem Culling ging es mir wie ihm. Ich wollte nur eines, nämlich daß das Einfache wachsen möge.

Ich durchwühlte meine Erinnerung und stieß auf folgende Geschichte. Ich war mit Andrew an einem späten Nachmittag gegen Ende unseres Sengwa-Aufenthalts auf dem Ntaba Mangwe. Die Sonne ging über Samapakwa unter, und alles, das noch von ihren Strahlen getroffen wurde, flammte in orangefarbenem Glanz auf. Über eine Stunde lang bewegte sich nichts außer Sonne, Schatten und Farben, obwohl Andrew und ich, Seite an Seite sitzend und die Ellbogen auf die Knie gestützt, lebende Tiere beobachteten. Unsere Feldstecher waren auf eine reglose Ansammlung von Elefanten etwa drei Kilometer weiter nördlich gerichtet. Dreißig Elefanten standen wie angewurzelt im Sand. Was für ein ungewöhnlicher Rastplatz, dachte ich. Das reflektierte Sonnenlicht macht den Ort zu einer glühenden Bratpfanne; es ist vier Monate her, seit der Fluß das letzte Mal Wasser geführt hat, und im Sand ist weder Nahrung noch Wasser zu finden. Ich strengte meine Augen an, um nähere Einzelheiten zu erkennen, aber jeder Elefant war nur ein kleiner dunkler Fleck, vor Hitze wabernd. Eines wußte ich sicher: Sie bewegten sich nicht aufeinander zu. Allmählich kamen mir andere Nachmittage ins Gedächtnis, an denen sich mir derselbe Anblick regloser Elefanten hier und an anderen sandigen Stellen dargeboten hatte. Schließlich kam ich auf die Idee, Andrew zu fragen, ob er wußte, was das zu bedeuten hatte.

»O ja«, sagte Andrew. »Soll ich es Ihnen zeigen?« Eine Stunde später kamen wir an der Stelle an. Die Elefanten waren verschwunden, und so gingen wir geradewegs zu dem grasbewachsenen Uferdamm und spähten hinüber . . .

Unter uns, in einem zwanzig oder dreißig Quadratmeter breiten Gebiet, das sich einen halben Kilometer den Fluß hinzog, lagen einige hundert leere zylinderförmige Löcher, zehn bis zwanzig Zentimeter im Durchmesser, wovon das kleinste nicht viel größer als die Rüsselspitze eines erwachsenen Elefanten war. Um die Löcher herum und zwischen ihnen waren viele mittelgroße Elefantenfußabdrücke zu sehen und eine große Menge Elefantendung, teils trocken und zerfleddert, teils frisch. Vor jedem der Löcher waren vier tiefe, runde Abdrücke: ein großer Elefant hatte hier lange Zeit gestanden und war langsam in den Untergrund eingesunken. Einige der Löcher fielen in sich zusammen und waren halb mit Sand gefüllt. Andere hatten bröckelige Ränder mit frischen Tropfspuren auf dem angrenzenden Sand, was mich an die Wasserburgen erinnerte, die Kinder am Strand bauen. Wir konnten direkt in eines der Löcher nahe dem Ufer hinunterschauen: Es war schätzungsweise einen halben Meter tief. Ich kletterte hinunter, legte mich neben das Loch und steckte meinen Arm bis zur Schulter hinein. Ich kam kaum auf den Boden hinunter, wo ich feuchten, mit einer dünnen Schicht kühlem Wasser bedeckten Sand spürte.

Vor Jahren hatte ich sechs solcher Löcher am Oberlauf des ausgetrockneten Hoaruseb River in der Damaraland-Wüste in Namibia gesehen. Von Regenfällen in den landeinwärts liegenden Bergen gespeist, fließt dieser Fluß nur ein paar Tage im Jahr oberirdisch über den Sand, und selbst dann erreicht er nicht immer das Meer. Unter der Oberfläche jedoch fließt er weiter, was man daran sehen kann, daß die ganze Vegetation, die die hiesigen Elefanten und Rhinozerosse fressen, in diesen Flußbetten wächst. Für Tiere, die wissen, wie es zu finden ist, gibt es Wasser in Hülle und Fülle. Garth Owen-Smith, unser Führer in Damaraland, erklärte uns, daß die Löcher im Fluß von Elefanten gegrabene Brunnen sind. Kein anderes Tier außer einem Elefanten kann sie erneuern, wenn sie einmal zusammengefallen sind, aber mehrere Tierarten sind auf diese Wasserquellen angewiesen.

Fünf Jahre zuvor hatte Garth das Verschwinden aller Elefanten vom Hoaruseb festgestellt; die Brunnen und die Tiere, die von ihnen abhängig waren, verschwanden ebenfalls. Aber kurz vor unserem Besuch war er zu seiner Überraschung an diesem Ort wieder auf eine Elefantenfamilie gestoßen. »Sie sind zu der Stelle hinuntergegangen, haben einen Brunnen gegraben, getrunken und sind wieder verschwunden.« Als wir sie entdeckten, war dieser eine Brunnen von vielen anderen umgeben, und im Sand waren die Spuren von Vögeln und kleinen Tieren zu sehen.

War es ihr Gedächtnis oder eine besondere Wahrnehmungsgabe, die die Elefanten befähigt hatte, zum zweitenmal den flachen Wasserspiegel unter dem oberen Hoaruseb aufzuspüren? Auf jeden Fall bewundere ich ihre Findigkeit. Nach zehn Tagen hatte mich die Wüste so ausgetrocknet, daß ich trotz meines immensen Verlangens nach etwas Trinkbarem nicht imstande war, meinen Durst zu stillen. Wenn ich mich so klein wie eine Meerkatze hätte machen können, wäre ich in den Elefantenbrunnen hinuntergekrochen und dort geblieben.

Aber was hatten zweihundert Elefantenbrunnen in Sengwa zu suchen, nur zwei Kilometer von einer großen Ansammlung offener Becken entfernt?

Hier hatte ich also mein Projekt. Was Elefanten fressen, darüber waren haufenweise Bücher geschrieben worden, aber nicht über das, was sie trinken. Es waren Bände darüber geschrieben worden, was sie zerstören, aber nichts darüber, was sie bauen. Jetzt wurde mein Projekt konkret und zu einer intellektuellen Herausforderung. Ich schickte einen Brief an das National Parks and Wildlife Management in Simbabwe, mit dem Vorschlag

». . . herauszufinden, wann, wo und unter welchen Umständen Elefanten im Sengwa-Forschungsgebiet Brunnen graben, wie sie die Brunnenstandorte auswählen, welche Elefanten graben und welche nicht und/oder welche die Brunnen benutzen. Ob die gemeinschaftliche Nutzung eines Brunnens vom Verwandtschaftsgrad abhängig ist, und wie diese Dinge sich ändern, wenn die Trockenzeit voranschreitet.

Unsere Beobachtungen von einer Hochfläche mit Blick auf die drei traditionellen Elefantenbrunnengebiete werden es uns ermöglichen, die Nutzung von Oberflächen- und Untergrundwasser durch die Elefanten zu verschiedenen Zeitpunkten im Jahr zu vergleichen. Ausgehend von der Annahme, daß Elefanten Brunnen graben, wenn das verfügbare Oberflächenwasser knapp wird oder verseucht ist (oder beides), werden wir in regelmäßigen Abständen die Tiefe der Brunnen messen und Wasserproben in den offenen Pools in der Nähe der Grabungsorte entnehmen und diese später im Cornell-Institut auf mineralische und organische Bestandteile untersuchen. Mit der Hypothese, daß Elefanten genau die Orte auswählen, an denen der Wasserspiegel am dichtesten unter der Oberfläche liegt, werden wir in regelmäßigen Abständen die Tiefe des Wasserspiegels unter dem Flußsand in einer Reihe von Gebieten messen, in denen Elefanten trinken und nicht trinken. Wir werden in Brunnengebieten auch Tierfährten untersuchen. Wir werden festhalten, welche uns bekannten Elefantenindividuen wir wo gesichtet haben. Anhand dieser Daten wollen wir herausbekommen, ob ein Zusammenhang zwischen dem Graben und der gemeinsamen Nutzung von Brunnen einerseits und genetischer oder sozialer Verwandtschaft andererseits besteht. Die Vorgehensweise ist eine ähnliche wie in unserer Studie von 1990. Wenn möglich, werden wir Elefanten beim Brunnengraben auf Videofilm aufzeichnen.«

Es war ein glücklicher Tag für mich, als die Genehmigung mit der Post ins Haus flatterte, und ich war doppelt glücklich, weil mein Sohn Sam und sein Freund sich als Mitarbeiter anboten. Sie waren erfahrene Freilandforscher. Sie hatten den Frühling zusammen auf dem arktischen Eisschelf in Barrow, Alaska, verbracht und an einer Zählung von Grönlandwalen teilgenommen. Aus der Tiefkühltruhe würden sie nun direkt in den Backofen Zentralafrikas fliegen. In der zweiten Hälfte des Projekts würde sich Lysa Leland zu uns gesellen, eine alte Freundin der Familie, die noch vor kurzem in Uganda mit Affen gearbeitet hatte. Eine Woche lang würde uns Lisa Naughton, die sich in Florida mit dem Artenschutz befaßte, ihren scharfen Verstand zur Verfügung stellen. Ian Coulson hatte mir geschrieben, daß auch ein oder zwei Sengwa-Wildhüter zur Verfügung stünden, die uns zwischendurch helfen würden. Es gebe zwar keinen Raum in der Feldstation für uns, aber was wir von der Idee hielten, ein Camp auf dem Ntaba Mangwe aufzubauen?

In der Dämmerung des 24. Juni 1992 rumpelten Sam, Matt und ich in unserem staubigen, verbeulten alten Landcruiser die Straße in der Nähe der Siedlung hinunter. Draußen auf der Straße waren alte Bekannte unterwegs. Als wir uns versammelten, um zu reden, war ich so von meinen Gefühlen überwältigt, daß ich wenig von dem mitbekam, was um mich herum gesprochen wurde. Ich glaube, ich war wie eine Elefantin, die ihre Bond Group nach einer langen Trennung begrüßt. Im Augenblick der größten Freude fiel eine Last von meinen Schultern, als ob ich während der Trennung Angst gehabt hätte, niemals wieder die Gesellschaft meiner gefährdeten Freunde genießen zu können.

Ich berappelte mich schnell, denn die Wahrheit um mich herum war mit Händen zu greifen. Die Leute hier waren robust. Sie hatten die Dürre überlebt, obwohl sie Rinder, Ziegen und Maisernten verloren hatten. Der Tod von Sibandas Frau, das Culling, die Wilderei, der Selbstmord und andere Tragödien hatten vielleicht die Träume oder Hoffnungen der einzelnen zerrissen, aber zugleich die Gemeinschaft enger zusammengebracht. »Und Sie?«, fragte eine der Frauen. »Wir haben gehört, Sie waren im Krankenhaus, nachdem Sie die Nachricht über die Elefanten gehört hatten.« Die Verluste waren nicht so außergewöhnlich, wie ich es mir vorgestellt hatte. Ich lernte ein neues Sprichwort: Usiku umwe hahodzi nyemba – Eine einzige Nacht läßt die Langbohnen nicht verfaulen. Und jetzt, wo Sie hier sind, sagten meine Freunde, werden wir wieder glückliche Zeiten zusammen verleben. Sie fanden es schön, daß ich Familie mitgebracht hatte.

Wie sich herausstellte, stand uns nun doch ein Besuchercottage in der Station zur Verfügung, und Ian sicherte uns jede Hilfe zu, die das Institut uns zu geben imstande war; der Ntaba Mangwe würde unser Hauptarbeitsplatz bleiben. Ian und seine Frau Smolly waren glücklich mit ihrem eben erst geborenen zweiten Kind, einem Sohn. Alle waren sie da in Sengwa, und die Begrüßung mit alten Freunden war bewegend. »Ich habe Vieh verloren«, sagte Zaccheus, »aber Gott hat meine Familie verschont.« Ohne böse Gefühle gegenüber dem Elefanten, der seine Frau getötet hatte, erzählte Sibanda uns die Umstände – sie hatte gerade Kürbisse geerntet und der Elefant auch. Sibandas Verhältnis zu den Geistern der Ahnen hatte sich nach den Zeremonien, bei denen meine Geschenke ihm geholfen hatten, wieder gebessert, und auch sein Herz war versöhnlich gestimmt. Er hatte eine neue Frau gefunden, die sich um seine Farm und seine Kinder kümmerte und die er sehr liebte.

In der Werkstatt halfen uns sieben starke Männer dabei, ein riesiges Faß auf den Pritschenwagen zu laden. Der alte Lister-Generator pumpte unterirdisches Sengwa-Flußwasser in die oberirdischen Tanks, die das Wasser in einen Schlauch entließen, der in unser Faß führte. Am frühen Nachmittag war das Faß halbvoll. Dann fuhr Zaccheus den Lastwagen langsam den steilen Weg zum Ntaba Mangwe hinauf. Sam, Matt und ich fuhren hinter ihm her und bewunderten einen alten Affenbrotbaum. Sein dicker, fleischiger Stamm trug auf unterschiedlichen Höhen zahllose Narben von Elefantenstoßzähnen: Sein Saft hatte den Durst von Generationen von grauen Riesen gelöscht. Als wir durch das Mopane-Wäldchen fuhren, in dem wir abgefallene Äste für unser Feuer sammeln würden, versuchte ich zu erklären, was es mit diesem Wald auf sich hatte, in dem ein einziger großer Ast oder Stamm wie ein prall gefüllter Ofen wirkt, bei dem man nie nachlegen muß. Matt, der dabei war, sich in Alaska niederzulassen, hörte fassungslos zu. Wir fuhren den Steilhang hinauf, umrundeten die letzte Biegung, und da war er, der Ausblick, der mit Worten nicht zu beschreiben ist ...

Innerhalb weniger Tage begannen wir von den westlichen Aussichtspunkten des Ntaba Mangwe aus mit unserer Bebachtung der Sengwa-Schwemmebene. Wir konnten vergleichen, wieviel Zeit die Elefanten an Brunnen und an offenen Pools verbrachten. Unsere Funkortung von 1990 hatte gezeigt, daß vom Ntaba Mangwe aus die Streifgebiete mehrerer Elefantenfamilien (alle Mitglieder des Sengwa-Clans) einzusehen waren; die Murere-Pools, in der Mitte unseres Panoramas, gehörten allen Elefanten gemeinsam. All diese Familien hatten das Culling überlebt, und aus Rowans altem Funkortungsprojekt wußten wir, daß die Streifgebiete von Elefanten über zwei Jahre stabil bleiben.

Es ist erstaunlich schwierig, Tiere um die Mittagszeit von einer Anhöhe aus zu zählen. Die Landschaft erscheint still, leer und wie gebleicht: Man muß sich anstrengen, um winzige Bewegungen als Anzeichen von Leben zu erkennen. Man muß nach einer Methode gleich große Areale absuchen und sich darüber im klaren sein, daß ein Landstrich in zwei Kilometern Entfernung genausoviel Aufmerksamkeit verdient wie das Geschehen in unmittelbarer Nähe, weshalb man mit dem Feldstecher ständig hin und her schwenkt und ihn andauernd verstellen muß.

Am frühen Nachmittag wird es leichter; wenn Farbe in das breite, sandige Tal kommt. Dann sieht man, daß es durch Hügel und Buckel und Tafelberge mit Sandsteinwänden und Steilhängen zerschnitten ist, die von dunklerem Wald flankiert sind. Die Kliffwände färben sich von Blaßrot nach Lila, während der Blick in die Ferne geht, und von Lila in jenes unbeschreibliche Grau, das der Dunst allen Dingen in der Ferne verleiht. Die trockenen Mopane-Blätter, hellbeige bis olivgrün um die Mittagszeit, werden dann blau und braun. Vor dem Hintergrund dieses kleinteiligen Mosaiks lernten wir die Farben und Umrisse von Warzenschweinen, Pavianen, Impalas, Büffeln, Kudus, Riedböcken, Wasserböcken, Elefanten, Leoparden, Löwen, Hyänen, Schakalen, Stachelschweinen, Kranichen, Reihern und anderen zu identifizieren. Je mehr die Hitze zunahm, desto mehr Zeit verbrachten wir damit, Luftspiegelungen zu beobachten – manchmal täuschten in der Ferne liegende Vleis einen riesigen, stillen Ozean vor, und eines Tages sah ich sogar Wale . . .

Büffel zeichneten sich in der Ferne als dichte, dunkle, gleich große Punkte ab, die sich in Herden aus Hunderten von Tieren bewegten. Elefantenherden bestanden oft aus Tieren sehr unterschiedlicher Größe. Büffel tranken zu jeder Tageszeit, doch die Elefanten zogen, wie auch in Amboseli und Etosha, am Nachmittag zum Wasser. Wir zählten Impalas und Paviane und fragten uns, warum die beiden Spezies so oft zusammen umherstreiften. Zwar werden Impalakälber gelegentlich von den Pavianen gefressen, doch dafür können Paviane auf die Bäume klettern und Alarm schlagen. Vielleicht war das, was wir hier zu sehen bekamen, eine Art gegenseitiges Abkommen, wie zwischen zwei Nationen, die sich gegenseitig Waffen liefern.

Nach zehn Tagen stiegen wir in die Schwemmebene hinunter, um die Brunnen und Pools zu untersuchen, die die Elefanten benutzt hatten. Die Becken, groß und flach, lagen in den Gräben, die von alten Mäanderschleifen und Flußarmen zurückgeblieben waren. Diese trägen Gewässer zeugten von einer Zeit, als der Fluß weniger stürmisch dahingejagt war als in den letzten Jahren. Sie waren der eigentliche Flußlauf gewesen, bis die Fluten schließlich durchgebrochen waren und sich Abkürzungen gegraben hatten. Selbst der Hauptstrom änderte sich von Jahr zu Jahr, wie Sam herausfand, als er eine genaue Karte von der Schwemmebene anfertigte.

In der Trockenzeit lebten alle Kreaturen, ob Kranich oder Krokodil, in den Tümpeln der Altarme oder machten zumindest häufig Ausflüge dorthin. Die Murere-Pools lagen in dem Graben, den ein einst weiter westlich geflossener Altarm in zwei Kilometer Entfernung von unserem Ausguck auf dem Ntaba Mangwe hinterlassen hatte. Südlich von Murere lag eine weitere Ansammlung von Tümpeln in jenem Graben, der von einer einst östlich verlaufenden Flußschleife stammte. Sam nannte diesen Ort Seep-Wallow – Sickersuhle.

Es gab auch Wasserstellen, die wir nicht vom Ntaba Mangwe aus sehen konnten: Hätten wir andere Elefantenherden beobachtet, wäre es wichtig gewesen, diese Stellen ebenfalls zu untersuchen. Es handelte sich um die Quellen unter dem Samapakwa-Steilhang und um Abschnitte des Sengwa-Flusses, auf denen das Wasser in einer dünnen, warmen, klaren Schicht über dem Oberflächensand dahinströmte. Ich hatte den Eindruck, daß die Elefanten nur den Bereich des Flußlaufs nutzten. In der Nähe der Kove-Mündung gab es eine Stelle, wo wir fast jeden Tag sieben Elefantenbullen sahen. Das Wasser war weniger salzig als das Wasser im Sengwa, sofern Anhäufungen von Salzkristallen neben dem Wasserstrom ein zuverlässiger Hinweis auf den Salzgehalt des Flußwassers sind. Hatten die Bullen das Frischwasser, an das am leichtesten heranzukommen war, für sich ganz allein in Beschlag genommen?

Das lohnt sich aus der Nähe zu betrachten! Die Nachmittagssonne brennt auf die weite Biegung des Sengwa, hier Mlalazi genannt. Wir werden auf einen Ameisenhügel auf der Westseite klettern, und eine stetige Brise wird unseren Geruch von den feinen Nasen der fleißigen Brunnengräber fernhalten. Unaufmerksam wie sie sind, wenn sie ihren Rüssel in einem Brunnen haben, werden sie uns wahrscheinlich gar nicht bemerken, solange wir uns ruhig verhalten. Sechs große Elefanten – ein Idyll. Minuten vergehen, und kein Tier bewegt sich außer einem kleinen Kalb, das unter den wie versteinert wirkenden Erwachsenen herumwandert. Ein Rüssel erscheint, hebt sich langsam, schlängelt sich nach oben, führt ein bißchen Wasser zum Maul, schwingt hinunter, schüttelt dabei Sand von einer Seite zur anderen heraus und verschwindet wieder in dem Loch. Wir haben das Tempo des Rüsselhebens gestoppt – es geht genauso langsam vonstatten, wie alles andere beim Brunnentrinken. Sam, Andrew und Matt haben eine Brunnenpumpe aufgebaut, um die Geschwindigkeit festzustellen, mit der sich ein leerer Brunnen wieder auffüllt. In einer Minute könnte ein Elefant hundertmal soviel Wasser in einem offenen Pool bekommen wie in einem Brunnen. Was ist in diesen Brunnen? Brandy?

Zu Beginn und am Ende der Saison gingen wir die zwanzig Kilometer der Sengwa-Schwemmebene auf dem Gelände des Forschungsgebiets mit einem freiwilligen Team Wildhüter ab, um alle Elefantenbrunnen und Brunnengebiete zu lokalisieren und zu beschreiben. Der Fluß änderte innerhalb dieses

Bereichs zweimal seinen Charakter. Von einer nur wenige Meter breiten Schlucht dehnte er sich zu einer Schwemmebene aus, die einen halben Kilometer breit war, um dann vor einer Engstelle an der nördlichen Grenze wieder zusammenzuschrumpfen.

In weiten Teilen schwärmten wir aus und gingen parallel zueinander, wobei jeder von uns die Daten in einem zuvor festgelegten Streifen sammelte. Wir zählten jeden Brunnen und jede Tierspur in jedem Kilometerabschnitt und notierten, welche Spuren zu den Brunnen liefen. Wir fotografierten und notierten den Zustand, in dem verschiedene Tierarten die Brunnen hinterließen. Andrew hatte eine topographische Karte dabei, die er beim Gehen studierte; in Abständen von einem Kilometer rief er uns zusammen, um unsere Daten zu sammeln.

Bis zum Ende des dritten Tages hatten wir zwanzig Kilometer zurückgelegt und vierzehn getrennte Brunnenansammlungen gefunden, die zusammen fast ein Prozent der Oberfläche der Schwemmebene abdeckten. Die kleinste Ansammlung bestand aus nur sechs aktiven Brunnen, die größte aus zweihundert. Die meisten Ansammlungen fanden sich nahe der Einmündung von Nebenflüssen und/oder an den äußeren Rändern der breiten Flußschleifen, wo schnell fließendes Wasser das Flußbett bei der letzten Flut ausgewaschen und damit gesenkt hatte. Aber nachdem es auch zwei Brunnenansammlungen in der Mitte des ausgetrockneten Flußlaufs gab, erkannten wir, daß Elefanten sich bei ihrer Suche nach dem Wasserspiegel nicht auf die Flußränder beschränken.

Die Tiefe der Brunnen variierte von sehr flach bis zu hundertzehn Zentimeter, einer Tiefe, in die der Rüssel eines erwachsenen Elefanten gerade noch hinunterreicht. Wir fanden auch Schächte, offensichtlich aufgegebene Grabungsversuche, aber zwischen den einzelnen Brunnengebieten lagen Sandstreifen von fünfhundert Metern Breite und einer Länge von einem Kilometer und mehr, in denen kein einziger Schacht zu finden war. Was hatte die Elefanten dazu bewogen, in diesen Gebieten nicht zu graben? Sam, Matt und Andrew gruben Schächte in sechs nicht angezapften Gebieten und stellten fest, daß der Wasserspiegel bei allen tiefer als eine Rüssellänge lag. Aber woher hatten die Elefanten das gewußt?

Zaccheus, der Sengwa seit siebenundzwanzig Jahren kannte, erzählte uns, daß in jeder Trockenzeit die Bereiche der Schwemmebene, die in der Nähe der großen Zusammenflüsse lagen, mit Elefantenbrunnen gespickt seien. Unsere Untersuchungen gaben dieses Phänomen etwas detaillierter wieder: Die bevorzugten Brunnen und Brunnengebiete änderten sich im Lauf des Jahres, je nachdem, wie der Wasserspiegel stieg oder sank. Zu meiner Überraschung stieg dieser an manchen Stellen mit dem Fortschreiten der Trockenzeit an, obwohl kein Regen gefallen war. Ein Ökologe erklärte mir, daß dies geschieht, wenn laubabwerfende Bäume (in Sengwa insbesondere die Mopane-Bäume) ihre Blätter verlieren, weil dann weniger Wasser durch Verdunsten verlorengeht. Es muß auch einen tiefen artesischen Brunnen geben, der einiges von dem verlorenen Wasser wieder auffüllt. Um das Verhalten der Elefanten richtig untersuchen zu können, müßte man über alle diese Dinge Bescheid wissen.

War das Wissen um die Standorte der Brunnengebiete eine Tradition, und wurde es von den älteren an die jüngeren Elefanten weitergegeben? Wurden die Standorte nach logischen Gesichtspunkten ausgewählt, schließlich waren sie alle an Zusammenflüssen gegraben worden? Oder waren sie das Ergebnis täglicher Ausflüge, die die Elefanten zur Trockenzeit in die Gebiete machten, in denen stehendes Wasser sich am längsten gehalten hatte, während der Fluß austrocknete? Jede Erklärung erschien vernünftig, aber eines Tages sah ich, wie eine Herde Elefanten ein neues Brunnengebiet schuf, das weder traditionell bekannt noch an der Oberfläche erkennbar feucht war. Ein altes Weibchen trat vom Ufer der Schwemmebene herunter, machte ein paar Schritte und schaufelte mit ihren Vorderfüßen Sand beiseite. In kurzer Zeit hatte sie mit ihrem Rüssel den Bohrkern eines Brunnens ausgehoben, und kaum eine halbe Stunde später hatte sie mit der kniffligen Arbeit begonnen, Sand aus der senkrechten Röhre herauszuheben. Mittlerweile hatten sich auch drei andere Elefantinnen an die Arbeit gemacht. Nach einer Stunde waren alle Gräberinnen in vierzig Zentimeter Tiefe auf Wasser gestoßen.

Ich weiß nicht, wie sie den Stand des Wasserspiegels abschätzten. Bernie Hutchins, ein Ingenieur vom Cornell-Institut, der mir viel bei meinen Elefantenstudien geholfen hat, meinte, daß die Elefanten dank ihrer Empfänglichkeit für Infraschall vielleicht in der Lage seien, mit einer Art Sonarsystem zu arbeiten, das auf den Echos ihrer eigenen Fußtritte basiert. Aber an dem Tag, an dem das neue Brunnengebiet eröffnet wurde, konnte ich keine Anzeichen dafür entdecken, daß die Elefanten irgend etwas anderes machten als zu graben.

Unter den mehreren hundert Brunnen enthielten einige, die Lehmböden hatten, eine kleine Menge stehendes Wasser: Es waren meist Brunnen mit großen Öffnungen, die unter der Oberfläche noch ausgehöhlt waren. Während unserer Beobachtungen vom Steilhang aus sahen wir, wie Elefanten und Paviane miteinander um diese Brunnen kämpften. Daraus schlossen wir, daß Brunnen mit stehendem Wasser für diese Tierart eine begehrte Ressource sind.

Gegen Ende der Saison, als es immer heißer und trockener wurde, beobachteten wir auch so etwas wie Konkurrenzverhalten an Tümpeln in den Altarmen des Flusses. Nicht daß das Murerewasser knapp wurde, aber eine größere Anzahl Elefanten wollte es jetzt öfter nutzen und kam täglich früher dorthin. Wir hatten drei oder vier Familien im nahen Wald warten sehen – eines Tages standen sie dort regelrecht Schlange, während andere tranken und badeten. Ich nahm an, daß dies alles Familien der genetischen A-Gruppe und ihre Geduld miteinander ein Aspekt ihres Clan-Verhaltens war; aber es sind auch andere Erklärungen möglich.

In den meisten Brunnengebieten waren die Brunnen tief und nur kurzlebig. Das Graben ging sehr langsam vonstatten, ebenso das Trinken, und es gab keine Anzeichen für Wettkämpfe. Mich interessierten diese Orte besonders, weil die Elefantenmütter sich hier mit ihren Brunnengrabungen Zeit ließen und man beobachten konnte, wie sie ihren Kindern beibrachten (mit einem Tritt, einem Schubs oder einer Rüsselumarmung), Geduld an den Tag zu legen, um die zerbrechliche Konstruktion nicht zum Einsturz zu bringen. Eines Nachmittags beobachtete ich eine Matriarchin mit einem winzigen Bullenkalb, das immer wieder seinen Rüssel neben ihrem herumschlenkerte und die Wände des Brunnens einriß, den sie zu graben versuchte. Sie versetzte ihm mehrfach einen Tritt, aber er ließ sich davon nicht einschüchtern. Schließlich zog sie ihn beiseite an eine unbearbeitete Stelle, ungefähr zehn Meter von dem Brunnen entfernt, und schaufelte eine tiefe, breite, kühle, feuchte Suhle frei. Sie stieß ihn in die Suhle und schaufelte Sand über ihn, bis er in seine selbsterdachten Sandspiele vertieft war. Dann zog sie sich zu ihrem Brunnen zurück und grub ihn ungestört zu Ende.

Ich hörte einmal von einem Brunnengebiet, in dem die Brunnen zu tief für Kälber waren und erwachsene Kühe dabei gesehen wurden, wie sie Wasser mit ihren Rüsseln heraufsaugten und es in die Mäuler ihrer Kleinen spritzten. Ich selber beobachtete wiederholt Mütter und Kälber, die nebeneinander auf den Knien lagen und aus tiefen Brunnen tranken.

Büffel und alle Antilopenarten zerstörten wahllos die Elefantenbrunnen, aber ein paar kleinere Säugetierarten schienen bestimmte Brunnen sehr zu schätzen und als künftige Ressource aufrechterhalten zu wollen. Solche Brunnen überlebten auch die Besuche von Hyänen und Schakalen, Wildkatzen, Leoparden, Löwen, Zibetkatzen, Servalen und Stachelschweinen. Einmal sah ich ein Stachelschwein rücklings aus einem breiten, abschüssigen Brunnen herauskriechen, wobei es die Innenwände des Brunnens und den Boden mit seinen Stacheln regelrecht kämmte. An einem anderen Tag, als ich von einer Anhöhe auf die Manyoni-Schwemmebene hinunterblickte, bemerkte ich ein dunkles Seil, das aus einem höhlenartigen Elefantenbrunnen herausragte und hin und her wedelte. Nach ungefähr zwei Minuten schob sich ein Leopard aus dem Brunnen heraus, den Kopf tief unten haltend. Was ich zuerst gesehen hatte, war sein Schwanz gewesen, den er schwenkte, während sein Kopf und Körper im Brunnen steckte und mit Trinken beschäftigt gewesen war.

Warzenschweine zerstörten die Elefantenbrunnen und gruben sich lieber an Stellen, an denen der Wasserspiegel sehr niedrig war, ihre eigenen. Ihre Brunnengebiete waren ungepflegt und schmutzig, übersät mit Hufabdrücken und Suhlund Trinkspuren. Wir konnten die Arbeit der Elefanten in Gebieten, die sie mit Warzenschweinen teilten, nicht quantifizieren.

Paviane gruben sich ihre eigenen robusten Brunnen am Rand des Flußufers an Stellen, an denen Lehm und Sand sich mischten: Möglicherweise waren die Elefanten die ursprünglichen Wünschelrutengänger gewesen. Paviane machten auch ausgiebig von den Brunnen Gebrauch, die von Elefanten im trockenen Sand gegraben worden waren, und hier ist etwas Merkwürdiges zu verzeichnen: Nicht nur, daß sie die Brunnen nicht zerstörten, sie hielten sie regelrecht instand. Sie klopften die Wände mit ihren Händen fest, so wie Kinder es bei Sandburgen machen, und preßten so die feuchten Sandkörner zusammen, wodurch die Wände stabiler wurden. Wenn man zu einem Brunnengebiet kam, in dem Paviane getrunken hatten, konnte man seine Erstbesitzer noch anhand des Dungs erkennen, der überall verstreut lag, aber jeder Brunnen war inzwischen handgeklopft, und zarte kleine Spuren von Pavianhänden und -füßen waren überall zu sehen. Die Brunnen, die von den Affen frequentiert wurden, wurden so zu einem Gemeinschaftswerk von Elefanten und Pavianen.

Myriaden von Schmetterlingen und anderen Insekten machten ebenfalls von den Elefantenbrunnen Gebrauch. Die Geschichte wurde immer komplexer, doch da wir uns die Zeit nahmen, das alles zu genießen, wurde ich zusehends ruhiger – als ob das Einfache wachsen würde ...

Eines Tages fragte ich Andrew nach den Shamwe-Leuten, die hier in Sengwa gelebt hatten, bevor das Gebiet zum Reservat erklärt worden war. Hatte die Umsiedlung in die angrenzenden Communal Lands sie von ihren spirituellen und körperlichen Wurzeln getrennt? Andrew sagte: »Ich glaube, der Löwe Matakenya ist mit den Leuten gezogen. Ich gehe mit Ihnen zu Siamanja, dem Häuptling der Shamwe, dann werden wir ihm die Frage stellen.«

Mit Andrew zusammen jemanden zu besuchen, war die größte Freude, die ich mir denken konnte. Die Herzlichkeit und Anteilnahme, die er nach allen Seiten hin zeigte, belebte jede Zusammenkunft, an der er teilnahm, weshalb er bei den meisten Leuten sehr beliebt war. Kinder sahen in ihm das Kind, Halbwüchsige einen jung gebliebenen Freund, närrische Leute hatten ihren Spaß mit ihm, und weise Leute sahen ihn als Philosophen. Er konnte in alle Lebensalter gleichzeitig schlüpfen, ein kreativer, respektvoller Zuhörer, der alle Menschen, denen er begegnete, als Ebenbürtige behandelte.

Wir ließen unser Fahrzeug an einem schmalen Pfad unweit

der Reservatgrenze stehen und gingen zwischen Büschen hindurch zu einem Kreis aus runden, strohgedeckten Lehmhütten, jede davon ungefähr vier Meter im Durchmesser und von hohen Bäumen überschattet. Dazwischen und ringsherum war der Boden saubergefegt. Mehrere kleine orange-schwarze Hühner gluckten zwischen den Hütten herum und pickten nach Insekten. Zwei kleine Mädchen und ein Junge von vielleicht fünf Jahren spielten mit einem staksigen, langbeinigen Hundewelpen.

Andrew stand außerhalb des Kreises, der – wenn auch nicht eingezäunt – das Wohnzimmer der Familie war, und da es keine Tür gab, an die er hätte klopfen können, klatschte er in die Hände. Der Junge sprang auf und kam zu uns hergelaufen. Andrew begrüßte ihn auf shona. »Guten Tag, wie geht es dir?«

»Mir geht es gut, wenn es dir gutgeht«, sagte der Junge.

»Mir geht es gut, also geht es uns allen gut«, sagte Andrew und fragte ihn, ob er wüßte, wo Onkel Siamanja sei.

Der Junge lief in die Hütte und tauchte mit einem alten Mann wieder auf, der in saubere Lumpen gekleidet war und eine Pfeife rauchte. Andrew verbeugte sich und preßte die Hände gegeneinander; dann gaben die zwei Männer sich die Hand und begrüßten sich herzlich und feierlich, wiederholten den rituellen Wortwechsel, erkundigten sich nach ihren jeweiligen Familien und lächelten hin und wieder ernst dazu. Nach ein paar Minuten stellte Andrew mich vor und sagte, daß Siamanja gerne bereit sei, mir auf meine Fragen zu antworten.

Siamanja klatschte in die Hände. Der Junge lief schnell weg und holte zwei Stühle, auf die Siamanja und ich uns setzten, während Andrew sich zwischen uns hockte. Mein Stuhl hatte nur noch drei seiner ursprünglich vier Beine, aber der Junge stützte die Seite mit dem fehlenden Bein auf einer lehmigen Plattform ab, die aus der Hüttenwand herausragte.

Siamanja sagte, er hätte gern, daß ich mir Notizen machte,

also zog ich ein kleines Notizbuch aus meiner Hüfttasche hervor.

Ich stellte eine Frage nach der anderen. Jede davon löste ein langes Palaver zwischen Andrew und Siamanja aus, die, von mir abgewandt, drauflos schwatzten, auf ihrer Pfeife kauten, die Stirn runzelten, Kommentare abgaben, eine Geschichte erzählten, lachten. Nur ein sehr kleiner Teil von alldem wurde für mich übersetzt. Nach einer guten Stunde ließ ich mir meine Notizen von Andrew bestätigen, und er sagte: »Ja, das ist richtig.«

Matakenya war der Häuptling der Shamwe, der einst neben dem Sengwa-Fluß in der Nähe des zweistämmigen Baobab-Baumes lebte. Die Leute gingen mit ihren Sorgen zu Matakenya. Matakenya ging damit zu Simutenga, einem Geisterbeschwörer. Simutenga klatschte in die Hände, um Respekt zu zeigen, und da ergriff ein Geist von Matakenya Besitz. Simutenga redete zu den Geistern, wenn sie in seiner Gegenwart Gestalt annahmen, und sagte ihnen, was die Leute wollten.

Nun gibt es aber einen Löwen mit schwarzen und weißen Punkten, der Matakenya heißt. Der Löwe ist leicht zu erkennen. Er ist jedesmal da, wenn sie um Regen bitten. Die Ahnengeister sind also mitgekommen und mit der umgesiedelten Familie vereint geblieben.

Die Zeremonien fanden unter dem Matakenya-Baobab-Baum statt, dazu wurde viel Bier gebraut, getrommelt, getanzt und getrunken. Ein Behälter mit besonderem Bier wurde für Simutenga reserviert.

Im jetzigen Dorf brüllt der Löwe Matakenya manchmal die ganze Nacht vor dem ein oder anderen Haus, und die Leute fragen sich, warum. Am nächsten Morgen fragen sie denjenigen, der dort geschlafen hat, ob er etwas getan habe, wovon sie nichts wüßten, und was in seinen Träumen geschehen sei.

Dieselben Geister beschützen zugleich die Leute und das Land.

Als wir fertig waren, fragte ich: »Ist es in Ordnung, daß ich Sie nach diesen Dingen gefragt habe?«

Simanja antwortete mir ernsthaft: »Sie müssen es wissen, damit sie nicht die Geister beleidigen.«

Zwei von Siamanjas Feststellungen haben sich mir eingeprägt: Er hat gesagt, daß dieselben Geister sowohl das Land als auch die Leute beschützen und daß man die Geister kennen muß, um sie nicht zu kränken.

Ich weiß nicht genau, was Siamanja und Andrew mit Geistern meinten. In der Shona-Sprache werden die beiden englischen Wörter god und nature mit mwari übersetzt. Ich nehme das als einen Hinweis, daß die Shona das Universum als Ganzes betrachten, aus ein- und demselben Stoff gemacht. Die hochtechnisierte westliche Welt hat teuer dafür bezahlt, daß sie solche Gedanken verworfen hat, bis der Aufschrei nach Erhaltung der biologischen Artenvielfalt dazu führte, daß diese Philosophie langsam wieder Gehör findet. Wir sagen, daß dieselben Prinzipien sowohl dem Land als auch den Leuten zugute kommen. Mit wachsender Bestürzung müssen wir erkennen, daß es keine kleine Aufgabe ist, diese Prinzipien zu verstehen und nicht zu mißachten.

Der größte Teil Simbabwes war in der Zeit, als wir die Elefantenbrunnen erforschten, von einer Dürre heimgesucht worden. In Sengwa war es nicht so schlimm, aber die angrenzenden Gebiete waren so schwer betroffen, daß sogar die amerikanischen Nachrichtensender darüber berichteten. An dem Tag, an dem ich nach Simbabwe abreiste, hatte mir ein Freund zu Hause einen Scheck über hundert amerikanische Dollar in die Hand gedrückt und gesagt: »Nimm das und hilf einer hungernden Familie damit.«

Als ich den Auftrag annahm, wußte ich, daß es schwierig

sein würde. Wenn eine Familie hungerte, hungerten alle anderen auch; es wäre kränkend für die anderen, wenn ich ihnen eine Familie vorzöge. In Sengwa suchte ich Rat bei Andrew und Zaccheus. Zwei Tage später brachte mir Andrew eine Botschaft von Zaccheus. Wir sollten vierzig Kilo Schrotmehl kaufen und es zu Joe Furungas Bruder bringen. Dieser Mann war blind, er konnte nicht arbeiten, die Regierung leistete keine Unterstützung, und er hatte eine Frau und zwei Kinder. Ich fand es bemerkenswert, daß meine Ratgeber, die aus der Shona- und Ndebele-Kultur stammten, eine Tonga-Familie als hilfsbedürftig vorgeschlagen hatten.

Im selben Monat fuhr der Lastwagen des Instituts nach Gokwe; der Fahrer brachte mir vierzig Kilogramm Schrotmehl mit. Nachrichten verbreiten sich schnell im Busch, und am folgenden Sonntag, als ich auf dem Ntaba Mangwe war, erhielt ich über Funk eine Botschaft von Ian Coulson, daß ein seltsam aussehendes Paar in der Station mich sprechen wolle.

»Wer?«

»Zwei Leute namens Furunga.« Ich bat Ian, er solle ihnen sagen, sie möchten bitte warten, bis ich herunterkäme, aber sie waren verschwunden, während er am Funkgerät saß. Barfuß und blind waren sie in der größten Tageshitze die zwanzig Kilometer zur Station marschiert und mußten nun mit leeren Händen noch einmal die zwanzig Kilometer zu ihrem Dorf zurückgehen.

Ich ließ alle wissen, daß ich den folgenden Sonntag in unserem Cottage verbringen würde. An jenem Morgen buk ich Sauerteigbrot in einem gußeisernen Topf, den ich auf ein Kohlefeuer stellte. Kurz vor Mittag sah ich ein seltsames Dreigespann, das auf unser Haus zukam. Joe Furunga, groß, aufrecht und leichtfüßig, ging an der Spitze. Hinter ihm kam eine kleine Frau in einem zerlumpten, aber sauberen Kleid, die den Kopf gesenkt hielt und vorsichtig ihre nackten Füße auf dem Boden aufsetzte. In der rechten Hand hielt sie das Ende eines geschälten Stocks von ungefähr zweieinhalb Metern Länge. Hinter ihr, das andere Ende des Stocks leicht festhaltend, ging ein blinder Mann, ebenso groß, aufrecht und leichtfüßig wie Joe und mit demselben runden, fröhlichen Gesicht. Joe ging schnell wieder, nachdem er uns vorgestellt hatte, denn er hatte Dienst in der Station. Das Paar und ich tranken Tee und aßen warmes Brot mit Marmelade, die wir überall herumkleckerten, denn mein Brot hielt nicht so gut zusammen, wie das *sadza*, das sie aus dem Schrotmehl machen würden. Doch wir waren sehr vergnügt miteinander, obwohl wir keine gemeinsame Sprache hatten, außer der Freude am Essen. Dann quetschten wir uns in das Fahrzeug mit den Schrotmehlsäcken. Lysa und der Buchhalter des Instituts, Chowa, der nicht weit von den Furungas entfernt lebte, kamen mit uns. Eine halbe Stunde später wurde die Straße in der Nähe einer wohlhabenden Siedlung – ein Dorf mit einem richtigen, ausgeschachteten Brunnen – auf einem Hügel unpassierbar. Chowa verschwand in einer der Hütten und kam mit seiner Frau und sieben Kindern wieder zum Vorschein. Sie hatten uns erwartet und ein Huhn geschlachtet und ein köstliches *sadza* mit Fleischsauce vorbereitet. Ich dankte der Familie, daß sie ein Huhn für mich geschlachtet hatten, aber darüber lachten alle. »Wir freuen uns, wenn Gäste kommen, weil wir dann Fleisch essen können.«

Gegen Ende des Mahls sagte Chowa, es sei schade, daß er kein *mbira* hätte. Ein *mbira* ist ein kleines traditionelles Instrument mit Metallsaiten, das einen schwirrenden Klang hervorbringt und einen halben Flaschenkürbis als Resonanzboden hat. Die Saiten werden mit Zeigefinger und Daumen gezupft. Man sitzt oder hockt beim Spielen, den runden Kürbis im Schoß. Die Hände werden beim Spielen eng zusammengehalten. Chowa fragte jetzt mit ehrfürchtiger Stimme, ob wir wüßten, daß die Gabe, das mbira zu spielen, ererbt und nicht erlernt sei und daß Furunga ein mbira-Spieler sei. Nein, wir hatten es nicht gewußt. Ich war überrascht, daß uns das bisher noch niemand erzählt hatte.

Hinter Chowas Dorf war der Fußweg zu eng und uneben für ein Fahrzeug. Wir schauten zu, wie die Furungas die 20-kg-Säcke auf ihre Köpfe hoben und losgingen, einen Fuß vor den anderen setzend, jeder der beiden mit einer Hand an dem Mehlsack und mit der anderen an dem Stock, durch den sie miteinander verbunden waren. Nach einer Weile blieben sie stehen, und beide drehten sich vorsichtig um, damit die Last nicht aus dem Gleichgewicht geriet. Furunga rief etwas zu Chowa zurück. Chowa antwortete und winkte, und Mrs. Furunga winkte zurück.

»Wenn wir Musik brauchen, sollen wir es ihn wissen lassen«, sagte Chowa.

Lautlos hatten sich unter den Mitgliedern des Teams auf dem Ntaba Mangwe Freundschaften entwickelt. Andrew, Sam und Matt verbrachten die Abende oft im Kochhaus, um Briefe zu schreiben. Andrew schrieb seiner Frau und Sam und Matt ihren Freundinnen. Wenn ihnen allmählich die Augen zufielen, krochen Matt und Sam in ein großes Zelt unten am Hügel bei einer Blechbaracke, die damals zusammen mit der alten Funkortungsstation aufgestellt worden war. Andrew schlief in der Baracke – so wie Zaccheus, wenn er bei uns war – und wälzte ein Faß vor die Tür, für den Fall, daß in der Nacht ein Leopard auftauchen sollte. Lysa und ich gingen auf eine kleine, nach Norden zeigende, nahgelegene Halbinsel hinaus, breiteten unsere Schlafsäcke aus und lauschten auf die Stimmen der Nacht. Lysa hatte auf einem kleinen Plateau ein Zelt aufgestellt. Geschützt durch ihre Gegenwart und durch die senkrechten Wände des Vorgebirges, schlief ich ein bißchen weiter draußen unter den Sternen. Am Morgen kroch ich dann zum Rand der Felswand und schaute zu, wie das Tal sich mit Licht füllte. Lysa konnte von ihrem Standort oberhalb meines Lagers aus die Sonne schon über einer Einkerbung in dem langen Kamm sehen, der die Hauptmasse des Tafelberges mit einem ansonsten isolierten, senkrecht aufragenden Buckel im Westen verband. Manchmal ging ich morgens kurz vor Sonnenaufgang zu ihr hinauf, und wir schauten zusammen auf die Einbuchtung und warteten auf die Sonne.

Ein paar Minuten vor Sonnenaufgang machte Lysa mich eines Morgens auf etwas aufmerksam, das sie schon einmal wahrgenommen hatte. Einen knappen Kilometer von uns entfernt bewegte sich eine winzige menschliche Gestalt behende nach Westen. Nachdem die Gestalt sich einen Augenblick vor dem Horizont abgezeichnet hatte, verschwand sie vor der dunklen Masse eines Steilhangs und tauchte erst oben wieder auf, wo sie auf einen riesigen, flachen Felsen am Grat des Buckels zustrebte. Dort verharrte die Gestalt, ein stockdürrer Mann, das Gesicht gen Osten gewandt.

Plötzlich flogen die Arme und Beine des Mannes in alle Richtungen; er fing an, sich zu drehen und herumzuwirbeln und zu stampfen. Wir hörten ein scharfes Klicken, wann immer wir ein dürres Bein gegen den Felsen schlagen sahen.

Die Sonne stieg über dem Kamm auf, riesig und tulpenrot, asymmetrisch und wabernd. Der Tanz hörte auf. Die Gestalt ging denselben Weg, den sie gekommen war, zurück und verwandelte sich wieder in einen normalen Mann. Wenn das Camp zum Leben erwachte, war Zaccheus zur Stelle, so als ob er gerade aufgestanden wäre, schürte das Feuer und kochte den Tee.

Die Dürre dauerte noch zwei Monate, dann war der Bann gebrochen. Regen fiel in Sengwa und in ganz Simbabwe.

KAPITEL 16

Sei geduldig mit deinen Trommeln

Eines Tages, als Sam auf dem Murere war und Protokoll über die Tierbesuche führte, bemerkte er zwei barfüßige Männer in grauen Hemden, die Gewehre und handgefertigte Rucksäcke bei sich trugen – zwei Wilderer, wie er vermutete. Sie überquerten das sandige Flußbett in geduckter Haltung und mit großen Sätzen, wobei sie beim Auftreten die Füße zur Seite schlugen, als wollten sie ihre menschlichen Fußabdrücke verwischen.

Sam schickte per Funk eine Nachricht ans Institut zu Ian Coulson, der einen Trupp Wildhüter mit Gewehren zusammenstellte, die die Männer festnehmen sollten. Andrew wurde mit dem Trupp zum Samapakwa hinausgeschickt. Zaccheus wurde im Funkraum postiert und sollte von dort aus das Manöver koordinieren. So saß er viele Tage von morgens bis abends da wie ein General, mit einer Karte vor sich auf dem Schreibtisch und einem Funkgerät in der Hand, wohingegen wir Amerikaner auf dem Ntaba Mangwe uns, die wir als einzige das gesamte Gebiet überblicken konnten, eine Verantwortung auferlegt hatten, deren Reichweite keiner erahnen konnte. Während wir die Bewegungen der Elefanten verfolgten, behielten wir zugleich die Bewegungen der Menschen im Auge. Hin und wieder hörten wir eine Gewehrsalve und riefen einander zu: »Wer hat da geschossen? Ist jemand getroffen worden?«

Gelegentlich entdeckten wir eine neue verdächtige Bewegung oder Spur. Nach ein paar Tagen berichtete Sam, daß er einige Grasbündel gesehen habe, die in der Felswand in der Nähe der Straße unten am Tafelberg versteckt worden waren. Aufgeregt fuhren Ian und ein Helfer hin, um sich die Sache anzusehen. Zaccheus lachte, als er davon hörte. Er hatte das Gras vor mehreren Monaten gesammelt und versteckt, als er auf die Straßenarbeiter wartete, die eine Sandstelle in der Straße mit Steinen zupflastern sollten. Er brauchte das Gras, um die Betten im Ntaba-Mangwe-Patrouillencamp zu erneuern.

Aber der zornige, verwirrte Geist des Krieges lag in der Luft. Es war absurd, so wie jeder Krieg in meinen Augen absurd ist. Man weiß nicht, was vor sich geht, man kann die Leute, die man liebt, nicht beschützen, man kann die Leute, die man fangen soll, nicht fangen, die Leute, die man fangen soll, sind keine persönlichen Feinde, und jeder kann jederzeit getötet werden.

Letztlich wurden bei dem Übergriff zwei Rhinozerosse erbeutet. Die Wildhüter hatten die Wilderer gefangen und vor Gericht gebracht. In Anbetracht der Dinge, die ich über die Justiz gehört hatte, war ich mir nicht sicher, ob ich froh sein sollte, daß sie geschnappt worden waren. Ich war auch nicht froh, daß Sam die Wilderer gemeldet hatte, denn dadurch waren unsere Freunde, die die Rhinozerosse verteidigen wollten, in große Gefahr geraten. Es war nervenzermürbend, oben wie auf dem Dach der Welt zu sitzen und – gleich den Göttern im Olymp – auf lebensgefährliche Vorgänge hinunterzublicken und zu lauschen, für die wir teilweise mitverantwortlich waren.

Das war der erste Zwischenfall, und es sollten in den kommenden Wochen noch einige folgen. Jeder weitere Tag wurde jetzt noch kostbarer als der vorherige, denn keiner der Wildhüter war bisher umgekommen. Aber trotz all ihrer Bemühungen konnten sie die Schlacht nicht gewinnen. Die Wilderer waren ihnen immer voraus, hatten bereits eines oder mehrere Rhinozerosse getötet. Mehrere Wilderer wurden geschnappt, aber die Zahl der Rhinozerosse ging drastisch zurück. Unsere Luftzählungen während der vorausgegangenen Forschungssaison hatte Dutzende von Rhinozerossen ergeben. Jetzt, zwei Jahre später, konnten wir buchstäblich zusehen, wie sie ausgerottet wurden. Es braucht gar nicht viel dazu.

Wir diskutierten untereinander Rowans Strategie zur Rettung dieser Tierart. Er wollte alle Rhinozerosse in Simbabwe betäuben, ihnen die Hörner absägen und diese auf einem legalen Markt verkaufen. Die Hörner würden wieder wachsen, und man könne sie dann erneut absägen, eine nachwachsende Ressource also. Wenn die Leute in den Communal Lands davon profitieren konnten, daß es Rhinozerosse in ihrer Nähe gab, so sagte Rowan voraus, würden sie die Schmugglerbanden eher auffliegen lassen als unterstützen. Wir waren der Meinung, daß er in bezug auf Simbabwe vielleicht recht hatte. Aber wie sah es in Gebieten aus, wo es weniger Zusammenhalt in den Dorfgemeinschaften gab? Und was war das für ein Leben, das die enthornten Rhinozerosse würden führen müssen?

In den Tagen, an denen geschossen wurde, entdeckten wir Anzeichen dafür, daß die Elefanten zu unseren Füßen nervös waren. Eines Tages dokumentierten wir eine wilde Flucht, an der zehn Familien beteiligt waren und die sechs Stunden dauerte. Sam sah die erste Familie, die von einem Punkt nördlich der Mlalazi-Pools davonstürmte, bis sie schließlich seinem Blick entschwand. Die Panik dieser Familie hatte sich offensichtlich akustisch fortgesetzt. Denn bevor sie überhaupt auftauchten, stürmte schon die nächste Familie im Süden der Schwemmebene los. Die Massenflucht breitete sich von einer Familie zur nächsten aus, bis auch Elefanten davon angesteckt wurden, die sich so weit im Süden aufhielten, daß wir sie kaum noch ausmachen konnten. Keine Elefantenfamilie trank an diesem Tag an den Brunnen: Ich nehme an, es war keine Zeit dazu. Nur an den offenen Tümpeln konnten sie im Vorbeirennen schnell ein paar Schluck Wasser nehmen, und manche von denen, die an diesen Tümpeln tranken, waren weit von ihren gewohnten Streifgebieten entfernt.

Dieser und ein paar andere Zwischenfälle derselben Art ereigneten sich genau an den Tagen, an denen das Krachen der Schüsse in der Luft lag. Gerade erst wieder waren Wilderer an der nördlichen Grenze gesichtet worden, und ein Trupp Wildhüter stellte ihnen nach. Wir vermuteten, daß die Schüsse die Elefanten im Norden vielleicht erschreckt hatten, da die Geräusche sie an jenes Culling erinnerten, das sie im Jahr zuvor miterlebt hatten. Die Panik, die ihre Flucht begleitet hatte, mußte zermürbend gewesen sein. Wir spekulierten über die Auswirkungen des Cullings auf die Überlebenden. Menschen, die Vertreibungen und Ausrottungsversuche überstehen, tragen oft geistige Schäden davon, die Verwirrung des Geistes wird als durchaus existentes Phänomen angesehen, denn es äußert sich in meßbaren Veränderungen. Wir werden vermutlich dasselbe vorfinden, wenn wir irgendwann so weit kommen, daß wir andere Spezies gründlich genug untersuchen können. Es ist nicht im Sinne der Evolution, daß man gegen Massentötungen gefeit sein muß.

Die wiederholten Störungen gegen Ende der Saison erinnerten mich an eine unangenehme Aufgabe, die ich unerledigt gelassen hatte. Ich hatte mir vorgenommen, mit Rowan von Angesicht zu Angesicht über das Culling zu sprechen. Als wir ankamen, war er nicht zu sprechen gewesen, denn er war in eine politische Krise verwickelt, bei der seine Position in der Regierung auf dem Spiel stand. Die Krise hatte während unseres gesamten Aufenthalts angedauert; jetzt mußte ich versuchen, in unserer letzten Woche in Harare ein Gespräch mit ihm zu arrangieren.

Vor kurzem habe ich in dem Essay von Wendell Berry mit dem Titel »A Practical Harmony« eine Zusammenfassung der Dinge gefunden, über die ich mit Rowan nachdenken wollte:

Das Ziel ist eine Harmonie zwischen den wirtschaftlichen Bedürfnissen der Menschen und der Natur, die sowohl die Natur als auch die Menschheit überleben läßt, und das Ziel gibt es schon lange. Die Welt ist heute in zwei Lager aufgespalten: Die einen hängen diesem alten Ziel nach, während sich die anderen bewußt dagegen entschieden haben – eine Spaltung, die für die Zukunft der Welt von weitaus größerer Tragweite sein wird als alle anderen gegenwärtig wahrgenommenen nationalen, politischen oder ökonomischen Gegensätze.

Das Bemerkenswerte an dieser Spaltung ist ihre relative Neuheit. Die Vorstellung, daß der Mensch den Gesetzen der Natur folgen und in Harmonie mit ihr als guter Treuhänder und Hüter ihrer Gaben leben soll, ist alt. Und ich glaube, daß bis vor kurzem die Verwüstungen der Natur mehr oder weniger unwissentlich waren – gewissermaßen die Nebenwirkungen unserer Ignoranz oder Schwäche oder Skrupellosigkeit. Was hingegen völlig neu unter der Sonne ist, das ist unsere derzeitige grundsätzliche und geschickt rationalisierte Vergewaltigung und Plünderung der Natur.

Grundsätzlich und geschickt rationalisiert, weil wir wissen, was wir tun; noch während wir dabei sind, die Natur auszuplündern, messen wir die Verluste und erkennen als Unrecht an, was wir auf unser Gewissen geladen haben. Ich wollte Rowan fragen, wie er seine Pläne, regelmäßige Cullings durchzuführen, mit dem vereinbaren konnte, was er als Elefantenforscher über das Leben der Elefanten wußte, und als Simbabwer über die traditionelle Beziehung der eingeborenen simbabwischen Bevölkerung zu wildlebenden Tieren.

Über diese Dinge dachte ich nach, als Sam, Matt, Lysa, Andrew und ich den Charama-Hang hinaufschlingerten und auf dem gestrüppreichen, ausgelaugten Mafungabusi-Plateau nach Harare zurückfuhren. Als wir auf die gepflasterte Straße östlich von Gokwe kamen, war mir bewußt, daß sie uns aus der Welt der Eingeborenen in die Welt der Wasserfontänen führen würde, die sich wie Diamantcolliers über die riesigen, ertragreichen Felder spannen.

Aber meine Mission erwies sich als vergebliche Liebesmühe. Erst in meiner letzten Woche in Simbabwe wurden mir ein paar Minuten in Rowans Büro gewährt. Ich hatte meinen ersten Satz noch nicht zu Ende gesagt, als Rowan bereits abwehrend die Hand hob. Ruhig und streng, mit einem mühsamen Lächeln, so wie ein autoritärer Vater ein Kind zurechtweisen würde, sagte er: »Katy, Sie sprechen zu einem Stein.«

Ich verstummte und schaute meinen Kollegen an. Ich dachte: »Mein Gott, Rowan.« Aber Rowans Gesichtsausdruck sagte mir: »Du bist hier in einer untergeordneten Position, und es wäre nicht klug von dir, wenn du dir weiter die Zunge verbrennst.« Gleichzeitig sagte mir sein Blick auch: »Ich habe mich lange genug damit herumgeschlagen, verstehst du, und jetzt steht mein Entschluß fest.«

Ich brachte meinen Satz nicht zu Ende, denn ich bin kein Eiferer. Jetzt, im nachhinein, sehe ich, daß ich durch mein Schweigen meinen Status als Gegner aufgebaut habe. Und das war, sei es zum Guten oder zum Schlechten, das Ergebnis des Gesprächs, für das ich so weit gereist war und auf das ich so lange gewartet hatte.

Ich glaube, wir ahnten beide die Komplexität der Situation. Wir ahnten, daß ich, die ich für immer mundtot hätte gemacht werden können, mich nicht geschlagen gab, und daß er, der behauptete, ein Stein zu sein, in Wahrheit keiner war. In meiner Erinnerung war es im Gegenteil etwas zutiefst Menschliches, was sich da abspielte. Zwei Leute, die auf verschiedenen Ebenen mit demselben Problem kämpften, von unterschiedlichen Überzeugungen getrieben, für unterschiedliche menschliche Unwägbarkeiten verantwortlich, die ihre jeweiligen Erfahrungen mit wildlebenden Tieren anders bewerteten und so zu unterschiedlichen Ansichten kamen.

Als ich wieder vor die Tür trat, war die Luft wunderbar. Ich schaute in die Kronen der blühenden Bäume hinauf. Denn im Oktober ist hier Frühling, und Harare ist eine schöne Stadt. Ich fühlte mich unendlich erleichtert, obwohl meine Aufgabe unvollendet war. »Ich komme zurück«, sagte ich mir und schaute auf das Gebäude, das ich gleich hinter mir lassen würde.

Ein paar Tage später, an einem Sonntag, war mein letzter Morgen in Harare. Die anderen Mitglieder des Teams waren schon vor mir abgereist. Ich machte noch einen Abstecher zu Rowans Haus, um ein paar Daten loszuwerden, denn wir waren Co-Autoren verschiedener Publikationen über die Ergebnisse der ersten Forschungssaison. Rowan war allein in dem Haus, in dem ich letztes Jahr häufig zu Gast bei seiner Familie gewesen war, und er hieß mich herzlich willkommen. Wir saßen auf der breiten Veranda des weitläufigen Anwesens im Kolonialstil und schauten auf die blühenden Jakaranda- und Bougainvillea-Sträucher, die sich in zartem Lila und leuchtendem Orangerot gegen einen unendlich blauen Himmel abhoben. Ein kleiner und zwei große Hunde, darunter die dicke alte Portia mit ihrer ergrauten Schnauze, lagen zu unseren Füßen, stöhnend, sich kratzend und schlafend.

Ich sagte ihm, mein Sengwa-Aufenthalt sei wunderschön gewesen und wie dankbar ich sei, daß ich hatte dasein dürfen. Rowan sagte, es täte ihm leid, daß seine Geschäfte ihm keine Zeit gelassen hätten, uns einen Besuch dort abzustatten. Ich erzählte ihm ein paar Dinge über die Elefanten, daß sie ihre Brunnen allen anderen Wasserstellen vorzögen, und welchen Gebrauch die anderen Tiere von den Brunnen machten. Rowan hörte mit Interesse und Vergnügen zu, als ich ihm Sengwa und seine lebendigen Bewohner in Erinnerung rief. Ich sagte, es hätte mir Freude gemacht, neben den Elefantenbrunnen zu knien und jeden einzelnen genau zu untersuchen, so wie man ein Spinnennetz oder auch Walgesänge als einzigartiges und zugleich nutzbringendes Meisterwerk studiert. Manche waren groß, manche klein, manche alt, manche neu, manche schief, manche aufrecht, manche tief, manche flach, manche hauptsächlich mit dem Rüssel, andere mit viel Fußarbeit gemacht – alle das Werk einer einzigen Spezies und nach einem gemeinsamen Muster entworfen. Ich beschrieb die geradezu unheimliche Fähigkeit der Elefanten, Brunnenstellen so auszuwählen, daß der Wasserspiegel nicht tiefer als eine Rüssellänge unter der Oberfläche liegt, und Rowan war fasziniert von diesem Geheimnis.

Ich erzählte, wie es gewesen war, mit den Wildhütern die Tierspuren in der Nähe der Brunnen zu untersuchen und von ihnen zu lernen, welche Abdrücke von welchen Tieren stammten. Paviane, Hyänen, Warzenschweine, Impalas, Stachelschweine, Schakale, Büffel, Löwen, Leoparden, sonstige Raubkatzen und jede Menge Vögel tranken ebenso wie die Elefanten regelmäßig an den Brunnen.

Ich sagte, daß wir ohne die Wildhüter und ihr umfangreiches Wissen über die Tiere unser Projekt niemals hätten realisieren können. Wir hatten mehrere Bestimmungsbücher benutzt, um die Tierspuren zu identifizieren, aber die Wildhüter hatten noch weitere Kriterien gehabt. Sie hatten die Entdeckung gemacht, daß die Gebärden der Tiere die Form und Plazierung ihrer Fußabdrücke beeinflussen; aus Spuren im Sand konnten sie Geschichten lesen, die sie an uns weitergegeben hatten.

Es sei eine Schande, daß das kostbare Wissen der Wildhüter

über die Sengwa-Wildtiere für andere nicht verfügbar sei, sagte ich – eine Schande, daß heutzutage, wo vierzig Prozent der simbabwischen Landbevölkerung lesen und schreiben könnten, alle existierenden Naturführer von Ausländern in ausländischen Sprachen für ausländische Touristen und Jäger geschrieben seien. Man könne doch zum Beispiel Andrew und Zaccheus – beide schreibgewandt und in Sengwa ausgebildete Naturkundler – die Aufgabe erteilen, Naturführer auf shona und ndebele für diejenigen Leute zu schreiben, die im Endeffekt für das Schicksal der hiesigen Wildtiere verantwortlich sein sollten.

Ich hatte mir erlaubt, diesen Vorschlag Andrew und Zaccheus zu unterbreiten. Beide hatten gesagt, daß sie so eine Arbeit gern machen würden. Wenn ich die Erlaubnis bekäme, hierher zurückzukommen, sagte ich, dann würde ich ihnen gern die Möglichkeit verschaffen, solche Bücher in ihren Sprachen zu schreiben. Es könnte wertvoll für künftige Generationen von Shona und Ndebele sein, einen Bericht in Händen zu halten, der die Vertrautheit der jetzigen Generation mit Wildtieren bezeugte. Der Verlust dieser Vertrautheit stellte in meinen Augen eines der Probleme der westlich erzogenen jungen Leute dar.

Nachdem er einen Augenblick sorgfältig überlegt hatte, sagte Rowan, der selber eine westliche Erziehung genossen hatte, daß das Projekt sich gut anhöre, und ein entsprechender Vorschlag würde möglicherweise seine Zustimmung finden. Mit dieser Geste verzichtete er auf die Chance, einen Gegner loszuwerden; und ich, der Gegner, strömte über vor Dankbarkeit und Respekt.

Wir verloren kein Wort über unsere Sturheit hinsichtlich der Elefanten. Nicht daß wir einander die Sturheit verziehen, aber etwas anderes war in Gang gekommen, etwas, das uns unversöhnliche Gegner plötzlich wieder in derselben Welt zusammenführte. Die Erhaltung der Gemeinsamkeit ist schließlich das oberste Prinzip aller Kulturen. »Pfavira ngoma, usiku urefu«, heißt es auf shona: Sei geduldig mit deinem Trommeln, die Nacht ist lang.

Fünf Jahre sind seit dem Tag in Rowans Garten vergangen. Es hat keine weiteren Culling-Aktionen in Simbabwe gegeben, aber das bedeutet noch lange nicht, daß ein Sinneswandel stattgefunden hätte. Der Grund war, daß den Behörden das Geld ausging, und Culling ist teuer. Das Sengwa-Culling war das letzte, das sich das Department of National Parks and Wildlife Management leisten konnte, obwohl es einen Elfenbeinvorrat im Wert von Millionen Dollar besaß.

Dieser Widerspruch erbitterte die simbabwischen Behörden zutiefst und brachte sie dazu, mit den Führern mehrerer anderer südafrikanischer Nationen zusammenzuarbeiten, die ebenfalls wachsende Elefantenpopulationen hatten. Die CITES-Konferenzen boten ein spektakuläres Forum für ihre Belange. Dort wurden alle zwei Jahre die Vertreter von über hundert Ländern – die meisten davon hatten weder Elefanten noch Bedarf an Elfenbein – mit dramatischen Berichten über Elefantenpopulationen konfrontiert, die zu zahlreich für ihre begrenzten Habitate geworden waren und die Ernten der eingeborenen Farmer zerstörten. Die CITES-Delegierten bekamen Klagen über Klagen zu hören, daß kostspielige Management-Maßnahmen getroffen werden müßten, das nötige Geld dafür jedoch in den Lagerräumen festsaß. Die Klagen wurden immer heftiger, bis im Juni 1997 die CITES-Kommission für eine teilweise Aufhebung des Elfenbeinhandelsverbots votierte.

Die New York Times gab die Entscheidung wie folgt wieder:

Johannesburg, Juni 1997. – Das weltweite Elfenbeinhandelsverbot wurde heute gelockert, um drei südafrikanischen Staaten, die alle gesunde und wachsende Elefantenpopulationen, aber wenig Geld für ein angemessenes Elefanten-Management haben, das Recht zu geben, ihr eingelagertes Elfenbein zu verkaufen.

Das Washingtoner Artenschutzabkommen (CITES) unterstützte eine Vereinbarung, die es den Ländern Botswana, Namibia und Simbabwe ermöglichen soll, im nächsten Jahr einen einmaligen Verkauf an Japan zu tätigen ... Die Entscheidung fiel nach einer fast zweiwöchigen Debatte über die Frage, ob Verkäufe gleich welcher Art die skrupellose Wilderei wieder aufleben lassen würden, die mitverantwortlich für das Sinken der Bestandszahlen an afrikanischen Elefanten von 1,3 Millionen 1979 auf heute ungefähr 500 000 war.

Die südafrikanischen Länder und ihre Fürsprecher hielten jedoch dagegen, daß das Verbot gerade jene Länder bestrafen würde, die große Fortschritte bei der Erhaltung ihrer Elefantenherden gemacht hätten ... Der Erlös aus den Elfenbeinverkäufen (fast 60 Tonnen Elfenbein) wird auf mehr als dreißig Millionen Dollar geschätzt ... »Dies ist ein Sieg der Vernunft und Objektivität und der Bereitschaft, den Entwicklungsländern die Fähigkeit zuzusprechen, ihre natürlichen Ressourcen nach eigenem Gutdünken zu verwalten ...«, sagte Dick Pittman, der Präsident der Zambesi Society. »Es ist ein großer, großer Schritt nach vorne.«

Die Elfenbeinverkäufe würden unter zwei Bedingungen erlaubt sein. Erstens mußten alle elfenbeinproduzierenden und elfenbeinimportierenden Nationen innerhalb einer Periode von einundzwanzig Monaten beweisen, daß die teilweise Öffnung des Elfenbeinmarkts nicht zu einem Wiederaufleben der Wilderei führen würde. Daß eine solche Sache bewiesen werden könnte, erschien vielen CITES-Vertretern – zu denen auch die Delegierten der Vereinigten Staaten zählten – geradezu absurd. Es hatte viel Mühe gekostet, Wege aufzutun, die es ermöglichten, alle Elefantenpopulationen, afrikanische ebenso wie asiatische, vor Wilderei zu schützen. Bisher war keine Lösung gefunden worden, die ohne weiteres hätte umgesetzt werden können, wohingegen viel Aufmerksamkeit auf die Tatsache verwendet wurde, daß Elfenbein von räumlich getrennten Elefantenpopulationen meßbare Unterschiede aufweist.

Die zweite Bedingung für den Teilverkauf von Elfenbeinlagerbeständen war, daß das eingenommene Geld direkt in das Wildtier-Management zurückgepumpt werden mußte. Wenn ich daran dachte, was Management in Simbabwe bedeutete, war diese Bedingung kein Trost für mich. Acht Jahre lang war der Plan Simbabwes, fünftausend Elefanten pro Jahr zu cullen, aufgrund von Geldknappheit nicht in die Tat umgesetzt worden. Wenn das gelockerte Elfenbeinhandelsverbot Simbabwe in die Lage versetzen würde, sein Culling-Programm wieder aufzunehmen, würden jedes Jahr allein in Simbabwe fünftausend Elefanten vernichtet werden. Das Elfenbeinlager Simbabwes würde sich sofort wieder füllen – würde das neue Elfenbein dann auch verkauft werden dürfen? Würde in den darauffolgenden Jahren weiterhin der Handel erlaubt werden, um weitere Culling-Aktionen zu finanzieren?

Die Ziele des Wildtier-Managements und der kommerziellen Viehwirtschaft werden ununterscheidbar, sagte ich mir. Es verbitterte und deprimierte mich. Aber dann erreichten mich Neuigkeiten von Freunden, die an den CITES-Konferenzen teilgenommen hatten. Seltsame Dinge waren dort vor sich gegangen, die den Verdacht der Bestechung hochkommen ließen. Nach und nach setzte ich die Berichte zu folgendem zusammen:

Die Umstände der Abstimmung, die am letzten Abend auf Drängen von Japan, Norwegen und Simbabwe stattfand, waren ungewöhnlich. Zum erstenmal, seit CITES existierte, war die Abstimmung geheim. Diese Geheimhaltung war an sich schon eine kontrovers diskutierte Entscheidung und ebenfalls von den japanischen und norwegischen Delegierten herbeigeführt. Das Ergebnis der Abstimmung überraschte viele Teilnehmer, ein Hinweis darauf, daß einige Vertreter unter dem Deckmantel der Anonymität anders abgestimmt hatten, als es ihre offenen Stellungnahmen und die Mandate ihrer Wählerschaft zu Hause erwarten ließen. Das ermöglichte es offenbar mehreren Ländern ohne Elefantenvorkommen und Elfenbeinhandel oder -industrie (Norwegen und eine Gruppe von Karibik-Staaten, die von Japan Entwicklungshilfe in Form von Fischereiprojekten erhalten), die Wiederaufnahme des Elfenbeinhandels zu unterstützen.

In einer Aktion, die wie ein ausgeklügelter Tauschhandel anmutet, unterstützten daraufhin mehrere südafrikanische Nationen, die weder mit Walprodukten handeln noch Walprodukte verarbeiten, Japan bei seinem Versuch (wiederum in geheimer Abstimmung), den Schutzstatus der Zwergwalpopulationen im Nordostatlantik aufzuheben. Der Status von Walen wurde ursprünglich von der International Whaling Commission festgelegt. Nach der CITES-Konferenz versuchten Japan und Norwegen auch hier die geheime Abstimmung einzuführen.

Japan, Norwegen und Simbabwe haben in der Vergangenheit schon viele Versuche unternommen, die Ausbeutung gefährdeter Arten zu legalisieren, aber in diesem Fall war es ihnen in einer bis dahin unerhörten Weise gelungen, Verbündete zu gewinnen. Die politischen Absprachen haben sowohl die Wale als auch die Elefanten in eine gefährliche Situation gebracht. Meine Informanten waren der Meinung, daß diese neue Entwicklung durch die geheime Abstimmung ermöglicht wurde.

Soweit ich weiß, sind die CITES-Kommission und die International Whaling Commission ursprünglich gegründet worden, um Habgier und unlauteren Methoden einzelner Nationen einen Riegel vorzuschieben – ihre Gründer werden sich jetzt wohl im Grabe umdrehen.

Schlag eine Alternative vor, sagte ich mir.

Die beste Alternative wäre, den Elfenbeinhandel komplett zu verbieten.

Aber falls entschieden werden sollte, daß der Elfenbeinhandel wieder geöffnet wird, werde ich eine alternative Form des Handels vorschlagen. CITES hat einen Ausschuß ernannt, der die Risiken einer teilweisen Öffnung des Marktes für die vorgeschlagenen Elfenbeinverkäufe untersuchen soll. Kann die Wilderei in Zaum gehalten werden, wenn sie ihr häßliches Haupt wieder erhebt? Wenn der Ausschuß zu der Überzeugung kommt, daß das der Fall ist, werde ich den Vorschlag machen, »legales Elfenbein« neu zu definieren. Im Klartext heißt das, Elfenbein, das von Culling-Aktionen oder aus dem Jagdtourismus stammt, vom Handel auszuschließen. Sonst wird die Legalisierung des Handels den legalen Tod einer riesigen Anzahl von Elefanten durch behördlich reguliertes Culling und Jagdtourismus zur Folge haben, ohne daß die internationale Gemeinschaft auch nur mit der Wimper zuckt.

Für diejenigen, die Elfenbein ernten und trotzdem die Elefanten retten wollen, ist es wichtig zu wissen, daß man tatsächlich Elfenbein ernten kann, ohne Elefanten zu vernichten. Elefanten, die sich selbst überlassen sind, sterben irgendwann an Altersschwäche. Die Stoßzähne der Elefanten wachsen ihr ganzes Leben lang weiter, so daß die ältesten Tiere das meiste Elfenbein tragen. Eine gesunde Elefantenpopulation, unbeeinträchtigt von Wilderei, Culling und Jagdtourismus, würde mehr Elfenbein produzieren als eine verwaltete Population. Iain Douglas-Hamilton hat schon vor langer Zeit auf diesen

Umstand hingewiesen, und Rowan Martin hat seine Beobachtung bestätigt, als er anhand eines mathematischen Modells eine Reihe von alternativen Culling-Plänen mit dem Ziel Elfenbeinproduktion erkundete.

Die Leute in den Communal Lands, die mit dem Terrain und den Wildtieren vertraut sind und wissen, wie man sich gefahrlos unter ihnen bewegt, könnten das Elfenbein der ungestört alternden und sterbenden Elefanten aufsammeln. Die meisten dieser Menschen leben in gut funktionierenden Gemeinschaften, in denen sich das Problem mit der Ehrlichkeit von selber regelt, sofern alle gemeinsam vom Elfenbeinverkauf profitieren können. Die größte Herausforderung würde nicht in der Frage liegen, wie die Ernte bewerkstelligt werden soll, denn das könnte zu Fuß, langsam, in der alten Weise der Sammler geschehen. Heikel sind eher die vielen Ebenen menschlicher Beziehungen, die bei einer solchen Ernte mitspielen.

Bei dieser Art der Abwicklung müßten die elfenbeinproduzierenden Elefanten nicht gestört werden. Die ältesten Weibchen in der Population, die das umfangreichste geographische und soziale Gedächtnis haben, würden ein hohes Alter erreichen, und die Familie könnte bis zum Schluß von deren Führung profitieren. Die größten Männchen der Population würden ihr Durchsetzungsvermögen an die nächste Generation Bullen weitergeben, solange sie dazu fähig sind. Die Familien und Bond Groups und Bullengruppen und Populationen würden intakt bleiben. Kurz gesagt, die Elefanten könnten marktfähiges Elfenbein produzieren und dennoch ein artgerechtes Dasein fristen.

Oder nahezu artgerecht – irgendeine Form der Geburtenkontrolle wäre für Populationen in kleinen Gebieten unerläßlich. Ein Immunimpfstoff namens pZP, der seit einem Jahr in Südafrika getestet wird, scheint bei Elefanten empfängnisverhütend zu wirken, ohne die behandelten Familien spürbar zu beeinträchtigen.[10] Vielleicht würde es einige Zeit dauern, bis die richtige Methode gefunden wäre, aber ich bezweifle, daß die Empfängnisverhütung ein unüberwindbares Problem darstellt.

Wie beim simbabwischen CAMPFIRE steht die Zukunft der Elefanten und der Landbevölkerung im Zentrum des Programms, das ich vorschlagen würde. Aber während CAMPFIRE dafür eintritt, die eine bedrohte Population zugunsten der anderen zu ernten, würde mein Vorschlag darauf abzielen, beide leben zu lassen.

Das Programm hätte einen Schwachpunkt, den alle Elfenbeinhandelsprogramme haben: Es setzt Ehrlichkeit voraus. In einem ehrlichen Kontext wäre mein Plan jedem anderen vorzuziehen, der die Zerstörung von Elefantenleben zur Grundlage hat. Wo aber diese Ehrlichkeit fehlt, ist es besser, überhaupt keinen Elfenbeinhandel zuzulassen. Besser für die Elefanten, und damit auch für uns. Denn die Gemeinschaft, zu der wir alle gehören, ist größer, als es uns bewußt ist, und ihre Gesundheit spiegelt die Qualität der Beziehungen zwischen allen ihren Mitgliedern wider. Mir geht es gut, wenn es dir gutgeht. Mir geht es nur gut, wenn es dir auch gutgeht.

10 Erste Ergebnisse gehen aus einem Bericht in Bioscience, Februar 1998 hervor.

KAPITEL 17

Alles ändert sich

Auf der langen Reise von Simbabwe nach Hause, die ich in den ersten Oktobertagen 1992 antrat, unterhielt ich mich damit, über die Naturführer auf shona und ndebele nachzudenken, die Andrew und Zaccheus schreiben sollten. Die Bücher würden künftige Generationen mit der enormen Sensibilität der beiden Wildhüter für die Tierwelt ihrer Heimat in Berührung bringen: eine Sensibilität, die ich als kulturellen Schatz betrachte. Mir war die Aufgabe zugefallen, ein Projekt auf den Weg zu bringen, das helfen sollte, diesen Schatz zu bewahren. Und das Bewußtsein meiner Verantwortung brachte mir einen Traum, der mit einem Titel daherkam, als ob es sich um eine Theatervorstellung handelte.

Das Kind zurücknehmen

1. Szene: Ein gammeliger Waggon in einem alten, afrikanischen Dampfzug, der durch das sonnendurchglühte Buschland Richtung Westen fährt. Außer mir, der einzigen Frau und einzigen Weißen, sind alle Passagiere afrikanische Männer, namenlos, erschöpft, geistesabwesend, stumm und freudlos.

Ich bin da, um einem der Männer Gesellschaft zu leisten. Er hat einen schrecklichen Auftrag, nämlich ein kleines Baby ans Ende der Bahnlinie zu bringen, wo es zur Adoption freigegeben werden soll. Das Baby liegt in einem Korb, der neben dem Mann steht. Ich komme mit, nicht weil ich mit seiner Mission einverstanden bin, sondern um ihm einen harten Tag erträglicher zu machen.

Die Zugfenster sind so schmutzig, daß ich kaum hinaussehen kann. Aber plötzlich schießt ein Lichtblitz schräg durch das Fenster neben mir und trifft mich am Kopf. In diesem Augenblick beschließe ich, ohne vorher daran gedacht zu haben, daß ich das Baby selber adoptieren werde – auch wenn ich keine Ahnung habe, wie ich für das Kleine sorgen und wie ich es aufziehen soll.

Eine halbe Sekunde später hebt der Vater das Baby aus dem Körbchen und drückt es an seine Brust. Er schaut mich an, und zum erstenmal kommt Leben in seinen Blick, er sagt: »Ich habe es mir anders überlegt. Ich behalte das Kind.« Er weiß nicht, daß ich im selben Moment denselben Impuls hatte, und ich erzähle es ihm auch nicht. Daß wir beide im selben Augenblick denselben Gedanken hatten, erfüllt mich mit Staunen.

2. Szene: Wieder dieselben Leute im selben Zugwaggon, der uns schnell nach Osten trägt, wie ich am Licht der Sonne sehen kann, das jetzt durch die Fenster auf der anderen Seite fällt. Alle Männer sind auf den Beinen, tanzen, trommeln, singen und lachen. Ich, eine unsichtbare Beobachterin, höre überschwengliche Stimmen, die trotz des Ratterns der Räder an mein Ohr dringen; ich sehe den Staub, den die Tanzenden aufwirbeln, aus dem Fenster wehen, und spüre, daß alles mit Energie aufgeladen ist.

3. Szene: Ich bewege mich zwischen heiteren, in lange Gewänder gekleideten afrikanischen Frauen mit Babys auf dem Rücken und Eimern auf den Köpfen in einem Wäldchen mit großen, graugrünen Akazien unter einem blauen Himmel. Anmutig auf einem rosa schimmernden Fußpfad einherschreitend, reden die Frauen in einer Sprache miteinander, die ich

nicht verstehe. Mitten im Gespräch winkt mir eine von ihnen zu und zeigt auf ein Baby, das in einem Tuch auf dem Rücken einer stämmigen Frau ruht. Es ist das Baby, das im Zug war.

Das Baby war die Kultur dieser Leute, wie ich im Augenblick des Erwachens erkannte. Sie hatten es zurückgenommen, und damit hatten sie sich vom Westen abgewandt. Während sie nach Hause zurückkehrten, feierten sie, und ich wurde zum Außenseiter. Mir war klar gewesen, daß ich nicht wissen würde, wie ich für das Kind sorgen sollte. Aber jetzt erkannte ich, daß ich nicht einmal seine Sprache verstand.

In Ithaca fand ich eine simbabwische Shona-Lehrerin namens Mabel Hungwe, die Frau eines Cornell-Doktoranden. Sie war eine weltgewandte, kultivierte Frau, die in Städten aufgewachsen war und eine gute Ausbildung erhalten hatte, aber in ihrer Kindheit hatte sie oft die Communal Lands besucht, wo ihre Großmutter lebte. Mabel unterrichtete mich in ihrer Wohnung, wo ihr einjähriger Sohn Mukudzeyi – Gottes Segen – uns zwischen den Füßen herumkrabbelte, wenn er nicht gerade gestillt wurde oder an ihrem schwangeren Bauch ruhte.

Ich wollte so lernen, wie ein Kind lernt, nämlich durch Reden: »Wie soll ich dir gratulieren, wenn dein zweites Baby auf die Welt kommt?« fragte ich.

»Ach, du kannst sagen: Makorokoto. Das bedeutet herzlichen Glückwunsch. Und ich sage dann: Tse. Das bedeutet uns allen. Das Baby ist für uns alle.«

Eines Tages kam ich zu Mabel, als sie gerade von einem Besuch im hiesigen Krankenhaus, wo einer ihrer Shona-Freunde im Sterben lag, zurückkehrte. An jenem Tag redeten wir fast nur auf shona. Mabel drückte ihre Gefühle für den sterbenden Mann und seine Frau aus, die so weit weg von ihrer Großfamilie waren. »Ndine urombo, ehoi«, sagte sie – »Ich habe Kummer, ach«: Worte für Schmerz und Anteilnahme. Sie sagte es mit gebrochener Stimme, und es waren die traurigsten Worte, die ich je gehört habe.

Mabel verschonte mich auch nicht mit Aspekten des Shona-Lebens, die sie bedenklich fand – zum Beispiel den Hexenglauben, der in vielen ländlichen Gebieten noch vorherrscht. Wenn jemand stirbt, nehmen sich die Leute die Frauen in ihren Dörfern vor und suchen nach einer Hexe, der sie die Schuld zuschieben können, falls die Todesursache nicht offensichtlich ist. Eine Frau, die einmal unter Verdacht geraten ist, wird unter Umständen ihr ganzes restliches Leben lang als Hexe angesehen. Das Leben sei schwierig und ungerecht für die Shona-Frauen in ländlichen Gebieten, sagte Mabel zu mir. Es sei besser, Amerikanerin zu sein.

Im Juni 1994 bezahlte mir der International Fund for Animal Welfare die Reise nach Johannesburg, damit ich an einer Konferenz über die Umsiedlung von Elefanten teilnehmen konnte. Es war eine wunderbare Schicksalsfügung, denn die Reise würde mir die Möglichkeit geben, Andrew und Zaccheus in Simbabwe zu besuchen und die Pläne für unseren Naturführer voranzutreiben.

Genau in dem Moment, als ich mein Haus verließ, um zum Flughafen zu fahren, hörte ich das Telefon klingeln. Ich rannte hastig zurück, was ganz untypisch für mich war, und nahm den Hörer ab. Es war Lokis Vater, der mir eine Botschaft von Loki in Simbabwe übermitteln wollte. Das einmotorige Flugzeug, in dem sich Ian Coulson, Andrew Masarirevhu und Timothy Chifamba Dube befunden hatten, um eine Wildtierzählung aus der Luft vorzunehmen, war in den Bumi-Bergen abgestürzt. Timothy und der Pilot waren sofort tot gewesen; Andrew und Ian, die schreckliche Verbrennungen erlitten und sich in heldenhafter Weise gegenseitig beigestanden hatten, waren in eine spezielle Intensivstation für Brandopfer in Pretoria, Südafrika, geflogen worden. Sie hatten beide das Bewußtsein wiedererlangt, würden aber voraussichtlich diese Woche nicht überleben.

Als ich in Johannesburg landete, waren sie beide tot.

Ich bin die kleine Gestalt in dem fernen Tal auf halber Höhe des langen Hügels – ich bin die mit dem blauen Segeltuchhut wie der von Sibanda. Männer, nicht Frauen, tragen solche Hüte: Sie werden in den Läden an den Busstationen auf dem Land an Landarbeiter verkauft, aber in Sengwa haben wir sie alle getragen. Ich trage einen Rock, aber auch dieser ist unpassend, denn es ist ein Wickelrock, der in dem heißen Wind hochflattern würde, wenn ich die Zipfel nicht an den krummen Stamm eines Mopane-Baums nagelte. So stehe ich da, gegen den krummen Baum gelehnt, eine linkische, verlorene menschliche Gestalt, umringt von vielen Leuten.

Das Tal ist von hohen Hügeln flankiert, das Vorgebirge der östlichen Hochebenen. Wenn ich nach Norden schaue, sehe ich vor einem dunstigen Himmel das wilde, bizarre Profil der blauen Bergkette, die Nyanga heißt, oder Crooked – Krummberge. Die Leute um mich herum sind Andrews Verwandte, die er mir so liebevoll und lebendig geschildert hat; er wollte, daß wir uns kennenlernen. Die Frauen tragen von der Sonne gebleichte Baumwollkleider oder Röcke und Blusen, mit ebensolchen Tüchern um ihre Köpfe. Ein paar Männer tragen schwarze Anzüge, einige tragen Nationalparkuniformen, andere Lumpen. Die Lumpen und die Khakiuniformen und schwarzen Anzüge sind alle gleichermaßen mit Erde verschmiert, denn die Männer haben gegraben. Manche haben Schuhe an, aber viele sind barfuß, und viele der nackten Füße würden auch gar nicht in Schuhe hineinpassen, so breit getreten und rissig, wie sie sind. Die Leute ziehen mit flatternden Röcken, Hemden und Halstüchern von den Nordhängen, wo die Begräbnisfeier abgehalten wurde, zum frischen Grab unten im Tal hinunter, und

338

der Wind weht ihr herzzerreißendes Wehklagen und Singen herüber.

In dem Grab liegt Andrew. Man kann seinen Tod in den Gesichtern der über hundert Menschen ablesen, die zu ihm den Hügel hinunterströmen. Seine Onkel, Brüder, sein Vater, Großvater, seine Söhne und männlichen Freunde umringen das Grab. Um die Männer herum drängen sich die Frauen, ohne etwas durch die Reihen vor ihnen sehen zu können – Andrews Frau, seine Mutter, Tanten, Großtanten, Großmütter, Cousinen, Schwestern und Töchter. Ich stehe zwischen den Frauen, und sie weinen, aber wir sind getrennt. »Ndine urombo, ehoi«, sage ich, doch ich ernte nur den angstvollen Blick einer Frau. Ich spüre Angst in ihrem Blick, die Angst vor einer Hexe.

Ein junger, christlicher Pfarrer steht auf dem Schutthaufen neben dem Grab. An der pulvrigen Luft können wir Frauen ablesen, daß die Männer trockene Erde und Staub in die Grube schaufeln. Als sie voll ist, schaufeln sie weiter, bauen eine Steinmauer um die frische Erde. Das Grab hat die Form einer Totenbahre, so wie ich es auf Bildern aus Ägypten gesehen habe. Als nur noch eine einzige Schicht Steine fehlt, wechseln die Männer ein paar Worte und zerstreuen sich. Jetzt sehen die Frauen zum erstenmal das Grab, eine symmetrische, solide Konstruktion, schön gebaut, fast einen Meter hoch, rundherum nach oben hin schmaler als an der Basis. Daneben, den blaßblauen Bergen zugewandt, steht das kleine Kochhaus, in dem Andrews Frau mit den vier Kindern fast ein Jahr lang gelebt hat. Es ist unvollendet; sein Gehalt hat es ihm nach und nach ermöglicht, daran weiterzubauen, ein paar Backsteine nach jedem Zahltag. Seine Familie wird dort auf unbegrenzte Zeit weiterwohnen, von Andrews Vater und Onkel unterstützt und zugleich Teil ihres Besitzes.

Die Männer, darunter Loki und Rowan, steigen jetzt den

sanft abfallenden Hang eines kleinen Hügels hinauf, von dem aus man auf das Grab hinunterschauen kann. Beim Hinaufsteigen blicken sie auf ihre Füße hinunter, als ob sie etwas suchen würden. In ein paar Minuten kommen sie zurück, jeder mit einem Feldstein, von der Sonne durchwärmt und vom Wind saubergescheuert, in der rechten Hand. Im Gänsemarsch defilieren sie um die Bahre herum und legen ihre Steine sorgfältig zusammen, um die oberste Schicht zusammenzufügen.

Die Frauen sind nicht so gefaßt wie die Männer. Die letzten zehn Tage haben sie ohne Unterlaß getrauert. Nun sind sie so erschöpft, daß sie gebrochen wirken. Alles vermischt sich und findet eine neue Ordnung. Es hätte schlimmer kommen können: Andrew ist hier, und er ist begraben, nicht verloren oder irgendwo verrottet, nicht in Südafrika zurückgelassen, um ein ruheloser, rachsüchtiger Geist zu werden, der seine Familienmitglieder heimsucht, weil er nicht mit ihnen vereint sein kann. Die Frauen singen abwechselnd Strophe für Strophe eines nicht enden wollenden Gesangs. Übersetzt bedeuten die Worte: »Andrew, hast du daran gedacht, deiner Mutter Lebwohl zu sagen? Hast du daran gedacht, deiner Schwester Lebwohl zu sagen? Hast du daran gedacht, deiner Großmutter Lebwohl zu sagen?«, während die Genannten aufschreien, um den verlorenen Sohn, Bruder und so fort zu beklagen.

Vor der Begräbniszeremonie gab es auf dem Hügel eine Predigt unter freiem Himmel. Rowan hatte, neben einigen anderen, das Wort ergriffen. Vorsichtig und in sachlichem Ton honorierte er Andrews Arbeit, erklärte, was genau passiert war und wie es zu dem Flugzeugabsturz gekommen war, soweit man das überhaupt sagen konnte. Seine Worte wurden in großer Ausführlichkeit übersetzt. Andrews Intelligenz und Unerschrockenheit hatten ihn für die Aufgabe qualifiziert, bei der er letztlich den Tod gefunden hatte: Darin lag die Ironie der Situation, aber es gab keinen Grund, deshalb abergläubisch zu werden.

Ich war auf dem Rücksitz in Rowans Auto zu der Beerdigung gefahren, neben Andrews Bruder. Im Lauf unseres mehrstündigen Beisammenseins bat ich Rowan, er möge mir einen kurzen, informellen Besuch in Sengwa gestatten. Ich wollte mit Zaccheus reden. Zaccheus konnte nicht an Andrews Beerdigung teilnehmen, weil er andere Wildhüter in den Süden zu Timothys Begräbnis fahren mußte, denn es waren zwei verschiedene Teams, die zu den Beerdigungen der Sengwa-Angestellten gingen. Zaccheus trauerte, das wußte ich, und ich wollte mit ihm trauern. Außerdem mußten wir entscheiden, was mit unserem Naturführer-Projekt werden sollte. Abgesehen davon hatte ich auch eine kleine Forschungsarbeit zu erledigen, wenn Rowan mir die Genehmigung dazu erteilen würde.

Rowan organisierte für den nächsten Tag eine Fahrgelegenheit für mich. Das Timing war leider so, daß ich die Begräbnisfeier für Ian in Harare verpaßte, und ich bedauerte es zutiefst, daß ich nicht dabeisein konnte. Einer ganzen Reihe von Sengwa-Wildhütern ging es ebenso, wie ich erfuhr, als ich mit ihnen zusammenkam. »Wir haben drei der unseren verloren«, sagten sie.

Ich begrüßte Zaccheus in seinem Büro. Wir waren froh über unser Wiedersehen und beschlossen sofort, daß wir das Projekt ohne Andrew nicht machen konnten. Ich bat Zaccheus, mich in die östlichen Hochebenen zu begleiten und mit Andrews Frau und seinen vier Kindern darüber zu sprechen, was ich für sie tun könnte. Er sagte, das würde er gerne tun, und ein paar Nächte nach meiner Ankunft in Sengwa brachen wir bei Vollmond gemeinsam auf. Nachdem wir auf der Betonstufe von Marapira mehrere Stunden mit anderen Reisenden, Ziegen, Hühnern und dem Postsack gewartet hatten, stiegen wir in den Bus, den Andrew so oft genommen hatte. Auf diese Weise erfuhr ich, wie es war, mit dem Bus zu fahren, und ich mußte an die vielen Reisen denken, deren Zeuge nur der Mond ist.

Aber meine Geschichte findet ihr Ende in den Tagen vor der Reise. In Abwesenheit der Institutsleiter geht das Leben im Wildlife Research Institute unverändert seinen streng geregelten Gang. Die Flagge der Station wird aufgezogen, der Generator angestellt, und die Wildhüter versammeln sich wie üblich um sieben. Der Tee wird um zehn serviert, ob ihn jemand trinkt oder nicht; die Rasenflächen in den beiden Höfen des Instituts werden um 11.30 Uhr bewässert; die Männer gehen um 12.00 Uhr in die Pause und kommen um zwei wieder zusammen; der Tee wird um drei serviert; am Abend zerstreuen sich die Männer. Abgesehen von diesen Auftritten und der Besetzung der Funkstation bleibt es rätselhaft, was die Männer eigentlich alle arbeiten – vielleicht wissen sie es selber nicht. Gegen Ende des ersten Tages findet spontan eine kleine Versammlung in Zaccheus' Büro statt, wo er und ich mehrere Stunden im Gespräch verbracht haben, in dem Versuch, mit dem großen Ruck des Universums fertigzuwerden, der Andrew, Timothy, Ian und den Piloten von uns fortgerissen hatte.

Einer der hereinkommenden Wildhüter fragt mich, ob ich hier sei, um eine Arbeit durchzuführen. Ich sage, ja, und daß ich ihnen dankbar wäre, wenn sie mir eine kleine Truppe zusammenstellen würden, die in den nächsten drei Tagen den Fluß abwandern könnte, so wie wir es vor zwei Jahren mit Andrew gemacht hatten. Ich wollte wissen, wie sich das Brunnengraben der Elefanten seit dem letzten Jahr entwickelt hatte.

Ein Raunen geht durch den Raum, und alle antworten mir auf einmal. Die Arbeit wird eine Erleichterung für uns alle sein.

Während wir den Fluß abgehen, finden wir unser Gleichgewicht wieder. Die Schwemmebene ist lebendig und faszinierend. Wir widmen unseren Gang Andrew, der, als wir das letzte Mal diesen Weg genommen hatten, der Zeremonienmeister gewesen war und uns nach jedem Kilometer zusammengerufen hatte, um unsere Beobachtungen auf einer Karte einzutragen, die er mit Hilfe der amtlichen topographischen Karte angefertigt hatte. Jetzt übernimmt Zaccheus, mit Andrews Karte in der Hand, diese Aufgabe.

Am ersten Tag bei Sonnenuntergang erreichen wir denselben Ort, den wir am Ende des ersten Tages erreicht hatten, als wir den Fluß mit Andrew abgegangen waren. Aber Zaccheus sieht unglücklich aus. Wir untersuchen seine Karte und finden einen Fehler. Wir werden den zweiten Tag damit beginnen müssen, zu einer Stelle namens Poacher Talk zurückzugehen. Ich sage: »Ach, mein Gott, das ist letztesmal auch passiert. Wir spüren Andrews Gegenwart so stark, daß wir sogar seine Fehler machen.«

Poacher Talk ist ein unbestimmter Punkt in einer breiten Ausdehnung von heißem, grauem Sand nördlich des Sengwa-Manyoni-Zusammenflusses. Es ist der trostloseste Bereich der gesamten zwanzig Kilometer und der längste Abschnitt ohne Brunnen oder Grabspuren, den wir vor zwei Jahren gefunden hatten. Wir hatten sieben eigene Brunnen in solchen Gebieten gegraben, um herauszufinden, warum die Elefanten sie gemieden hatten. Das heißt, Andrew, Matt und Sam haben die Brunnen gebaut; sie haben sich beim Graben abgewechselt und gegenseitig ausgelacht. Wie sich herausstellte, war in jedem brunnenlosen Gebiet der Wasserspiegel tiefer, als ein Elefantenrüssel lang ist. Irgendwie wußten die Elefanten das.

Poacher Talk war der tiefste Schacht, den wir gegraben hatten. Selbst in über zwei Metern Tiefe hatten wir nicht einmal feuchten Sand zutage gefördert. Als Matt, der Größte von uns, am Grund des Schachts kaum mehr zu erkennen war, war der Sand, den seine Schaufel zu uns hochwarf, noch immer knochentrocken. Bis ganz hinunter war der Sand nicht klebfähig, so daß der Schacht erheblich breiter als tief gegraben werden mußte. Und je länger die Männer gruben, desto sinnloser erschienen ihre Bemühungen. Schließlich hörten sie auf, nachdem wir alle nur noch in Blödellaune waren.

Es gab weder Schatten noch Wasser in der Nähe des Schachts, und es war mitten am Tag. Es war die pure Dummheit gewesen, einen Vormittag so zu verplempern. Matt kletterte heraus, und wir lachten uns schief über unser Unternehmen. Wir hockten auf den Sandhaufen, ließen unsere Füße in den Schacht baumeln, blieben einfach, wo wir waren und fingen ein langes Gespräch über Wilderer an. Andrew geriet in Erzähllaune, er dachte sich eine Geschichte aus, in der zwei Wilderer versuchten, ungestraft in Sengwa zu morden. Er versetzte uns in die Köpfe der Wilderer, und was er erzählte, war so lebendig und vielschichtig, daß wir für eine ganze Stunde alles andere vergaßen. Als wir später den Schacht offiziell in Sams Karte eintrugen, nannten wir ihn Poacher Talk – Wilderer-Latein. Jetzt erzähle ich den Wildhütern die ganze Geschichte, und sie lachen bei der Erinnerung an Andrew.

Aber unser Fehler bedeutet, daß viele Brunnen am Zusammenfluß noch einmal gezählt werden müssen: Wir werden Zeit verlieren, wenn wir morgen so weit nördlich von unserem anvisierten Startpunkt anfangen müssen. Bestenfalls werden wir den Croc Pool, den Krokodiltümpel, gegen Mittag erreichen. Wir alle können es kaum erwarten, zum Croc Pool zu kommen, denn es ist der Lieblingsort der Wildhüter in Sengwa: Die Krokodile sind furchterregend und faszinierend.

Aber am nächsten Tag um die Mittagszeit können wir den Croc Pool nicht finden. Wir finden überhaupt keine Murere-Pools. Leiden wir alle unter Halluzinationen? Wir schwärmen in alle Richtungen aus und suchen. Wir halten die topografische Karte einmal so, dann wieder andersrum, zählen die Einschnitte und Buckel auf weit entfernten Hügeln. Aber es ist absurd. Der Ntaba Mangwe ragt frontal über uns auf, und wir wissen alle, daß das der Blick ist, den man vom Croc Pool und den Murere-Becken aus hat. Wir stehen da, wo sie sein müßten.

Wir schauen einander an. Der Fluß hat Wasser geführt, seit wir das letzte Mal hier waren. Ein Fluß kann den Sand nach unten ziehen und die Konturen der Landschaft verändern. Er kann das Land einebnen, bis keine Tümpel mehr da sind.

Diese Tümpel waren die wichtigste Wasserquelle für alle Wildtiere in Sengwa.

Wir warten, daß Zaccheus den Mund aufmacht und etwas sagt.

»Ach«, meint er schließlich, und tiefste Ratlosigkeit spiegelt sich in seinem Gesicht wider, »alles ändert sich.«

Ich wende mich ab, um die Tränen zu verbergen, die mir plötzlich in die Augen treten. Allein und weinend gehe ich auf der flachen, hohen, kahlen Ebene nach Osten, das Gebiet abwandernd, in dem einst die Murere-Pools gelegen hatten.

Am anderen Ende der Ebene komme ich zu einem senkrechten Abbruch; darunter liegt ein neuer Flußlauf. Meine Hände fliegen hoch. Ich schreie vor Freude.

Denn der Flußlauf ist zwar ausgetrocknet, aber natürlich liegt Wasser darunter, falls es jemand zu finden versteht. Und Elefanten, die es verstehen, waren hier. In dem neuen Flußlauf haben Elefanten Brunnen gegraben.

»Zaccheus! Joseph! Engson! Christmas!« Die Wildhüter kommen zu mir herüber. Wir zählen die Brunnen, und es sind Tausende.

Danksagung

Ich danke allen, die in diesem Buch erwähnt werden. Alle Ereignisse, die ich schildere, sind tatsächlich geschehen, und alle Elefanten und Menschen gibt es wirklich. Natürlich ist mein Bericht persönlich gefärbt. Niemals sehen zwei Menschen genau dasselbe und eine wirklich objektive Instanz kann es nicht geben.

Das Forschungsprojekt, das uns zusammenbrachte, wurde ursprünglich von John S. McIlhenny gesponsert. Da er aufgrund seiner schlechten Gesundheit ans Haus gefesselt war, brachte er seine Leidenschaft für die Natur dadurch zum Ausdruck, daß er Studien über das Leben wildlebender Tiere und zur Erhaltung gefährdeter Arten unterstützte. Es schmerzt mich, daß das Buch nicht mehr zu seinen Lebzeiten erschien, denn ich habe es zum Teil für ihn geschrieben.

Das Cornell Laboratory of Ornithology hatte unserer Elefantenstudie schon zugestimmt, als es dort noch gar kein bioakustisches Forschungsprogramm gab. Ich danke dem Direktor Charles Walcott, der den Mut hatte, uns auf den Institutsplan zu setzen, noch ehe unsere Studien offiziell zu seinem Aufgabenbereich gehörten. Desgleichen danke ich dem jetzigen Direktor John Fitzpatrick sowie Christopher Clark und Kurt Fristrup vom Bioacoustic Research Program für das Angebot zur unbefristeten Fortsetzung unserer Zusammenarbeit im Rahmen des Forschungsprogramms und mit dem Cornell Institute generell. Viele Mitglieder des Labors halfen mir bei der technischen Vorbereitung der Expeditionen und später bei der Analyse und Archivierung der Geräusche und Laute, die wir mit nach Hause gebracht hatten. Ihnen allen sei Dank. Ich will gar nicht erst versuchen, alle meine Mitarbeiter und Helfer im Gelände zu erwähnen, denn wir waren wie eine große Familie – zu vertraut für offizielle Dankesbezeugungen. Ich wünsche mir lediglich, daß sie Freude an dem Buch haben werden.

Unsere Expeditionen in Afrika wurden unterstützt von der National Geographic Society, vom World Wildlife Fund und von der National Science Foundation. 1990 erhielt ich zusätzlich ein Guggenheim-Stipendium. 1985 und 1986 war ich jeweils von Januar bis März Gast des Amboseli Elephant Research Project in Kenia. Von Juni bis Oktober 1986 und 1987 waren wir Gäste des Department of National Parks and Tourism im Etosha National Park in Namibia. Von Juni bis Oktober 1990 und 1992 nahm uns das Department of National Parks and Wildlife Management von Simbabwe im Sengwa Research Institute auf und stellte uns die Infrastruktur zur Verfügung, die unser Funkortungsprojekt, die Fährtensuche und die vielen Flüge überhaupt erst ermöglichte.

Es gab auch Freunde, die unsere Arbeit persönlich unterstützten. Jack McIlhenny habe ich bereits erwähnt. Caroline Getty sponserte die genetische Forschung, die ein Aspekt des Simbabwe-Projekts war, und ermöglichte mir die Teilnahme an der Reise in die namibische Wüste, die ich gemeinsam mit ihr und Russ und Aileen Train machte. Eine weitere Reise, bei der ich Bess Tonachel und vier andere Frauen auf einer einwöchigen Elefanten-Beobachtungstour in Tansania begleitete, war ein Geschenk von Bess, der »Leitkuh«. Frank Baldwin, Rozalind Kenworthy und Elizabeth Bixler halfen mit privaten Spenden von daheim aus, in dem Glauben, daß unsere Arbeit den Elefanten helfen würde. Ich hoffe, sie hatten recht, und ich wünschte, sie hätten bei uns sein können. Ohne all diese Hilfe und die Abenteuer, Freundschaften und Entdeckungen, die dadurch möglich geworden sind, wäre meine Geschichte nicht das, was sie heute ist.

Mein aufrichtigster Dank geht an meine Freunde in Sengwa, die ihre Erfahrungen mit mir teilten, was größere Risiken in sich barg, als ihnen bewußt war. Ich bin mir im klaren darüber, daß mein Versuch, über ihre Sicht der Welt zu schreiben, Mißverständnissen jeglicher Art Tür und Tor öffnet. Von Andrew Masarirevhu und Zaccheus Mahlangu bekam ich die Erlaubnis, Teile ihrer Erzählungen mitzuschreiben und hier zu veröffentlichen. Zaccheus hat Fehler und Mißdeutungen der Ereignisse, bei denen er selber dabei war, berichtigt. Sollten sich irgendwo im Text noch Ungereimtheiten finden, hoffe ich, sie sind nur belanglos und werden mir verziehen.

Als ich mich mit dem Gedanken trug, ein Buch zu schreiben, bat ich zwei Freunde, deren schriftstellerische Arbeit ich sehr bewundere, um Rat. Scott Elledge hat sich meinen ersten Entwurf angesehen und mir geschrieben: »Die Schlußfolgerung wird dann klarer, wenn du dich weiterhin zwingst, alles in Worte zu kleiden, dessen du dir nach reiflichem Studium sicher bist.« Jim McConkey las meinen ersten Versuch, das Elefanten-Culling zu schildern, und antwortete: »Vielleicht schreibst du dieses Buch, um unbewußt die drängende Problematik in Angriff zu nehmen. Eine Lösung dieser Fragen, mag sie auch noch so ambivalent oder vage sein, ist vielleicht das, was allem noch Kommenden zugrunde liegt.« Was ich eindeutig am meisten brauchte, war Zeit, um herauszufinden, welcher Ergebnisse ich mir tatsächlich sicher sein konnte.

In dieser Hinsicht erhielt ich Hilfe von Elizabeth Marshall Thomas, Sy Montgomery und der Literaturagentin Sarah Jane Freyman. Durch ihre gemeinsamen Bemühungen wurde schließlich Rebecca Saletan von Simon & Schuster auf »Stille Donner« aufmerksam. Ich kann Becky nicht genug für ihr Vertrauen in die allerersten Anfänge des Projekts danken – denn dieses Vertrauen brachte mir die nötigen Mittel ein, um mich über Wasser zu halten, während ich alles noch Kommende ausarbeitete. Außerdem danke ich ihr für ihre professionelle, weise und zugleich einfühlsame Führung in den Jahren unserer Zusammenarbeit.

Das Buch war beinahe fertig, als Becky Cheflektorin bei North Point Press wurde. Bei Simon & Schuster betreute mich von da ab Bob Mecoy, der mich in einem gänzlich anderen Stil als Becky aus dem akribischen Feilen an der endgültigen Fassung erlöste und dazu ermunterte, dem Ende von Kapitel sechzehn etwas mehr Biß zu geben. Bob traf den Nagel auf den Kopf, als er einen Gedanken in Worte faßte, der mir bis dahin nur im Kopf herumgegangen war. »Wenn die Leute die Elefanten retten und das Elfenbein ernten wollten«, sagte er, »dann sollten sie das Elfenbein ernten, ohne dabei auch die Elefanten zu ernten.« Im Text finden sich mehrfach große Worte wie diese, die klingen, als wären es meine eigenen. An dieser Stelle möchte ich deshalb in dankbarer Anerkennung erwähnen, daß sie meistens von Bob stammen.

Meine Familie und meine Freunde zu Hause haben von Anfang an und mit enormer Ausdauer großes Interesse an meinem Projekt gezeigt. Ich werde niemals die große praktische und moralische Unterstützung vergessen, die wir alle von Nancy Gabriel erhielten. Ebensowenig werde ich das Arbeitsfrühstück mit Mike Yarrow und Steve Holmes vergessen, das wir alle vierzehn Tag abhielten. Mike, ein Soziologe, arbeitete damals an einem Buch über Kohlebergarbeiter in Kentucky. Steve, ein Harvard-Doktorand, saß an einer Abhandlung über John Muirs frühe Jahre unter psychologischem Aspekt. Zahllos waren die pointierten Fragen, die wir aufeinander abfeuerten, und genauso zahllos die leckeren Waffeln, die wir verdrückten.

Joyce Poole, Russ Charif, Bill Langbauer, Laura Brown, David Larom, Sam Payne, Lysa Leland und Tom Engelsing lasen verschiedene Versionen des Manuskripts und prüften wissenschaftliche Schlüssigkeit und einheitlichen Schreibstil. Nancy Dyer, Holly Payne, Laura Payne, John Payne, Ann Edwards, Howard Nelson, Elizabeth Marshall Thomas, Roz Kenworthy, John Kennedy, Carey McIntosh, Joan Ferranti, Richard Hendrick, Bob Lloyd, Sue Lloyd, Ruth Yarrow, Carol Kimball, Margaret Kennedy, Peggy Lawler, Joyce Morgenroth, Ann Silsbee, Paul Berliner und Sidney Holt gaben mir wertvolle Anstöße aus unterschiedlichen Blickwinkeln: als Schriftsteller, Naturschützer, Humanisten, Familienangehörige und Freunde. Meine Tochter Laura fertigte die Karten an und zeichnete die Widmung. Das Buch spiegelt die Beiträge all dieser Leute wider und vielleicht auch die von anderen, an die ich mich erst erinnern werde, wenn es leider schon zu spät ist, um sie hier noch aufführen zu können.

Und schließlich möchte ich gerne meine Ehrfurcht vor den unzähligen Tieren aussprechen, zu deren Erinnerung ich all diese Worte niedergeschrieben habe. Meine Ehrfurcht vor so viel Begrüßungsgrollen und so vielen Hilfeschreien.

REISEN, MENSCHEN, ABENTEUER

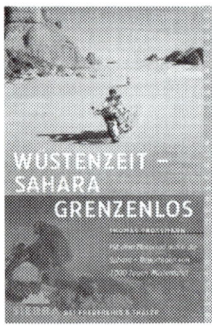